György Lukács em Moscou, década de 1930.

MARX E ENGELS COMO HISTORIADORES DA LITERATURA

Friedrich Engels e Karl Marx com Jenny, Eleanor e Laura, filhas de Marx, c. 1860.

GYÖRGY LUKÁCS
MARX E ENGELS COMO HISTORIADORES DA LITERATURA

Tradução e notas
Nélio Schneider

Revisão técnica e notas da edição
José Paulo Netto e **Ronaldo Vielmi Fortes**

Copyright © Boitempo, 2016
Copyright © The Estate of György Lukács, 2014

Tradução do original alemão *Karl Marx und Friedrich Engels als Literaturhistoriker*

Direção editorial	Ivana Jinkings
Coordenação da Biblioteca Lukács	José Paulo Netto e Ronaldo Vielmi Fortes
Edição	Isabella Marcatti
Assistência editorial	Thaisa Burani
Tradução e notas	Nélio Schneider
Preparação	Mariana Tavares
Revisão técnica e notas da edição	José Paulo Netto e Ronaldo Vielmi Fortes
Revisão	Luzia Santos e Thais Rimkus
Coordenação de produção	Livia Campos
Capa	David Amiel
Diagramação	Crayon Editorial

Equipe de apoio
Allan Jones, Ana Yumi Kajiki, Artur Renzo, Bibiana Leme, Eduardo Marques, Elaine Ramos, Giselle Porto, Ivam Oliveira, Kim Doria, Leonardo Fabri, Marlene Baptista, Maurício Barbosa, Renato Soares, Thaís Barros, Tulio Candiotto

CIP-BRASIL. CATALOGAÇÃO NA PUBLICAÇÃO
SINDICATO NACIONAL DOS EDITORES DE LIVROS, RJ

L98m
Lukács, György, 1885-1971
    Marx e Engels como historiadores da literatura / György Lukács ; tradução Nélio Schneider ; revisão técnica José Paulo Netto ; Ronaldo Vielmi Fortes. - 1. ed. - São Paulo : Boitempo, 2016.
    (Biblioteca Lukács)

    Tradução de: Karl Marx und Friedrich Engels als literaturhistoriker
    Apêndice
    Inclui índice
    ISBN 978-85-7559-517-6

    1. Marx, Karl, 1818-1883. 2. Engels, Friedrich, 1820-1895. 3. Comunismo e literatura. 4. Literatura - História e crítica. I. Schneider, Nélio. II. Netto, José Paulo. III. Fortes, Vielmi. IV. Título. V. Série.

16-36436	CDD: 335.43
	CDU: 330.85

É vedada a reprodução de qualquer parte deste livro sem a expressa autorização da editora.

 A tradução desta obra teve o apoio financeiro do Goethe-Institut, que é financiado pelo Ministério das Relações Exteriores da Alemanha.

1ª edição: outubro de 2016

BOITEMPO EDITORIAL
Jinkings Editores Associados Ltda.
Rua Pereira Leite, 373
05442-000 São Paulo SP
Tel./fax: (11) 3875-7250 / 3875-7285
editor@boitempoeditorial.com.br | www.boitempoeditorial.com.br
www.blogdaboitempo.com.br | www.facebook.com/boitempo
www.twitter.com/editoraboitempo | www.youtube.com/tvboitempo

A Biblioteca Lukács

Desde 2010, a Boitempo desenvolve sistematicamente o projeto de publicação das obras de György Lukács (1885-1971). O diferencial dessas edições, em face das anteriores de textos lukacsianos em português, não se reduz ao esmero da apresentação gráfica nem ao cuidado na escolha de especialistas para a redação dos subsídios (prefácio, posfácio, texto para as orelhas e para a quarta capa dos volumes) oferecidos ao público. O diferencial consiste na *tradução – com revisões técnicas – que se vale dos originais alemães*, devidamente autorizada pelos detentores dos direitos autorais.

A Boitempo não se propõe entregar ao leitor de língua portuguesa as *obras completas* de Lukács, como também não ambiciona elaborar – no sentido estrito – edições críticas. O projeto em curso ousa oferecer o *essencial* do pensamento lukacsiano em traduções confiáveis e dignas de crédito, posto que se conhecem a complexidade e a dificuldade da tarefa de verter textos tão densos, substanciais e polêmicos.

Aos livros anteriormente publicados (*Prolegômenos para uma ontologia do ser social*, 2010; *O romance histórico*, 2011; *Lenin* e *Para uma ontologia do ser social I*, 2012; e *Para uma ontologia do ser social II*, 2013), juntou-se, em 2015, *Reboquismo e dialética*, que inaugurou uma nova fase do projeto, batizado como Biblioteca Lukács. Este *Marx e Engels como historiadores da literatura* é o segundo volume dessa nova fase.

Verifica-se como, ao cabo de meia década, com o trabalho de tradutores de competência comprovada, de revisores técnicos de alto nível e com subsídios de intelectuais destacados, vem avançando a missão de divulgação para o leitor brasileiro do pensamento daquele que foi o maior filósofo marxista do século XX. E a Boitempo, empenhada em alcançar seu objetivo, acaba de reforçar a equipe responsável pela Biblioteca Lukács, com a colaboração permanente dos professores José Paulo Netto (coordenador) e Ronaldo Vielmi Fortes (coordenador adjunto).

Sumário

Prefácio à edição brasileira – Da possibilidade à realidade:
o trabalho poético de gerar novos hábitos 11
Hermenegildo Bastos

O debate sobre *Sickingen* entre Marx-Engels e Lassalle 17
   I. O ponto de vista de Lassalle 20
   II. Marx e Engels contra a estética idealista de Lassalle 32
   III. Lassalle desmascara-se a si mesmo em sua réplica 51

Friedrich Engels como teórico e crítico literário 63

Marx e o problema da decadência ideológica 99

Tribuno do povo ou burocrata? 157
   I. O significado geral da formulação leniniana do problema 157
   II. Burocratismo como forma fundamental
   de desenvolvimento da cultura capitalista 165
   III. Tragédia e tragicomédia do artista no capitalismo 174
   IV. A atualidade da formulação do problema por Lenin 190

Apêndice – Correspondência entre Lassalle,
Marx e Engels sobre *Sickingen* 203

Índice onomástico 251

Obras de György Lukács publicadas no Brasil 257

Biblioteca Lukács 260

Nota editorial

Os quatro ensaios que compõem esta obra – escritos em 1931, 1935, 1938 e 1940 – foram originalmente publicados em separado, em livros e revistas diversos. Em 1952, portanto, quando György Lukács (1885-1971) exercia plenamente suas atividades intelectuais, foram reunidos numa edição alemã intitulada *Karl Marx und Friedrich Engels als Literaturhistoriker*. Embora o título *Marx e Engels como historiadores da literatura* não dê conta de todos os aspectos desta obra, optamos por mantê-lo dessa forma – assim como o fizeram as edições francesa e portuguesa, por exemplo – por fidelidade à primeira edição e por entender que se trata de uma referência consagrada entre os estudiosos do autor.

Prefácio à edição brasileira
Da possibilidade à realidade
O trabalho poético de gerar novos hábitos

Os textos de György Lukács que compõem este volume, escritos no intervalo de uma década, fazem parte da fase madura da obra do pensador húngaro, iniciada em 1930. Essa época marca não uma ruptura, posto que as questões básicas de seu pensamento continuam presentes, ainda que exigindo novas e radicais formulações, mas uma retomada. Muitos temos visto aí a "virada ontológica" que permitiu o surgimento da percepção da literatura como uma atividade. E, ao dizermos *atividade*, sublinhamos o papel do artista como sujeito ativo.

A certeza de que na obra de Marx há *in nuce* uma estética contrapôs Lukács aos marxistas contemporâneos dele. Em vez de acrescentar à obra de Marx uma estética elaborada por outro pensador — como Kant, por exemplo —, cabia aprofundar as geniais observações feitas por Marx sobre arte e literatura. Tal certeza se formou e se consolidou a partir da leitura dos *Manuscritos econômico-filosóficos*[1] que Lukács pôde fazer em Moscou, ainda antes de sua publicação.

A dialética que rege a relação de sujeito e objeto só se entende caso sejam concebidas a atividade artística e a obra de arte como reflexo da realidade. Dito assim, parece simples e até mesmo banal: a realidade estaria aí como algo

---

[1] Karl Marx, *Manuscritos econômico-filosóficos* (trad. Jesus Ranieri, São Paulo, Boitempo, 2004). (N. E.)

dado de antemão, pacífica e estática; ao artista caberia, então, apenas recolhê-la como uma reprodução passiva. Mas a realidade não é algo dado, pacífico e estático, e sim o conjunto dinâmico das relações humanas, das relações dos homens entre si e da sociedade com a natureza. Esse conjunto, e os nexos que o articulam, é que é refletido. Quem diz *dinâmico* diz *processual*, salienta as possibilidades contidas na realidade.

O artista, assim como sua obra, não está fora desse conjunto, de tal modo que pudesse fazer dele uma cópia neutra. O objeto do reflexo é o devir, a evolução da sociedade, que é "uma intrincada trama de interações". Diz Lukács, em outro texto aqui não incluído, que a arte reflete não a realidade do instante que passa e nunca se repete, mas a dos elementos e tendências do processo[2].

A obra literária reflete as tendências, que não são perceptíveis a olho nu, sendo esse processo o da evolução da humanidade, ou o progresso contraditório. O caráter contraditório do progresso é um problema geral do desenvolvimento da sociedade dividida em classes, como Lukács sublinha no ensaio "Marx e o problema da decadência ideológica" (ver p. 104 deste volume).

Objetividade não se confunde, portanto, com neutralidade. Neutra seria a cópia, uma vez que estaria, assim, para ser feita por todos e da mesma forma. As obras de arte não são neutras. Há nelas uma tomada de partido, que não está diretamente ligada às concepções nem às posições do escritor, podendo até mesmo contradizê-las.

Por isso, tanto Marx quanto Engels acentuam nas cartas a Lassalle que o erro deste foi ter construído um personagem e um drama segundo sua visão de mundo, em vez de representar as forças sociais objetivas em movimento e seus personagens como destinos que não dependem da intenção do escritor.

O destino do personagem depende das condições objetivas de sua vida. O escritor saberá perceber esses caminhos intrincados, que são as tendências do movimento histórico objetivo. O máximo de objetividade é, assim, a marca da grande obra literária.

Mas, se ao escritor não cabe representar o personagem segundo suas convicções e se, ao mesmo tempo, cabe ao escritor dar a ver as forças sociais objetivas em movimento, em que consiste a intensificação da subjetividade que é, segundo Lukács, a peculiaridade da obra de arte?

---

[2] György Lukács, "Introdução aos escritos estéticos de Marx e Engels", em Karl Marx e Friedrich Engels, *Cultura, arte e literatura: textos escolhidos* (trad. Miguel Makoto Cavalcanti Yoshida e José Paulo Netto, São Paulo, Expressão Popular, 2010), p. 26.

A obra representa os momentos decisivos da evolução histórica, que são as tragédias e as comédias, e elas são fatos da vida, não são inventadas pelo escritor. Aqui se formula, a partir de Engels, como também de Marx, a ideia de triunfo do realismo. E desta deriva o conceito da arte como memória da humanidade, central na estética madura de Lukács. A obra de arte intensifica a subjetividade porque reflete o mundo objetivo, mas orientado para o homem. A subjetividade individual intensificada é a subjetividade estética. Em *Die Eigenart des Ästhetischen* [A peculiaridade do estético], Lukács afirma que a posição da referencialidade da obra de arte em relação ao mundo objetivo não é a de um acréscimo subjetivo a um mundo estranho ao sujeito; pelo contrário, a orientação ao homem deve aparecer já como propriedade inerente e em-si dos objetos refletidos[3].

Qualquer descuido na percepção da dialética sujeito/objeto levará a um subjetivismo ou a um objetivismo. Assim, compreender a realidade como dada e estática levará ao objetivismo, dominante em boa parte dos marxistas com os quais Lukács polemizou; compreender a realidade como dependente da consciência humana levará, por sua vez, ao subjetivismo.

Aprofundar as geniais observações de Marx — aliás, mais do que simples observações, verdadeiras análises, como as que fez de *Os mistérios de Paris*, de Eugène Sue, em *A sagrada família*[4], e também estas que agora lemos sobre o *Sickingen* de Lassalle, bem como as acuradas interpretações de Shakespeare e Schiller, sobre Ésquilo e também Balzac — significou abrir dois campos de luta teórica e também política: por um lado, opor ao idealismo filosófico a concepção materialista de que o mundo objetivo existe independentemente da consciência, do sujeito; por outro, opor ao materialismo mecanicista a concepção ontológica da arte como atividade, isto é, do papel ativo do sujeito.

Lukács não está, portanto, apenas polemizando, mas intervindo. E a intervenção tem a força da urgência — a de contribuir para o surgimento de um novo *étnos*.

O subjetivismo imperante no idealismo filosófico não é tão estranho ao materialismo mecanicista como pode parecer à primeira vista: se o artista

---

[3] Idem, *La peculiaridad de lo estético*, v. 2 (trad. Manuel Sacristán, Barcelona/México, Grijalbo, 1972), p. 479.

[4] Karl Marx, "A 'Crítica crítica' na condição de merceeira de mistérios ou a 'Crítica crítica' conforme o senhor Szeliga", em Karl Marx e Friedrich Engels, *A sagrada família* (trad. Marcelo Backes, São Paulo, Boitempo, 2003), p. 69-93. (N. E.)

copia um mundo dado de antemão e estático, o que se torna então decisivo é a ideologia do artista – o que termina configurando outra forma de subjetivismo. Os dois campos de luta são, de certa forma, um só: urge formular a estética marxista existente *in nuce* na obra de Marx para combater o idealismo filosófico, mas também o materialismo mecanicista, positivista, que se tornou o marxismo na União Soviética sob o poder de Stalin.

Daí a importância central que tem para Lukács o debate sobre o *Sickingen* de Lassalle, assim como a questão da tragédia. Nesse debate, Marx e Engels sublinham a importância decisiva da configuração, sem o que não poderá haver nenhuma obra literária. A escolha do conteúdo é já uma operação do artista. Lassalle, segundo Marx e também Engels, escolheu mal o tema. Embora aprove a decisão de Lassalle de escrever uma autocrítica dramática da Revolução de 1848 e de fazer do conflito trágico no qual sucumbiu o partido revolucionário o pivô de uma tragédia moderna, Marx pergunta se o tema tratado foi adequado à exposição desse conflito. Lukács sublinha que, nesse ponto, Marx está tratando de questões estéticas importantes e que, por serem importantes, não são exclusivamente estéticas. Trata-se da relação entre tema e substância, pois Lassalle atribui a causa da ruína de Sickingen à "culpa trágica" individual, enquanto Marx vê aí a consequência necessária da condição de classe objetiva de Sickingen.

Na escolha de um tema por um escritor pode-se ver a dialética de sujeito e objeto. Um tema se sobressai do processo que é a vida social. Mas o tema não está aí como algo dado nem, como já disse, estático e pacífico, tampouco neutro. O escritor precisará encontrá-lo. E, como nesse conjunto de natureza processual há posições e interesses conflitantes dos agentes, das classes sociais, nenhuma neutralidade será possível. Entre os inúmeros "temas" gerados sem cessar pelas lutas ideológicas, um deles se sobressairá.

As questões de estilo de *Sickingen* abordadas por Marx e Engels são questões dessa natureza, isto é, estéticas-mas-não-só. Aí se apresenta o contraponto entre Shakespeare e Schiller. Schillerizar significa, para Marx, transformar indivíduos em porta-vozes do espírito-universal, sendo esse o erro mais significativo do drama. Shakespearizar, por sua vez, significaria representar as lutas de classes concretas, os conflitos objetivos, o que Lassalle não pôde fazer.

Este pretendia escrever a tragédia da revolução. Mas para Marx a tragédia é a expressão do declínio heroico de uma classe. A tragédia e a comédia são expressões poéticas de determinados estágios da luta de classes, tanto no caso da classe decadente quanto no da classe revolucionária.

A questão da tragédia está presente em toda a obra de Lukács, desde *A alma e as formas*, passando por *O romance histórico* e *Contribuições à história da estética*⁵, até a *Estética* e a *Ontologia*⁶. O leitor de Lukács, mas não apenas este, também o interessado em estética ou em história, ganhará muito se puder recompor, mesmo em traços gerais, a evolução da concepção de tragédia que está presente na obra do filósofo húngaro. Para o jovem Lukács de *A alma e as formas*, a tragédia está na impossibilidade de uma vida autêntica no mundo inautêntico. Já o autor de *O romance histórico* sublinha a ideia de "tragédia histórica", isto é, a inevitabilidade do desparecimento da classe em declínio, como narrada por Walter Scott. Para o Lukács da *Estética* e da *Ontologia*, a tragédia está na urgência de alcançar a generidade humana plena e na impossibilidade atual de fazê-lo. A evolução humana se dá por meio de tragédias, mas esta evolução como um todo não é trágica.

A concepção madura da tragédia está diretamente ligada à ideia de tipo, como aparece em Engels. Nesse sentido, Lukács entende, na linha de Engels, que o verdadeiro realismo não parte das pequenas qualidades acidentais dos homens. Na obra literária realista, tudo que é meramente acidental se exclui. A configuração realista dá aos acidentes um caráter de necessidade. A unidade entre acidental e necessário define o realismo. Na carta a Minna Kautsky, Engels sublinha que cada personagem é um tipo, mas ao mesmo tempo é um "este". Em "Marx e o problema da decadência ideológica", Lukács fala da "dialética objetiva entre acaso e necessidade" (ver p. 120).

Se a arte reflete a verdade objetiva, isto é, se ela reflete "as reais forças motrizes do desenvolvimento social dos homens" (ver p. 93), ela pretende possuir valor de verdade objetiva. Sem ser um documento, nem mesmo uma narrativa histórica, a obra literária realista evidencia o processo histórico real. Por isso Engels afirma que aprendeu com Balzac "mais do que com os livros de todos os historiadores profissionais, economistas e estatísticos somados da época" (ver p. 94).

---

5   György Lukács, *Beiträge zur Geschichte des Ästhetik* (Berlim, Aufbau, 1954). Ver, especialmente, a "Introdução à estética de Chernichevski", que se encontra parcialmente traduzida no capítulo "Sobre a tragédia", em idem, *Arte e sociedade: escritos estéticos 1932-1967* (org. e trad. José Paulo Netto e Carlos Nelson Coutinho, Rio de Janeiro, Editora da UFRJ, 2009).
6   Sobre as edições brasileiras, ver, neste volume, "Obras de György Lukács publicadas no Brasil", p. 257-9. (N. E.)

Analisando em "Tribuno do povo ou burocrata?" o significado e o peso do hábito na vida humana, Lukács antecipa aqui, nesse ensaio de 1940, suas decisivas análises sobre a vida cotidiana, tema que se tornará central em suas obras tardias. Lenin, diz ele, considera o hábito um fator social de extrema importância também na formação do socialismo. No capitalismo os homens vivem sob a cruel divisão do trabalho como se ela fosse natural; é assim que surge a "habituação à inumanidade capitalista" (ver p. 172).

A arte é um hábito, no sentido aristotélico, um *éthos*. A poesia imita a natureza, mas para criar o que na natureza não existe. Como tal, é um caminho para a liberdade. Essas considerações não devem ser estranhas a Lukács, que pretendia se dedicar, como forma de coroar sua obra, a escrever uma ética.

Os leitores deste livro saberão apreciar estas páginas tão atuais sobre a tragédia e a comédia na evolução humana. Estão de parabéns a editora Boitempo e os coordenadores da Biblioteca Lukács.

Hermenegildo Bastos
Salvador, outubro de 2016.

O debate sobre *Sickingen*[1] entre Marx-Engels e Lassalle

A publicação das cartas e dos escritos póstumos de Lassalle trouxe um material novo e importante para a avaliação correta das relações entre Marx-Engels e Lassalle, sobretudo pela impressão, no terceiro volume dessa edição[2], das cartas dos dois primeiros a este último, dado que Mehring, no quarto volume de sua edição do "material póstumo", apresentara, essencialmente, apenas as cartas de Lassalle[3]. Complementos adicionais foram trazidos pela nova edição da correspondência entre Marx e Engels (*Gesamtausgabe*, seção III[4]), com as passagens referentes a Lassalle que haviam sido omitidas por Bernstein. Depois de vir a público o quarto dos seis volumes da edição de Mayer, o autor destas linhas ensaiou uma análise dos seus resultados gerais (*Grünbergs Archiv*, v. XI[5]).

---

[1] Referência à peça escrita por Ferdinand Lassalle, *Franz von Sickingen: Eine historische Tragödie* (Berlim, Franz Duncker, 1859). (N. T.)

[2] Gustav Mayer (org.), *Der Briefwechsel zwischen Lassalle und Marx. Nebst Briefen von Friedrich Engels und Jenny Marx an Lassalle und von Karl Marx an Gräfin Sophie Hatzfeld*, v. III: *Ferdinand Lassalle. Nachgelassene Briefe und Schriften* (Stuttgart/Berlim, Deutsche Verlags-Anstalt/Verlagsbuchhandlung Julius Springer, 1922). (N. T.)

[3] Franz Mehring (org.), *Briefe von Ferdinand Lassalle an Karl Marx und Friedrich Engels, 1849 bis 1862* (Stuttgart, J. H. W. Dietz, 1902). (N. T.)

[4] Karl Marx e Friedrich Engels, *Marx-Engels-Gesamtausgabe*, seção III, v. 1-4 (Berlim, Dietz, 1929-1931). (N. T.)

[5] György Lukács, "Die neue Ausgabe von Lassalles Briefen", em Carl Grünberg (org.), *Archiv für die Geschichte des Sozialismus und der Arbeiterbewegung*, v. XI (Leipzig, C. L. Hirschfeld, 1925), p. 401-23. (N. T.)

Desse universo, elege agora um tema específico, porque alguns dos antagonismos fundamentais de Marx e Engels em relação a Lassalle manifestam-se de modo mais marcante nesse âmbito do que em outras discussões, bem como porque aqui – em virtude da motivação estética – Marx e Engels tiveram a oportunidade de se pronunciar sobre o assunto "arte", matéria que, de resto, só puderam abordar de passagem e sobre a qual seus pontos de vista estão longe de ser inteiramente conhecidos e não foram devidamente apreciados.

É de conhecimento geral que Marx se ocupou a fundo de problemas da arte e da estética. Como quer que a crítica filológica defina sua participação na segunda parte de *Posaune*, de Bruno Bauer[6], as cartas dessa época mostram um trabalho denso sobre problemas da estética, suficientemente documentado também para a época posterior. Por exemplo, o modo como Marx trata – alguns anos depois da discussão a ser analisada aqui, na crítica epistolar de *Das System der erworbenen Rechte* [O sistema dos direitos adquiridos], de Lassalle[7] – os dramaturgos franceses da época de Luís XIV[8] revela que ele continuou a manifestar grande interesse teórico e histórico por essas questões. Isso vale especialmente para a época de que nos ocupamos. A correspondência sobre *Sickingen* estende-se de março a maio de 1859[9], ou seja, logo após o texto *Para uma crítica da economia política*, cuja introdução fragmentária aos estudos econômicos desse período, publicada mais tarde, traz uma das mais detalhadas exposições de Marx sobre estética[10], referente ao período posterior. Acresce-se a isso o fato de que possuímos longos excertos da *Estética* de F. T. Vischer, extraídos por Marx nos anos de 1857 e 1858[11], que também atestam

---

[6] Bruno Bauer, *Die Posaune des jüngsten Gerichts über Hegel, den Atheisten und Antichristen* (Leipzig, Otto Wigand, 1841). (N. T.)

[7] Ferdinand Lassalle, *Das System der erworbenen Rechte. Eine Versöhnung des positiven Rechts und der Rechtsphilosophie* (Leipzig, F. A. Brockhaus, 1861). (N. T.)

[8] Carta de 22 de julho de 1861, v. III, p. 375, edição de Mayer.

[9] Lassalle escreve a Marx e Engels em 6 de março, Marx responde em 19 de abril, e Engels, no dia 18 de maio. Por último, a réplica de Lassalle data de 27 de maio. Marx faz referência a esta na carta a Engels, em 10 de junho.

[10] A introdução referida foi publicada pela primeira vez por K. Kautsky, em 1903, na revista *Die Neue Zeit* e está acessível em Karl Marx, *Grundrisse: manuscritos econômicos de 1857-1858 – esboços da crítica da economia política* (trad. Mário Duayer e Nélio Schneider, São Paulo/Rio de Janeiro, Boitempo/Editora da UFRJ, 2011). (N. E.)

[11] Em um ensaio de 1934, sob o título "Karl Marx e Friedrich Theodor Vischer", Lukács analisou a estrutura e o conteúdo dos extratos que Marx tomou da *Estética* de Vischer. Ver: György Lukács, *Probleme der Ästhetik*, em *Werke*, v. 10 (Neuwied/Berlim, Luchterhand, 1969). (N. E.)

uma ocupação mais intensiva com problemas estéticos exatamente nesse período[12]. Na carta mencionada por último[13], Marx escreve o seguinte a Engels a respeito da segunda missiva de Lassalle sobre *Sickingen*: "É incompreensível como um homem, nesta estação do ano e a esta altura dos acontecimentos da história universal, não só encontre tempo para escrever uma coisa dessas, mas tenha ainda o desplante de achar que dispomos de tempo para lê-la"; como ficará claro a partir da nossa exposição seguinte, tal observação de modo algum se refere à dedicação de Lassalle a questões estéticas. A nosso ver, ela se deve, muito antes, ao fato de Marx considerar o debate com Lassalle, dali por diante, totalmente improdutivo e sem propósito, dado que este último se mostrou incorrigível em todas as questões políticas, históricas e ideológicas relevantes. No decorrer da discussão, as consequências perigosas do seu ponto de vista afloraram de maneira ainda mais clara. No entanto, não foi a primeira vez que isso aconteceu. Mas a mudança de tom entre as primeiras cartas de resposta de Marx e Engels ao envio de *Sickingen* – que, não obstante toda a crítica incisiva, foram bastante cordiais, mas cujo teor já foi bem menos "diplomático" do que o da carta precedente sobre *Heráclito*[14] – e a observação citada é tão brusca que vale a pena – assim nos parece – investigar sua causa e significado.

Todas essas razões parecem justificar um olhar mais detido sobre tais cartas, sendo que o peso principal deve residir, obviamente, na conexão entre a parte estética do debate e os pontos políticos e ideológicos da polêmica. Nossa tarefa aqui não é fazer uma investigação sistemática das concepções estéticas do Marx maduro, não por serem irrelevantes, mas porque a questão ainda não foi pesquisada de modo suficiente: até agora nem sequer foram coligidos todos os enunciados de Marx e Engels a respeito desse tema, nem examinados quanto à sua inter-relação e posição que ocupam no sistema. Não nos anteciparemos a essas investigações necessárias sobre a base do material publicado e não publicado e recorreremos às concepções estéticas gerais de Marx e Engels apenas na medida em que isso for absolutamente necessário para o nosso tema mais circunscrito.

---

[12] Queremos mencionar ainda de passagem que, em 1857, Marx recebeu de [Charles Anderson] Dana a incumbência de escrever um artigo sobre estética para a *New American Encyclopaedia*. Nas cartas de 23 e 28 de maio de 1857, Marx e Engels zombam da exigência descabida de Dana de liquidar a estética em uma página (v. II, p. 195-6). Claro que o respectivo artigo na *Encyclopaedia* não foi escrito por nenhum dos dois.

[13] Ou seja, a carta de 10 de junho a Engels. (N. E.)

[14] De 31 de maio de 1858, v. III, p. 122-3. [Referência à obra de Ferdinand Lassalle intitulada *Die Philosophie Herakleitos des Dunklen von Ephesos* (Berlim, Franz Duncker, 1858) – N. T.]

I. O ponto de vista de Lassalle

Em 6 de março de 1859, Lassalle enviou a Marx e Engels seu *Sickingen*, com um prefácio e um manuscrito sobre a ideia trágica do texto. Ambos contêm os pontos de vista programáticos de Lassalle: o prefácio, escrito para o público em geral, coloca o problema estético em primeiro plano e se limita a tratar como material de pesquisa a questão histórico-política que está na base do drama. O manuscrito, destinado aos amigos mais chegados do autor, desloca de modo mais enérgico para o primeiro plano os problemas político-históricos e aborda as questões estéticas (o elemento trágico, a forma do drama) em conexão com eles.

Sickingen, de Lassalle, deveria – conforme as intenções de seu autor – tornar-se *a* tragédia *da* revolução. O conflito trágico que, segundo Lassalle, está na base de toda revolução consiste na contradição entre o "entusiasmo", ou seja, a "confiança imediata da ideia em sua própria força e infinitude", e a necessidade de uma "*Realpolitik*". De antemão, Lassalle formula essa questão da maneira mais abstrata possível. Mas exatamente desse modo ele confere, logo de saída – sem querer –, uma mudança peculiar em relação a seu conteúdo. Pois o problema da "*Realpolitik*, de contar com os meios finitos disponíveis", adquire o seguinte significado: "Manter ocultos dos outros os fins verdadeiros e últimos do movimento e, *por meio desse ato intencional de lograr as classes dominantes* [itálico nosso – G. L.] e inclusive tirando proveito dele, conquistar a possibilidade de organização das novas forças"[15]. De modo correspondente, a imagem oposta, a do entusiasmo revolucionário, precisa receber uma formulação igualmente abstrata e peculiar ao ser contraposta à prudência [*Klugheit*]. A maioria das revoluções teria fracassado na questão da "prudência", e "o segredo da força dos partidos extremistas" consiste justamente em "pôr de lado a razão". Portanto, é "como se houvesse uma contradição insolúvel entre a ideia especulativa que faz a força e o entusiasmo de uma revolução, de um lado, e a razão finita e sua prudência, de outro"[16].

Essa eterna contradição dialética objetiva também estava – de acordo com Lassalle – na base da Revolução de 1848; é a ela que o autor deseja dar forma em seu drama. Daí, *a* tragédia *da* revolução. O "conflito trágico" é "um conflito

---

[15] V. III, p. 151.
[16] V. III, p. 152.

formal" – assim Lassalle formula a questão, em polêmica com Marx e Engels, em sua segunda carta[17]:

> Não um conflito específico e peculiar de uma determinada revolução, mas um conflito sempre recorrente em todas ou quase todas as revoluções passadas e futuras (ora superado, ora não superado), sendo, em suma, o conflito trágico da própria situação revolucionária, presente tanto nos anos de 1848 e 1849 quanto em 1792 etc.

Decorre daí a contradição entre fins e meios que, nesse tipo de revolucionário descrito por Lassalle, necessariamente leva à tragédia; "assume-se o princípio do adversário e, teoricamente, já se declara a derrota". Assim, é rompida a unidade dialética entre fins e meios, que já fora reconhecida por Hegel e Aristóteles, de modo que "todo fim só pode ser alcançado pelo que corresponde à sua própria natureza e, por essa razão, *fins revolucionários* não podem ser alcançados por *meios diplomáticos*". Na revolução, a prudência e o cálculo diplomático necessariamente fracassarão. "Acabará acontecendo, portanto, que esses estrategistas da revolução, em vez de não terem o adversário logrado à sua frente e os amigos às suas costas, terão, ao contrário, os inimigos à sua frente e não terão os adeptos do seu princípio às suas costas."[18]

Dessa concepção de revolução resulta toda a compreensão que Lassalle tem do trágico, da forma dramática e do estilo. A concepção em si – que reproduzimos, na medida do possível, na formulação do próprio Lassalle – funda-se, em termos de classe, na autocrítica que a extrema-esquerda da democracia burguesa pôde e teve de fazer sobre a base das experiências da Revolução de 1848. O autor, que incorre na autoilusão especulativa de ter descoberto *o* conflito *da* própria revolução, torna-se o porta-voz da minúscula ala de extrema-esquerda da democracia burguesa alemã, que alimentou a esperança de compor uma frente única democrática de cunho proletário-burguês contra as "velhas forças" e, com o auxílio dela, implementar uma revolução burguesa séria. Essa aspiração – que em Lassalle, todavia, como mostraremos adiante, já aqui se cruza com outras intenções opostas – compõe a base do seu *Das System der erworbenen Rechte*, é o motivo que atrai democratas convictos como Franz Ziegler[19] para o

---

[17] V. III, p. 187.
[18] V. II, p. 152-3. (Quando não houver observação que indique o contrário, os grifos em citações são sempre do respectivo autor.)
[19] Franz Ziegler (1803-1896), político liberal, foi membro da Assembleia Nacional de Frankfurt em 1848 e, mais tarde, deputado ao Reichstag. (N. E.)

lado do autor; a decepção provocada pela inviabilidade de tal aspiração constitui um dos motivos fundamentais do seu posterior "*tory*-cartismo", da sua luta renhida e unilateral contra a burguesia industrial, negligenciando o combate à propriedade fundiária semifeudal e seus expoentes políticos na Prússia e, inclusive, em aliança mais ou menos consciente com eles. Em suma: segundo essa concepção, a Revolução de 1848 fracassou por causa da "prudência", da "diplomacia", da "conduta de estadistas" dos seus líderes. *Sickingen* pretende expressar, na configuração [*Gestaltung*] literária, o aspecto trágico desse fracasso como aspecto trágico de todas as revoluções.

Essa formulação política e filosófico-histórica do problema condiciona os problemas estéticos de *Sickingen* e sua posição singular no desenvolvimento do drama moderno. Em diversas questões estéticas essenciais, Lassalle se encontra perfeitamente no terreno do drama alemão contemporâneo e de sua teoria (sob forte influência da filosofia de Kant até Hegel). O próprio autor está totalmente consciente desse contexto. No prefácio a *Sickingen*, ele dá um testemunho claro de tal pertencimento: "Determino o progresso feito pelo drama alemão por meio de Schiller e Goethe em relação a Shakespeare no sentido de que foram eles, em especial Schiller, que criaram o drama histórico em sentido próprio"[20]. Ele busca, portanto – em oposição a Hegel, mas em ampla sintonia com os estetas e poetas pós-hegelianos –, um modelo de drama que pode subsistir como forma autônoma ao lado da Antiguidade e de Shakespeare (que, para Hegel, é o coroamento do tipo "moderno" em contraposição à Antiguidade), e que inclusive – de certo modo, como terceiro período do drama – permite ir além da Antiguidade e de Shakespeare[21]. E mesmo Lassalle vislumbra essa novidade do desenvolvimento inaugurado por Schiller no fato de que,

---

[20] *Werke*, v. I, p. 133 (edição de Cassirer). [Dados bibliográficos completos: Ferdinand Lassalle, *Gesammelte Reden und Schriften*, v. I (org. Eduard Bernstein, Berlin, Paul Cassirer, 1919, 12 v.), p. 133 – N. T.]

[21] Devemos nos contentar aqui com algumas alusões e, portanto, remetemos tão somente à estética de Vischer, que estipula como tarefa do drama moderno a promoção de uma união entre a Antiguidade e Shakespeare (*Ästhetik*, v. III, p. 1.417, § 908). Esse programa se encontra plenamente de acordo com a declaração programática de Friedrich Hebbel no prefácio a *Maria Magdalena* de que, em contraposição à Antiguidade e a Shakespeare, o novo drama inaugurado por Goethe "jogou a dialética diretamente dentro da própria ideia". Exemplos como esse poderiam ser multiplicados à vontade.

nesse tipo de tragédia, não se trata mais dos indivíduos enquanto tais, que são, sobretudo, apenas os portadores e incorporadores desses antagonismos do Espírito universal em luta profundamente íntima; trata-se, isso sim, somente de destinos que decidem sobre a felicidade e a desgraça do Espírito universal.[22]

Contudo, o desenvolvimento tem de ir além de Schiller, pois, "no próprio Schiller os grandes antagonismos do espírito histórico são somente o *terreno* sobre o qual se movimenta o conflito trágico. O que emerge desse pano de fundo histórico como a ação dramática propriamente dita e que constitui sua alma é, uma vez mais, [...] o destino puramente individual"[23].

A conexão entre esses raciocínios e o desenvolvimento geral da classe burguesa, especialmente com a evolução do problema na filosofia alemã clássica, é tão evidente e conhecida que não precisa ser tratada aqui de maneira extensa. O único aspecto a ser enfatizado é que, nos pontos decisivos, a formulação do problema por Lassalle se diferencia daquela de seus contemporâneos, que, de modo mais ou menos consciente, ainda que a partir de perspectivas de classe distintas, corroboram a dissolução do hegelianismo. Todos esses pensadores e poetas da quarta e da quinta décadas [do século XVIII] tratam de captar intelectual ou poeticamente o surgimento e o desenvolvimento ulterior da sociedade burguesa, de promover em um sistema (ou em uma obra de arte) a *reconciliação* das contradições que surgem em decorrência do desenvolvimento econômico, mas que não são compreendidas como tais. Enfatizamos a importância da categoria da "reconciliação" não só porque ela constituiu, já no próprio Hegel, uma das fontes principais das contradições internas de seu sistema, não só porque essa questão – de modo compreensível – não foi respondida nem pelos pensadores pós-hegelianos, tornando-se até mais premente após cada tentativa de solução e levando a recaídas no idealismo subjetivo, no ecletismo, no relativismo, no empirismo, mas, acima de tudo, porque com ela veio à tona claramente o sentido classista de toda a formulação estética do problema. E isso na medida em que, assim, as duas antinomias à disposição dos dramaturgos e estetas modernos, a de liberdade e necessidade, de um lado, e a de indivíduo e sociedade, de outro, cuja importância crescente e conteúdo concreto têm origem social, foram mistificadas como problemas

---

[22] *Werke*, v. I, p. 134.
[23] *Werke*, v. I, p. 133. Hebbel diz algo muito parecido sobre Goethe: que este "assumiu a grande herança da sua época, mas não a consumiu" (idem).

"atemporais" e encontraram uma "solução" incapaz de questionar as bases da sociedade burguesa. Todos os debates travados em redor de Hegel e depois dele sobre a "culpa trágica" giram, em última análise, em torno dessa questão, e a resposta a ela, decisiva para a estrutura e o estilo da tragédia, é o elemento que mais claramente ilumina o ponto em que o respectivo pensador se coloca em termos de classe.

O próprio Hegel – em que, por um lado, emergem de forma clara as contradições internas do desenvolvimento da classe burguesa (mesmo que predominantemente em sua versão ideológica) e que, por outro lado, aprova do modo mais resoluto possível esse desenvolvimento, junto com o tempo presente concreto – levanta de maneira enérgica o problema "culpa-inocência". É preciso "deixar de lado toda a falsa representação de culpa e inocência". No sentido de uma vontade livre, pressupondo que os protagonistas da tragédia tivessem alguma escolha, eles são inocentes. Foi sua necessidade, seu *páthos*, que os impeliu aos "feitos culpáveis. Ora, eles nem mesmo querem ser inocentados desses feitos. Pelo contrário: o que fizeram, o que de fato fizeram, é sua glória. [...] A honra dos grandes caracteres é serem culpados"[24]. Todavia, essa concepção – cuja conexão com a filosofia da história de Hegel é muito evidente – é válida para a tragédia grega; na *Fenomenologia*, contudo, isso aparece de modo ainda mais pronunciado e claro do que na própria *Estética*. Da posição que Hegel atribui à arte no desenvolvimento global decorre que toda a arte moderna e inclusive a arte "romântica" surgem como dissolução da arte, como superação [*Aufhebung*] da ideia da arte em religião ou, então, em filosofia[25]. Também a questão da culpa, a questão da liberdade e da necessidade na poesia moderna aparecem na estética de Hegel, portanto, enquanto formas de dissolução da versão grega clássica, original; em consequência, as formulações propriamente adequadas dos problemas que, segundo o filósofo, estão de fato na base dessas questões estéticas só podem ser feitas por Hegel em sua filosofia da história e em sua filosofia do direito.

Nessa questão, a estética pós-hegeliana parte do ponto de vista oposto: sua busca está direcionada exatamente para a justificação filosófica da poesia

---

[24] *Ästhetik, Werke*, v. 10/III, p. 552-3. [Dados bibliográficos completos: G. W. F. Hegel, *Werke. Vollständige Ausgabe durch einen Verein von Freunden des Verewigten*, v. 10/I-III: *Vorlesungen über die Ästhetik* (Berlim, Duncker und Humblot, 1835-1842), p. 552-3. – N. T.]

[25] Ver ibidem, v. 10/II, p. 231 e seg.; v. 10, p. 580 e seg.

contemporânea. A consequência disso é uma profunda reestruturação da concepção hegeliana do problema. Pois, embora a intenção seja histórica – a de buscar uma ruptura, mais ou menos consciente, com o "fim da história" hegeliano –, a elaboração concreta se evidencia justamente no fato de serem procuradas e aparentemente encontradas categorias que, com certas variações, podem ser aplicadas a todos os períodos da história da arte. Enquanto as categorias hegelianas são, no fundo, concepções conceituais de determinada época da história (o que aparece de modo mais claro na *Fenomenologia* do que na *Estética*) e, por isso mesmo, carregam em sua estrutura e conexão as *determinações de conteúdo* desse período histórico, o caminho da estética pós-hegeliana leva a *uma concepção formalista* dos problemas estéticos. A liberdade em geral deve ser confrontada com a necessidade em geral; deve-se determinar a situação do homem na história, do indivíduo na sociedade. Com isso, no entanto, divergem bruscamente os princípios que, em Hegel, de alguma forma ainda eram mantidos coesos. A consequência de ter de extrapolar metodologicamente tanto o princípio histórico e de conteúdo (a apreensão positiva do especificamente moderno) *quanto* o princípio formalista (categorias supra-históricas que abrangem *todos* os períodos e *todas* as formas *do mesmo modo*) é que, nas exposições isoladas, as categorias pretensamente dialéticas se separaram de maneira brusca, divergem unilateralmente, sem possibilidade de mediação. Surge uma dualidade de formalismo abstrato e positivismo empírico. No caso isolado – aqui, portanto, no drama –, de um lado, a necessidade é alçada a uma abstração que beira o místico e, com frequência (por exemplo, em Hebbel), incorre diretamente no místico, ao passo que, de outro lado, o indivíduo é individualizado até o nível do genérico ou do patológico. A conexão assim rompida precisa, então, ser reconstituída por mediações complexas, construídas, inventadas ou mistificadas. A unidade dialética da liberdade e da necessidade, seu necessário movimento simultâneo na contradição dinâmica, que, em Hegel, muitas vezes estavam presentes – embora não sempre, nem em toda parte – perde-se e precisa ser reposta pela "ética" ou pela "psicologia".

A base de toda essa reestratificação das formulações dos problemas estéticos é constituída pela necessidade de posicionar-se em relação à revolução enquanto uma questão atual e iminente. Hegel pôde tratá-la – a grande Revolução Francesa – como *pressuposto* do tempo presente, como tempo pretérito. É possível, assim, indicar *concretamente* os embates que provocaram as revoluções e aqueles que foram provocados por estas, e captar como situação concreta do mundo a reconciliação, a suprassunção recíproca dos princípios conflitantes[26]. Uniu-se, portanto, a aprovação da revolução passada com a aprovação da situação presente (aqui não é o lugar para fazer uma análise das contradições internas da posição hegeliana). A coisa é bem diferente quando a revolução está diante dos pensadores e poetas enquanto problema presente, atual. Dado que a questão é posta em termos historicamente concretos, toda abstração no método e na resposta às diferentes perguntas significa *desviar-se* do problema concretamente histórico. E isso tanto mais enfaticamente quanto mais concretamente for posta a questão. Isso fica evidente de modo particular em F. T. Vischer, o mais importante dos estetas pós-hegelianos. Sem dúvida, quando Vischer determina a revolução como o tema propriamente dito da tragédia[27], trata-se de um avanço em relação a Hegel. Mas esse avanço é anulado de imediato, e Vischer acaba por retroceder diante de Hegel quando entende por revolução o "constante antagonismo entre progresso livre e o que necessariamente existe, entre o que é novo e o que o inibe". Pois disso decorre que, no caso dele, Antígona, Tasso, Wallenstein e Götz são colocados lado a lado, sem distinção, como "revolucionários", que toda sublevação contra o "existente" se enquadra na categoria de "revolução", mesmo que tenha o princípio do antigo como ponto de partida (Antígona, Götz). Por outro lado, a mesma versão abstrata ampliada do problema obriga Vischer a abrir o seu *coração de liberal moderado*. Ele diz: dos dois princípios, "a razão mais profunda está no primeiro plano (o plano novo), porque a ideia ética é movimento absoluto". Contudo: "O existente também tem sua razão. O verdadeiro reside no meio [...]. Só o futuro distante [...] trará a mediação eficaz"[28]. Na

---

[26] Nesse sentido, o texto mais instrutivo é exatamente o de *Fenomenologia do espírito*, em que a tragédia consuma o "despovoamento do céu", e tem início a luta da filosofia contra os deuses. Ver: G. W. F. Hegel, *Phänomenologie des Geistes* (3. ed., org. G. Lasson, Leipzig, Felix Meiner, 1928, Coleção Philosophische Bibliothek, v. 114), p. 476 [ed. bras.: *Fenomenologia do espírito*, trad. Paulo Meneses, Petrópolis/Bragança Paulista, Vozes/Universidade São Francisco, 2002, p. 498 e seg.]. Essas ideias são articuladas ainda mais claramente no capítulo "O espírito verdadeiro, a eticidade" (ibidem, p. 288 e seg. [ed. bras.: ibidem, p. 307 e seg.]), onde a era trágica aparece como prelúdio do "Estado de direito". (N. T.)

[27] *Ästhetik*, § 136, v. 10/I, p. 315-6 (Marx também fez um excerto dessa passagem).

[28] Ver *Ästhetik*, § 374, v. 10/II, p. 287, onde ele acha "compreensível" que "o interesse estético se volte com predileção para as vítimas da revolução, a nobreza e o trono etc. [...] Após o insucesso de sua primeira irrupção abstrata [...] a revolução deve buscar a mediação da natureza e da tradição [...] crescer naturalmente, e só a futura árvore assim crescida promete beleza".

época do seu surgimento, essa teoria ainda tinha o caráter, embora moderado, de uma concepção revolucionária burguesa, ao passo que, no decorrer de sua concreção e execução, ela se transformou em uma tentativa puramente estética de justificação da poesia "moderna", na qual o aspecto estético-formal se torna o fator decisivo e o princípio revolucionário burguês esmaece inteiramente no liberalismo moderado. É óbvio, porém, que as bases dessa transformação já estão presentes na composição original. O conteúdo classista reacionário do conceito formalista de revolução aflora com nitidez ainda maior no mais importante dos dramaturgos dessa época, Hebbel[29]. De acordo com sua teoria, a tragédia, e especialmente a tragédia moderna, tem a tarefa de representar "as dores de parto da humanidade que luta por uma nova forma"; em função disso, o conteúdo e a finalidade dessa representação são os seguintes: "A arte dramática visa ajudar a finalizar o processo histórico-universal que se desenrola em nossos dias e que não quer derrubar as instituições políticas, religiosas e morais do gênero humano agora existentes, mas fundamentá-las de maneira mais sólida e, portanto, pô-las a salvo da destruição"[30].

Desse modo, caracterizamos os contornos filosófico-estéticos mais gerais das correntes literárias a que pertence *Sickingen*, de Lassalle. Quando enfatizamos no início que o drama de Lassalle, por um lado, encontra-se no terreno dessas correntes no que se refere a seus elementos essenciais, mas, por outro lado, assume uma posição bem peculiar em relação a elas, afirmamos algo apenas aparentemente contraditório. O referido autor tem em comum com essas correntes a formulação do problema, o ponto de partida e, em uma série de questões metodológicas decisivas, dificilmente vai além delas (inclusive – como veremos –, ele prefere partir de correntes mais antigas), mas se diferencia dos demais pelo fato de tentar dar ao conceito formal da revolução, enquanto base da tragédia moderna, uma mudança [*Wendung*] revolucionária: ou seja, na luta entre o "velho" e o "novo" ele se coloca, sem ressalvas, ao lado do novo. A consequência disso são diversas

---

[29] O recurso a Hebbel para caracterizar como trágico o ponto de partida filosófico-estético geral da atuação de Lassalle já se justifica pelo fato de vários autores, sobretudo Mehring, terem notado certa afinidade – ainda que com pontos de partida opostos – no tratamento dado por eles à conexão entre tragédia e revolução. Ver Mehring sobre o *Gyges* de Hebbel e o *Sickingen* de Lassalle (*Werke* [*Gesammelte Schriften und Aufsätze in Einzelausgaben*, org. Eduard Fuchs, Berlim, Soziologische Verlagsanstalt, 1929], v. II, p. 48).

[30] Idem.

novas mudanças na formulação do problema, que, contudo, dado que a base de toda essa formulação não é renovada por Lassalle, somente levam a que as contradições presentes nele fiquem ainda mais escancaradas do que nos demais. Pois a ênfase na preeminência do "novo" (do "princípio revolucionário"), não só do ponto de vista da ideia histórico-universal – o que Vischer também faz –, mas também como "ideia estética" do drama e, portanto, como a posição concreta central do "princípio revolucionário", necessariamente leva o autor à tentativa de conferir às forças motrizes sociais concretas da luta trágica uma forma mais concreta do que fazem seus contemporâneos, satisfeitos com o "existente" em uma forma bastante abstrata ou em uma concretude mistificada. Por outro lado, essa tendência necessariamente o impeliu a ver e configurar os homens e as relações sociais de feição mais concreta como meros portadores, representantes, porta-vozes da "ideia histórico-universal". Esta, que poderia resultar em uma contradição dialeticamente fecunda, se nela a relação concreta entre homem e classe constituísse o ponto de partida real, é convertida pelo idealismo de Lassalle em uma antinomia abstrata, porque ele introduz "a ideia de revolução" nos homens concretos e nas relações concretas em vez de desdobrar a relação dialética realmente concreta de dentro delas, ou seja, porque ele ao mesmo tempo estabelece e revoga sua concretude. Pelo impulso revolucionário do seu ponto de partida, o autor chega a uma rejeição justificada da pintura de gênero dramático do seu tempo, a uma rejeição do aprofundamento extenso na peculiaridade despida de ideias e de essência de um personagem contingente. Mas Lassalle não escapa de cair no "penhasco" que ele mesmo divisou, a saber, o de "incorrer em uma poesia abstrata e erudita", ao vislumbrar *o histórico* "de nenhum modo no *material histórico*" mesmo, mas no fato de nele "desdobrar-se [...] a mais profunda das ideias histórico-universais e o mais profundo dos conflitos de ideias de tal época de transformação"[31].

Por essa razão, Lassalle – apesar das ressalvas já mencionadas – remonta a Schiller. Dado que, a partir dali, era impossível para ele apreender a unidade entre universal e particular nos personagens e na fábula enquanto unidade entre indivíduo e classe, entre destino singular e destino histórico de classe, não lhe restou outra saída, senão tentar transpor a antinomia não superada entre singular e universal por meio de um *páthos* ético-retórico. Esse tipo de transposição

---

[31] *Werke*, v. I, p. 135.

e, portanto o retorno ao *páthos* de Posa[32] em Schiller, por mais que sejam superiores à psicologia mistificadora dos contemporâneos reacionários de Lassalle, não consegue oferecer uma configuração real sequer dos nexos revolucionários burgueses. Não é por acaso que esse estilo tenha surgido não no terreno das próprias revoluções burguesas e, assim, na França ou na Inglaterra, mas no de seu reflexo estético, ou seja, na Alemanha. De antemão, ele confere aos grandes antagonismos históricos a forma de duelos discursivos entre as "personalidades histórico-universais" de liderança, de cuja "vontade" ou "decisão" etc. dependeria o destino do desenvolvimento histórico. O idealismo desse estilo está fortemente relacionado, portanto – em Schiller, isso fica evidente, em especial na época de Posa –, à representação de uma "revolução a partir de cima", de um monarca "esclarecido". Contudo, o recurso estilístico de Lassalle a Schiller de modo nenhum é apenas formal, já que o próprio Lassalle está imbuído dessa ilusão. Muito antes, em toda a fábula e, assim, em toda a sua concepção de história está contido esse contar com uma "revolução a partir de cima". No segundo ato, a cena decisiva entre Sickingen e o imperador Carlos V[33] contém a tentativa do primeiro de atrair o segundo para os seus propósitos, passíveis de ser reconhecidos no decorrer da sequência, que formalmente lembra o diálogo entre Posa e Felipe: Carlos deveria fazer na Alemanha uma revolução do tipo "inglês". No entanto, Lassalle acredita estar muito acima dessa ilusão de seu protagonista. Pois ele vê a "culpa trágica" do personagem exatamente nesse "astuciar" com a "ideia da revolução". Contudo, a autoilusão de Lassalle mostra-se exatamente no fato de – ao estilo de Schiller – identificar nisso uma "culpa trágica". Ele não parte das condições objetivas de classe, isto é, o personagem Sickingen, por exemplo, não surge como representante de uma classe bem determinada, mas o condicionamento objetivo de classe é *mero pano de fundo*, diante do qual se pretende destacar de modo autônomo a dialética da "ideia da revolução". Por meio desse ponto de partida idealista são "liberados" os personagens dos dramas. Uma vez que, a partir daí, eles conseguem expor as "ideias" apenas retoricamente, por meio do diálogo (em vez de conferir-lhes forma em suas ações), as vinculações que estabelecem entre si, com sua classe e com a fábula tornam-se atos "livres": objetos da ética. Lassalle é forçado, portanto, a recuar a um ponto anterior a

---

[32] Referência ao personagem marquês de Posa, do drama *Don Carlos, Infante de Espanha*, escrito por Friedrich Schiller (trad. Frederico Lourenço, Lisboa, Cotovia, 2008). (N. T.)
[33] V. I, p. 195 e seg. (em especial, p. 205-6).

Hegel tanto na teoria quanto na prática e a renovar a "culpa trágica" aristotélica[34]. Na defesa do personagem Sickingen, Lassalle advoga a tese de que a "culpa" do protagonista não seria só "um erro intelectual", mas ao mesmo tempo – e também como erro intelectual – uma culpa moral. "Porque ela se origina exatamente da falta de confiança na ideia moral e em seu poder infinito existente em si e para si, bem como de um excesso de confiança nos meios ruins e finitos."[35]

É evidente a conexão entre o problema tanto estético-teórico quanto composicional-dramático da "culpa trágica", entre o estilo retórico-ético de Schiller, de um lado, e a questão idealista-abstrata (por isso, moralizante, não formulada em termos políticos) da *"Realpolitik"* e dos "compromissos", de outro lado. Pelo fato de não formular esta última questão conforme um *conteúdo* relativo a classes, mas sim de acordo com uma *forma* filosófico-histórica, ele barra seu próprio acesso a qualquer outra solução além da *ética*. Quando os "princípios" do "velho" e do "novo" se confrontam abrupta e imediatamente, não é possível sequer citar o tema que emerge em toda luta de classes concreta, a saber, de que maneira se pode conquistar como aliadas ou neutralizar as classes que hesitam por causa de seus compromissos. Todo desvio da realização *direta* do objetivo último (do "princípio") se converte, então, em "traição" à "ideia", enreda o protagonista na "culpa trágica". A diferença entre moderados e radicais, entre girondinos e jacobinos, transforma-se em problema moral[36], sendo que Lassalle precisa ignorar que

---

[34] Tal qual ocorre em diversas questões, também aqui Lassalle julga pisar solo hegeliano ortodoxo. Ver sua discussão com Adolf Stahr sobre Aristóteles e a culpa trágica. (A carta de Lassalle se encontra na *Deutsche Revue*, nov. 1911. A resposta de Stahr, em Gustav Mayer (org.), *Der Briefwechsel zwischen Lassalle und Marx*, cit., v. II, p. 141.) No debate, Lassalle faz referência constante a Hegel, embora a passagem citada por ele – e também por nós há pouco – encontre-se em abrupta contradição com toda a sua teoria. Não se trata do único caso em que Lassalle é forçado a introduzir elementos éticos subjetivos na interpretação de Hegel, a "fichteanizar" Hegel, embora tenha combatido conscientemente tais aspirações, como mostra sua polêmica contra Rosenkrantz. [Adolf Stahr (1805-1876), autor de estudos literários e romances históricos; Karl Rosenkrantz (1805-1879), biógrafo de Hegel. – N. E.]

[35] *Briefwechsel*, v. III, p. 154.

[36] *Briefwechsel*, v. III, p. 153. É evidente que aí está uma das bases ideológicas da "massa reacionária unitária". [Lukács alude aqui à tese – segundo ele, desposada por Lassalle – de que, em relação ao proletariado, todas as demais classes constituem uma "massa reacionária unitária". Marx combaterá essa ideia, por exemplo, em sua famosa crítica ao Programa de Gotha, de 1875. Ver José Paulo Netto, *O leitor de Marx* (Rio de Janeiro, Civilização Brasileira, 2012), especialmente p. 433-4 – N. E.]

os jacobinos estabeleceram "compromissos" ocasionais tanto quanto os girondinos – só que com outro ponto de partida de classe e, portanto, com *outras classes, outro conteúdo*. Daí decorre, naturalmente, que ele só conseguiu conceber o problema das guerras camponesas e da Revolução de 1848 sob esse ponto de vista.

Ainda falaremos de maneira mais extensa sobre uma série de contradições estéticas e político-históricas decorrentes dessa postura de Lassalle. Por enquanto, é preciso constatar o quanto é forte e orgânica a ligação entre a questão do estilo do autor, que compõe uma tragédia ao modo schilleriano tendo como base a "culpa trágica" e que tematiza as contradições dialéticas da "ideia da revolução", e sua formulação histórico-política do problema, citada começo deste texto. Quando Lassalle concebe a "autocrítica" da Revolução de 1848 como uma crítica "trágica" da revolução em geral, quando ele, em consequência disso, vislumbra na *"Realpolitik"* hesitante, barganhista e demasiado "prudente" a "culpa trágica" típica dos revolucionários, essa formulação formal-abstrata da questão não só condiciona, como vimos, todo o caráter estético, todo o teor artístico do seu drama, mas está ao mesmo tempo estreitamente ligada ao conteúdo político da sua postura. O problema da *"Realpolitik"* é separado das lutas de classes da Revolução de 1848, sobretudo pela luta entre burguesia e proletariado, e isso impossibilita metodologicamente, de antemão, todo posicionamento real em relação aos problemas da revolução burguesa. Mas a autoilusão de Lassalle, de ter assumido com seu posicionamento dialético-idealista abstrato um posto elevado da autocrítica da revolução, não se revela enquanto tal apenas nesse sentido. Ela é, muito antes, uma dupla autoilusão. Pois a obviedade, a falta de crítica com que o autor escolhe justamente *esse* ponto de partida para a autocrítica da Revolução de 1848, o modo como ele se detém na imediaticidade de um ponto de vista radical burguês sem ter noção de seu condicionamento de classe, revelam, ao mesmo tempo, que ele só é capaz de imaginar a revolução com ingênua obviedade enquanto revolução burguesa "normal", que ele formula as questões referentes à revolução – inconscientemente – da perspectiva burguesa, e não proletária[37].

---

[37] Essa questão ficará mais clara ao longo do debate sobre o papel dos camponeses. A decepção de Lassalle com a recepção por Marx do seu *sistema dos direitos adquiridos* vem da mesma fonte Ver especialmente a carta de Lassalle a Marx de 27 de agosto de 1861 (Mayer, v. III, p. 381).

II. Marx e Engels contra a estética idealista de Lassalle

Chegando agora à crítica de Marx e Engels a *Sickingen*, à polêmica sobre as concepções de Lassalle, temos de comparar, primeiro, suas opiniões reservadas ao tema com as cartas a Lassalle. Infelizmente, tal controle – que, no caso de *Heráclito* e de *Das System der erworbenen Rechte*, é possível e instrutivo – nos falta na correspondência de Marx e Engels. Estes não chegaram a falar entre si sobre a primeira carta de Lassalle nem sobre suas próprias respostas. A única observação que possivelmente se refere ao tema é aquela feita por Marx na carta de 19 de abril de 1859 (data da resposta de Marx a Lassalle), na qual consta: "*Ad vocem* [Sobre o que diz] Lassalle, amanhã te escreverei mais amplamente"[38]. Contudo, na missiva seguinte, datada de 22 de abril, Lassalle nem sequer é mencionado. Dependemos, portanto, da análise das próprias cartas. Ora, posto o tom relativamente cordial e a crítica relativamente franca, é natural assumir que na época dessa correspondência já havia ocorrido o primeiro grande abalo da confiança depositada em Lassalle – que nunca havia sido muito forte[39] –, a saber, a denúncia de Levy[40]; temos de considerar, ademais, que Marx entendeu *Heráclito* como uma "florescência póstuma de uma época passada" e censurou a conduta totalmente acrítica de Lassalle em relação à dialética de Hegel com incisividade devastadora[41]. Além disso, é preciso levar em conta que as diferenças políticas, bem como as tensões em torno da publicação alemã das obras de Marx e Engels, já estavam bastante acirradas entre eles. Chama atenção ainda o tom das cartas, a franqueza da crítica, usual entre camaradas, embora seja preciso considerar que a crítica constituiu parte da "diplomacia" complexa de Marx em relação a Lassalle[42]. Apesar disso, não

---

[38] V. II, p. 379.
[39] Ver as cartas de Marx do ano de 1853 (v. I, p. 456-7 e 459).
[40] Referência a Gustav Levy, comerciante em Düsseldorf e membro da Liga dos Comunistas, que visitou Marx em Londres, em 1856, e, entre outras coisas, denunciou Lassalle – segundo ele, por incumbência dos trabalhadores de Düsseldorf, mas provavelmente por desavenças pessoais – como alguém que estaria usando a organização dos trabalhadores para fins privados. Ver relato circunstanciado em Franz Mehring, *Karl Marx: Geschichte seines Lebens* (Berlim, Dietz, 1985), p. 257-9 [ed. bras.: *Karl Marx: a história de sua vida*, São Paulo, Sundermann, 2013]. (N. T.)
[41] V. II, p. 259 e 283; ver também a carta de Marx a Lassalle (Mayer, v. III, p. 123).
[42] Ver a carta a Engels sobre *Heráclito*: "Em algumas observações secundárias discretas – dado que o louvor só adquire de fato ares de seriedade por meio de matizes reprobatórios –, em certa medida, indiquei de forma bem sutil o aspecto realmente deficitário" (v. II, p. 321).

nos parece apropriado interpretar tais correspondências como puramente diplomáticas. Atente-se, por exemplo, que em uma carta de Engels encontra-se a seguinte formulação: "De resto, porém, é motivo de alegria constante, para mim e para nós, quando estamos diante de mais uma prova de que nosso partido sempre se apresenta com superioridade, qualquer que seja a área em que o faça" – uma formulação que se situa bem na linha da apreciação contida que Marx havia feito de *Heráclito*[43]. Se acrescentarmos que a análise feita por Marx da situação de Lassalle em Berlim imediatamente antes dessas cartas apontava para a inevitabilidade de sua ruptura com a democracia burguesa de esquerda[44], temos todas as razões para crer que essas cartas de Marx e Engels não foram simples "diplomacia", e sim um esforço para convencer Lassalle de que seu ponto de vista estava errado.

Tanto é assim que, em suas réplicas, Marx e Engels abordam de imediato a questão central. Marx louva a *intenção* de Lassalle de escrever uma autocrítica dramática da Revolução de 1848: "O conflito *pretendido* [itálico nosso – G. L.] não só é trágico, mas é o conflito trágico no qual sucumbiu, com razão, o partido revolucionário de 1848-1849. Portanto, só posso expressar minha máxima aprovação ao intento de fazer dele o pivô de uma tragédia moderna'. Contudo, essa aprovação logo se converte na mais incisiva crítica: "Mas eu me pergunto se o tema tratado foi adequado à exposição *desse* [itálico nosso – G. L.] conflito?"[45] À primeira vista, a objeção de Marx parece puramente estética e, como veremos, inclusive levanta questões estéticas importantes: a revelação das contradições entre tema e substância [*Stoff*] no drama de Lassalle. Fica evidente, porém, que para Marx e Engels se trata, antes de tudo, de algo bem diferente. A concordância em relação ao conflito "pretendido" de antemão é apenas aparente: ela se refere de modo bastante abstrato apenas ao fato de que uma crítica da Revolução de 1848 *em termos gerais* seria importante e desejável. No entanto, Marx e Engels têm um entendimento completamente diferente daquele de Lassalle a respeito do que seria essa crítica, tanto em termos metodológicos quanto em termos de conteúdo,

---

[43] Mayer, v. III, p. 184. A passagem da carta de Marx tem o seguinte teor: "Lassalle, incluindo seu *Heráclito*, ainda que seja muito mal escrito, é melhor que tudo de que podem se gabar os democratas" (v. II, p. 366).

[44] "Ao mesmo tempo, sua estadia em Berlim o persuadiu de que, para um sujeito cheio de energia como ele, não há utilidade no partido da burguesia" (v. II, p. 369).

[45] V. III, p. 173.

razão pela qual a contestação de que o tema escolhido por Lassalle não combina com a apresentação "desse" conflito não é simplesmente estética, mas atinge as bases de toda a concepção de Lassalle. Este último também sentiu isso de maneira clara e o expressou em sua réplica, quando escreveu a Marx e Engels: "Em última análise, vossas objeções se reduzem ao fato de eu ter escrito um *Franz von Sickingen*, e não um *Thomas Münzer* ou alguma outra tragédia da guerra camponesa"[46].

Aqui reside o ponto central das objeções de Marx e Engels. Eles polemizam a representação de Lassalle de que a "diplomacia" de Sickingen e, portanto, sua "culpa trágica" individual (seja ela intelectual, ética ou ambas) teriam sido a causa de sua ruína. O que Lassalle reinterpreta desse modo nada mais é que a consequência necessária da *condição de classe* objetiva de Sickingen. Marx escreve: "Ele sucumbiu por ter se sublevado contra o estabelecido ou, antes, contra a nova forma do estabelecido, e por tê-lo feito na condição de cavaleiro e de representante de uma classe em declínio"[47]. Desse modo, é posta de lado imediata e tacitamente, de um só golpe, toda a formulação lassalliana do problema *da* tragédia *da* revolução, para o qual *Sickingen* seria apenas uma roupagem, e coloca-se a pergunta: o que o Sickingen real representaria nas lutas de classes factuais de sua época. A resposta de Marx é clara[48]. Quando se despe o individual de Sickingen, "o que resta é – Götz von Berlichingen. Nesse sujeito *miserável* está presente em sua forma adequada o antagonismo trágico da cavalaria frente ao imperador e aos príncipes, e foi por isso que Goethe[49], com razão, transformou-o em protagonista". Com sua luta, Sickingen é "de fato um Dom Quixote, ainda que historicamente justificado".

Essa observação, cujas consequências adicionais abordaremos de modo mais extenso logo a seguir, é bastante instrutiva; ela ilumina com nitidez todo o complexo das oposições fundamentais entre as concepções de Marx e Lassalle, mas simultaneamente elucida as relações de ambos com Hegel e seus sucessores no que se refere a esses temas. Na avaliação de Goethe, a oposição ganha expressão clara na concepção estética de *Götz von Berlichingen*, e ela é

---

[46] V. III, p. 204.
[47] V. III, p. 173.
[48] V. III, p. 173-4.
[49] J. W. Goethe, "Götz von Berlichingen mit der eisernen Hand. Ein Schauspiel", em *Goethes Werke in 14 Bänden*, v. 4 (Hamburgo, Christian Wegener, 1948), p. 73 e seg. [ed. port.: *O cavaleiro da mão de ferro*, trad. Armando Lopo Simeão, Lisboa, Ultramar, 1945]. (N. T.)

tanto mais nítida porque ambos concordam ao avaliar *politicamente* Götz como um "sujeito miserável". Marx, como vimos, elogia Goethe por escolher um protagonista em que a oposição histórica da cavalaria com o imperador e os príncipes é expressa de maneira adequada. Nesse aspecto, ele se encontra em ampla sintonia com Hegel, que escreve o seguinte:

> Ter escolhido esse contato e esse conflito entre o período heroico da Idade Média e a vida moderna fundada sobre o domínio da lei como tema principal atesta o senso apurado de Goethe. Pois Götz e Sickingen ainda são heróis que desejam regular autonomamente, a partir de sua personalidade, de sua coragem e de seu senso retilíneo para o direito, as condições existentes no seu círculo mais estrito e mais amplo; mas a nova ordem das coisas torna o próprio Götz fora da lei e acaba com ele. Pois somente a cavalaria e a relação feudal constituem, na Idade Média, o chão propriamente dito para essa autonomia.[50]

Também em Hegel essas exposições são finalizadas com uma alusão a Dom Quixote. Aqui, o importante não é a oposição diametral na avaliação de Götz ("sujeito miserável" e "herói"), mas o fato de tanto Hegel quanto Marx terem entendido Götz e Sickingen como representantes de uma época *em declínio* e identificado a significação poética de Goethe no fato de ele ter escolhido como tema um conflito típico da história universal. Em Lassalle é bastante diferente. Em sua carta de resposta a Marx e Engels, ele se aferra à expressão "sujeito miserável", rejeita resolutamente o elogio que Marx fez a Goethe e opina que "só a falta de tino histórico no espírito de Goethe" poderia explicar "como ele foi capaz de converter em protagonista de uma tragédia um rapaz tão voltado para o passado"[51]. Falaremos da contradição interna em toda a concepção de história lassalliana trazida à tona aí quando analisarmos sua carta de resposta. Nela, ele avalia o movimento camponês, bem como o do Sickingen histórico, enquanto movimento reacionário, que, portanto, segundo sua concepção, não poderia resultar em tema da tragédia. Apontamos essa contradição agora unicamente porque nela se evidencia a postura específica

---

[50] Ver *Ästhetik*, §374, v. 10/I, p. 246-7. Obviamente, o conceito de "herói" deve nos levar a pensar na determinação especificamente hegeliana do que se situa "antes do direito", antes da "sociedade burguesa". Ver o que foi exposto anteriormente sobre a tragédia na *Fenomenologia* e especialmente a *Filosofia do direito*, § 93, adendo (*Grundlinien der Philosophie des Rechts* (Hamburgo, Felix Meiner, 1930), p. 308-9 [Phil[osophische] Bibl[iothek], v. 124a) [ed. bras.: *Princípios da filosofia do direito*, trad. Orlando Vitorino, São Paulo, Martins Fontes, 2009].

[51] Ibidem, p. 196.

de Lassalle em relação a Hegel e aos pós-hegelianos. Todos eles vão além da concepção *de conteúdo histórico* do trágico em Hegel e almejam uma concepção *formal* geral da tragédia, em cujo centro se encontra, como demonstramos, a revolução – concebida em termos formais. Já indicamos as consequências dessas concepções no caso de dois contemporâneos representativos de Lassalle, o esteta Vischer e o poeta Hebbel. Agora, devemos acrescentar ao que foi exposto ali apenas o seguinte: para Vischer, em consequência do conceito puramente formal do trágico, tanto Götz quanto a guerra camponesa são possíveis como tragédias[52], ao passo que, para o conservador Hebbel, o conceito formal faz com que o conflito trágico se aproxime do pecado original e, em termos dramáticos, torne-se totalmente indiferente "caso o protagonista sucumba em virtude de uma aspiração excelente ou de uma aspiração condenável"[53], percorrendo, desse modo, o trajeto que começa em Hegel, passa por seus sucessores e leva a Schopenhauer. Lassalle, que está fundamentalmente postado no terreno das concepções formais do trágico, esforça-se com afinco para escapar às consequências reacionárias do seu ponto de partida e extrair conteúdos revolucionários da determinação formal do trágico, do conceito formal da revolução. Em vão, é claro. Para não incorrer em um "objetivismo" reacionário, em uma apologia metafísica do estabelecido, ele é forçado a jogar-se nos braços de um subjetivismo moralizante. Em Marx, o juízo sobre Götz é uma constatação objetivamente histórica que de modo nenhum entra em contradição com a conclusão de Hegel (nem com o personagem criado por Goethe), ainda que, em sua avaliação, ele coloque o idealismo hegeliano "sobre seus pés" em termos materialistas, isto é, converta a exposição mitologizante em análise de classe econômica e ainda identifique melhor do que qualquer outro os limites "filisteus" de Goethe. O juízo de Lassalle, contudo – apesar da concordância com Marx quanto ao conteúdo político –, constitui um juízo de valor moralizante[54]. Ora, para retornar ao

---

[52] Ver, além da passagem citada, especialmente *Ästhetik*, §368, v. 10/II, p. 273-4. No entanto, é característico do liberal moderado Vischer que, oito anos depois da recomendação da guerra camponesa como assunto, ele rejeite o tema "Sickingen". "Ele foi um homem talentoso, mas nenhum herói no sentido mais elevado", escreve a Lassalle em 26 de abril de 1859 (Mayer, v. II, p. 206).

[53] [F. Hebbel,] Mein Wort über das Drama[! Eine Erwiderung an Professor Heiberg in Kopenhagen "Ein Wort über das Drama!", *Morgenblatt*, Hamburg, v. 21 e 22, 1843].

[54] Como ocorre com frequência, também nesse ponto Mehring sofre uma influência mais forte de Lassalle do que de Marx (v. II, p. 110).

ponto central da própria polêmica, é preciso questionar a partir do ponto de vista de Marx que tipo de tragédia pode surgir sobre tal base. Para Marx[55], a tragédia reside no fato de que

> Sickingen e Hutten tinham de perecer por serem revolucionários na imaginação (o que não pode ser dito de Götz) e, exatamente do mesmo modo que a nobreza polonesa *culta* de 1830, por um lado, tornaram-se órgãos das ideias modernas, mas, por outro, de fato representaram interesses de classe reacionários.

Ou seja, a partir de sua classe, na condição de cavaleiro, Sickingen não poderia agir de forma diferente. "Se quisesse começar a rebelião de outro modo, ele teria de apelar diretamente e logo de início às cidades e aos camponeses, isto é, exatamente às classes cujo desenvolvimento [equivalia à] negação da cavalaria." Engels, que trata desse aspecto da questão mais extensamente do que Marx, supõe por um instante, visando tornar-se inteligível para Lassalle, a hipótese mais favorável a este último, ou seja, a de que Sickingen e Hutten pretendiam libertar os camponeses. Ele prossegue[56]:

> Desse modo, porém, o senhor de pronto confrontou-se com a contradição trágica de que ambos estavam posicionados entre, de um lado, a nobreza, que decididamente *não* queria isso, e, de outro, os camponeses. Aqui reside, a meu ver, o *conflito trágico entre o postulado historicamente necessário e a execução impossível na prática.* [Itálico nosso – G. L.]

A partir disso, vê-se com facilidade que o "conflito pretendido", elogiado por Marx, não tem nada em comum com o tema efetivo de Lassalle, sendo até diametralmente oposta a este. Podemos deixar de lado a questão da concepção "formal" da revolução, a da tragédia lassalliana *da* revolução, visto que a posição de Marx e Engels sobre tal visão idealista transparece claramente. Limitemo-nos ao tema "guerra camponesa" em conexão com a Revolução de 1848 – tal qual desejado por Lassalle. O paralelo entre ambas de modo algum é uma ideia deste. Engels fez essa comparação em seu estudo sobre a guerra camponesa alemã (na *Revue da Neue Rheinische Zeitung*, em 1850[57]) de modo muito concreto, com bastante nitidez. Ora, quando Marx e Engels, em sua

---

[55] Ibidem, p. 174.
[56] Ibidem, p. 183-4.
[57] Friedrich Engels, "Der deutsche Bauernkrieg", *Neue Rheinische Zeitung. Politisch-ökonomische Revue*, Hamburgo, caderno 5-6, maio-out. 1850 [ed. bras.: *A revolução antes da revolução*, São Paulo, Expressão Popular, 2008]. (N. T.)

polêmica com Lassalle, falam seguidas vezes da questão "Münzer", isso resulta tão necessariamente de seu posicionamento em relação à Revolução de 1848 (e, dessa maneira – ainda que metodologicamente oposta à adotada por Lassalle –, também em relação à revolução burguesa em geral) quanto a escolha e a interpretação do tema "Sickingen" resultaram da posição lassalliana em relação à revolução burguesa, que ele, todavia, igualou à revolução em geral. Engels aborda essa questão na análise da perspectiva de Münzer com uma clareza ainda não superada:

> O pior que pode suceder ao líder de um partido revolucionário é ver-se forçado a assumir o poder em um momento em que o movimento ainda não está amadurecido o bastante para que a classe que representa assuma a direção [...]. Encontra-se, pois, necessariamente diante de um dilema insolúvel: o que de fato *pode* fazer acha-se em contradição com toda a sua atuação anterior, com seus princípios e com os interesses imediatos de seu partido; e o que *deve* fazer não é realizável. [...] O interesse do próprio movimento obriga-o a servir a uma classe que não a sua e a entreter a sua própria classe com palavras, promessas e com a afirmação de que os interesses daquela classe estranha são os dela. Os que ocupam essa posição ambígua estão irremediavelmente perdidos.[58]

A tragédia de Münzer é, portanto, *histórica*; decerto é possível tirar dela lições estratégico-táticas que podem ser aplicadas – *mutatis mutandis* – a outras conjunturas, mas necessariamente resulta-se em falsificação da dialética, em oportunismo, quando as frases recém-citadas de Engels são concebidas como advertência geral de não encetar a luta em uma situação "imatura". Por isso, em seu artigo contra Martinov[59], Lenin[60] ressaltou correta e precisamente o caráter histórico concreto dessas frases. Martinov (tal qual fez Plekhanov na mesma época) quis explorar a análise feita por Engels a respeito de Münzer como argumento contra a participação do POSDR [Partido Operário Social-Democrata Russo] no governo revolucionário, na revolução de 1905, e a favor da hegemonia da burguesia na revolução burguesa. Lenin demonstrou de modo conclusivo que a *contradição concreta*

---

[58] Engels, *Der deutsche Bauernkrieg*, p. 117-8 (Elementarbücher des Kommunismus, v. VIII) [ed. bras.: *As guerras camponesas na Alemanha*, trad. equipe de tradutores da Editorial Grijalbo, São Paulo, Grijalbo, 1977, p. 101-2].

[59] A. S. Martinov (1865-1935), menchevique com o qual Lenin polemizou duramente no ensaio "Duas táticas da social-democracia na revolução democrática" (1905). (N. E.)

[60] *Werke*, edição alemã (Berlim, 1929), v. VII, p. 253 e seg. [Dados bibliográficos completos: V. I. U. Lenin, *Werke*, v. 7 (Wien-Berlin, Verlag für Literatur und Politik, 1929), p. 253 e seg. – N. T.])

na situação de Münzer – da qual também Engels deduz sua [de Münzer] tragédia na carta a Lassalle – nada tem a ver com esse problema, e que Martinov apenas usa o enunciado de Engels como pretexto para evitar a leitura real da situação e as conclusões decorrentes de uma interpretação correta. As exposições de Engels constituem um exame concreto da situação de classes na Alemanha de cerca de 1525 e, a partir delas, é possível reconhecer, exatamente pelo conhecimento da tragédia de Münzer, de que maneira se extrai de uma situação difícil, "imatura", o máximo possível em termos de revolução mediante a práxis correta e resoluta. Isso, porém, é o oposto do que querem os oportunistas: o "arquétipo" de uma situação "imatura", na qual não se consegue agir de forma alguma (isto é, age-se no interesse da classe inimiga). Na análise das revoluções passadas, Marx e Engels sempre esclareceram, a partir da situação "imatura", as autoilusões dos revolucionários acerca do verdadeiro rumo do processo revolucionário progressista objetivo, surgidas nas cabeças dos adeptos do "partido extremista" enquanto reflexos falsos, historicamente inevitáveis, desse processo. É o que faz Marx na análise dos jacobinos[31], e Engels, no caso de Münzer. Essa autocrítica revolucionária dos precursores por parte de Marx, Engels e Lenin oferece *simultaneamente* a base tanto para compreender historicamente (e tratar literariamente) as revoluções passadas quanto para extrair dessa autocrítica as lições políticas corretas. Em contraposição, na prática, a concepção esquemático-abstrata, a-histórico-idealista (de Lassalle a Martinov e para além deles em suas mais diversas nuances) leva ao oportunismo e obstrui teoricamente o caminho que conduz à compreensão das revoluções anteriores. Dependendo da conjuntura histórica do respectivo oportunismo, isso pode externar-se ou na idealização das revoluções passadas, ou no apagamento das diferenças específicas entre os variados estágios de desenvolvimento, ou na distorção, degradação, difamação do seu caráter revolucionário (Bernstein e Conradi sobre a Comuna de Paris). Em todo caso, rompe-se o *conexão* histórico-dialética que abrange tanto a afinidade quanto a disparidade das situações comparadas. No entanto, porque a análise da situação de Münzer por Marx, Engels e Lenin é concreta e histórica, toda aplicação de suas doutrinas dependerá da conjuntura *na* qual e *à* qual se pretende empregá-las.

---

[61] Ver, por exemplo, [Karl Marx e Friedrich Engels,] "Heilige Familie", [em *Marx-Engels-*] *Gesamtausgabe* [Berlim, Dietz], v. III, p. 298 [ed. bras.: *A sagrada família*, trad. Marcelo Backes, São Paulo, Boitempo, 2003, p. 98-9].

Em 1850, Engels viu o problema de Münzer – *mutatis mutandis* – enquanto um problema da Revolução de 1848, como mostram, entre outros, suas exposições imediatamente seguintes à citação apresentada há pouco. Mas as frases introdutórias também citadas por nós mostram que ele examinou o problema, mesmo nessa concepção mais ampla, apenas como o de *determinado estágio* do movimento revolucionário. Já em 1870 (nas observações prévias à segunda edição), Engels coloca a questão da analogia entre 1525 e 1848 nos seguintes termos: o proletariado, "portanto, também precisa de aliados"; a situação trágica de Münzer transforma-se, então – com a formação e consolidação da classe revolucionária –, nas questões estratégicas da transição da revolução burguesa para a revolução proletária, dos aliados e das reservas da revolução.

Dessa forma, para Marx e Engels, em momento nenhum essa análise da situação "trágica" do "partido extremista" constitui um problema "eterno". Engels tem em mente apenas a posição particular de Münzer como líder do partido revolucionário dos "plebeus", que – pelo menos na fantasia – não tinha obrigação de ultrapassar a sociedade burguesa, ainda começando a despontar. Contudo, a analogia com 1848 refere-se, em Marx e Engels, somente a determinados momentos concretos das relações de classe e aos problemas tático-estratégicos decorrentes delas, logo, a certos aspectos da posição de Münzer, mas não à sua tragédia como "a" tragédia "da" revolução. Antes da irrupção revolucionária, o *Manifesto Comunista* propõe um claro programa de ação para o "partido extremista". E, em uma autocrítica concreta após a derrota da revolução, na expectativa de um novo levante revolucionário, Marx constata que sua imagem do futuro se efetivou de modo pleno. Todavia, ele conclui que, junto com os êxitos alcançados, a "Liga dos Comunistas" foi "consideravelmente abrandada"; desse modo, o partido operário perdeu seu único respaldo firme e, assim, no movimento generalizado, acabou sob o total domínio e condução dos democratas pequeno-burgueses[62]. A mesma "mensagem" elabora diretrizes táticas exatas para assegurar a conduta correta do partido operário em relação às diversas

---

[62] *Ansprache der Zentralbehörde an den Bund der Kommunisten*, mar. 1850, p. 60-1 (Elementarbücher des Kommunismus, v. I) [ed. bras.: Karl Marx e Friedrich Engels, "Mensagem do Comitê Central à Liga", em *Lutas de classes na Alemanha*, trad. Nélio Schneider, São Paulo, Boitempo, 2010, p. 57-8]. É curioso que Lassalle considere essa mensagem "excelente" (carta a Marx de 3 de julho de 1851, v. III, p. 36).

classes e seus partidos em todas as fases do levante revolucionário vindouro. Para Marx e Engels, portanto, a tragédia de Münzer é a de uma situação historicamente ultrapassada naquela época. Mas o fato de, apesar disso, eles a terem trazido para o primeiro plano – e, como vimos, não só por ocasião do debate sobre *Sickingen* – deve-se, em termos histórico-políticos, à afinidade – apontada por Engels repetidas vezes – entre o problema e a Revolução de 1848, sendo um dos principais objetivos de sua atividade após a derrota da revolução extrair dela as lições e incuti-las em seus adeptos. Nesse período, Lassalle ainda desempenhava um papel importante para Marx e Engels no que se refere ao reagrupamento de forças, à clarificação ideológica. Por isso, eles tinham de saudar sua tentativa de abordar a questão artisticamente. Mas por isso mesmo tentaram convencê-lo da falsidade fundamental de sua concepção.

A polêmica – aparentemente estética – sobre se o tema deveria ser Münzer ou Sickingen é resolvida, portanto, na seguinte dúvida: se a principal dificuldade da revolução reside na debilidade econômico-ideológico-organizacional da própria classe revolucionária[63] – do que decorrem a tragédia de Münzer recém-esboçada por Engels e as objeções à adequação do tema Sickingen formuladas por ele e Marx em suas cartas a Lassalle – ou se, junto com Lassalle vislumbramos como problema fundamental uma revolução "geral" contra o "que é antigo" – do que resulta a centralidade da "diplomacia", da "*Realpolitik*", do tema "Sickingen". Assim, temos, de um lado, a questão dos "aliados" da classe revolucionária, que é uma questão histórica objetiva. De outro lado, coloca-se o tema da capacidade de liderança de uma espécie de estrato intermediário "intelectual" sobre as classes insatisfeitas com o regime dominante, sendo o desafio central a amalgamação desses líderes com o "velho" mundo, o que leva à sua dificuldade em "despir o velho Adão"; trata-se, assim, de uma questão ético-psicológica. Desse modo, Marx e Engels efetuam uma autocrítica real da ala "extremista", da única ala de fato revolucionária da Revolução de 1848: desvelam as condições objetivas do fracasso da revolução com o auxílio de uma impiedosa análise de classe. Lassalle, em contraposição, converte o centro oscilante – por razões objetivamente econômicas – e "diplomático" "da *Realpolitik*" em objeto de sua crítica. Dado que, em seu proceder, ele não reconhece o fator objetivamente econômico enquanto historicamente

---

[63] Em Engels, os "plebeus" (ibidem, p. 39-40).

necessário (ou não o reconhece em seu significado real)[64], ele é forçado a fazer uma interpretação puramente ideológica do curso da história, o que leva, em termos de conteúdo, ao tema Sickingen e, em termos estético-formais, ao *páthos* moralizante, à "culpa trágica", a Schiller.

Em suas cartas, tanto Marx quanto Engels abordam a questão do estilo schilleriano em *Sickingen*. Desse modo, a discussão toma um rumo estético ainda mais claro, sem que perca, por isso, sua ligação estreita com o antagonismo fundamental analisado. Pois o equívoco composicional decisivo censurado pelos dois autores em Lassalle é, segundo Marx[65]:

> Nesse caso, os representantes da nobreza na revolução – por trás de cujas palavras-chave "unidade" e "liberdade" ainda espreita o sonho da velha monarquia imperial e da lei do mais forte – não devem, então, absorver todo o interesse, como fazem no teu caso, mas os representantes dos camponeses (principalmente estes) e dos elementos revolucionários nas cidades deveriam compor um pano de fundo ativo bastante significativo.

Engels[66] expõe algo muito parecido depois de elogiar Lassalle pela descrição que este fez dos príncipes e das cidades: "[...] e, com isso, estão praticamente esgotados os elementos, por assim dizer, *oficiais* do movimento daquela época. A meu ver, porém, o senhor não deu a devida ênfase aos elementos plebeus e camponeses não oficiais, com sua representação teórica paralela". Pelo que foi dito até aqui fica claro em que consiste o centro propriamente dito dessas objeções composicionais, estéticas. No entanto, Marx e Engels não deixam passar nenhuma formulação do debate sem chamar a atenção de Lassalle, a partir de todos os ângulos possíveis, para o caráter equivocado de sua concepção. Imediatamente após a passagem recém-citada, Engels indica que Lassalle teria tido muito mais êxito no objetivo proposto para si mesmo – a saber, apresentar Sickingen como um protagonista da "libertação política e da grandeza nacional"[67] – mediante a exposição da guerra camponesa. Engels diz: pois,

---

[64] O que importa aqui é o posicionamento decisivo de Lassalle em suas obras e ações políticas. Naturalmente, encontram-se nele declarações em abundância que reconhecem o papel do proletariado. Mas o aspecto relevante é que, na base de suas obras e de seu agir, há uma concepção totalmente diferente da revolução, e a ligação entre os dois princípios só pode ser puramente exterior, eclética. Veremos que na carta de resposta de Lassalle essa contradição fica muito clara.

[65] V. II, p. 174.

[66] Ibidem, p. 182.

[67] Prefácio, *Werke*, v. I, p. 130.

à sua maneira, o movimento camponês era tão nacionalista e tão voltado contra os príncipes quanto o da nobreza, e as dimensões colossais da luta em que foi derrotado se destacam muito significativamente diante da facilidade com que a nobreza, abandonando Sickingen, devotou-se à sua vocação histórica de adulação cortesã.

Engels deriva essa falha em ver os elementos *realmente* trágicos no destino de Sickingen[68] da "preterição do movimento camponês". Marx, por sua vez, expressa tal ideia de modo ainda mais decidido. Ele tira a devida conclusão de sua polêmica sobre o tema Sickingen e dirige seu ataque diretamente ao conteúdo ideológico central do drama de Lassalle, criticando-o por a ação da sua obra abranger apenas os problemas da revolução burguesa, sem ir além deles de maneira resoluta. Em conexão com a passagem citada, ele escreve[69]: "Poderias, então, ter dado voz em grau muito maior *às ideias mais modernas em sua forma mais pura* [ênfase nossa – G. L.], ao passo que agora, de fato, além da liberdade *religiosa*, é a *unidade* burguesa que constitui a ideia principal". Ele tenta dar à crítica da autocrítica da Revolução de 1848 pretendida por Lassalle uma formulação dialética no sentido de uma *autocrítica de Lassalle*, ao concluir: "De certo modo, não incorreste, tu mesmo, a exemplo do teu Franz von Sickingen, no erro diplomático de colocar a oposição cavaleiresca luterana acima da plebeia münzeriana?".

Quando passarmos agora para o aspecto – na aparência – mais puramente estético da discussão, para a avaliação do estilo schilleriano no drama de Lassalle, ficará bastante claro, a partir do que foi dito até aqui, que também essa questão tem seu lado de classes e ideológico. Não é por acaso que Marx situa sua crítica ao estilo entre as duas frases que citamos por último. Ele reprova então o seguinte em Lassalle: "Deverias, então, por tua conta, ter *shakespearizado* mais, ao passo que ponho na tua conta, como teu equívoco mais *significativo* [esta última ênfase é nossa – G. L.] o *schillerizar*, ou seja, a transformação de indivíduos em meros porta-vozes do espírito da época"; tal frase faz, forçosa e convincentemente, a transição para a crítica do diplomatizar com a revolução. Ainda que com muito cuidado, atendo-se apenas ao quadro do debate estético, Marx aponta para a conexão entre o *idealismo moralizante abstrato de Lassalle e seu oportunismo político*.

---

[68] V. II, p. 183.
[69] Ibidem, p. 174.

Seria, portanto, totalmente equivocado compreender a formulação do problema "Shakespeare *versus* Schiller" como algo meramente estético. Ou até, como faz Mehring, vislumbrar na predileção de Marx e Engels por Shakespeare e na de Lassalle por Schiller questões de gosto apenas individuais. Em um artigo consagrado sobre o tema[70], Mehring aponta o seguinte: "Lassalle foi aluno de Fichte e de Hegel tanto quanto Marx e Engels"; ao dizer isso, ele apaga todos os problemas decisivos e essenciais da oposição filosófica entre Marx, Engels e Lassalle. De fato, este último recorreu filosoficamente a Fichte, do mesmo modo que retornou a Schiller na estética, isto é, deu um passo para trás em relação ao idealista objetivo Hegel e em direção ao idealismo subjetivo, enquanto Marx e Engels vislumbraram em Fichte e Schiller vultos superados por Hegel e definitivamente pertencentes ao passado em virtude da "inversão" materialista de Hegel. Trata-se, assim, de uma análise bastante enviesada quando Mehring explica, de um lado, a "antipatia" de Marx por Schiller e, de outro lado, a "simpatia" de Lassalle por ele a partir das "circunstâncias", visto que este "diferencia entre Schiller e seus intérpretes burgueses". Não. Marx e Engels rejeitaram em Schiller (e, em conexão com isso, em Kant) um estágio concreto e bem determinado de desenvolvimento da ideologia alemã. É óbvio que essa rejeição também tem um lado estético. Marx e Engels foram personalidades por demais íntegras para que sua aprovação ou rejeição ideológicas deixassem se manifestar em meros termos do puro gosto, em simpatia e antipatia, no agrado e desagrado estéticos. É o caso, por exemplo, da severa crítica de Marx à "reflexão exagerada dos indivíduos sobre si mesmos" (o que, como ele[71] enfatiza corretamente, "provém de tua predileção por Schiller"), em especial quando se trata de personagens femininos.

Para Marx e Engels, o aspecto decisivo na questão "Shakespeare *versus* Schiller" reside no fato de que aquilo que eles exigem do drama – a descrição forte e realista das lutas de classes históricas como elas aconteceram, a configuração concreta [*sinnfällige*] das forças motrizes reais, dos conflitos objetivos reais nelas presentes – só é possível com os meios poéticos designados por Marx aqui com a expressão "shakespearizar". Em sua carta a Lassalle, Engels trata dessa questão ainda mais extensamente do que Marx[72]. Ele escreve o seguinte sobre os personagens do drama:

---

[70] [Franz Mehring,] "Schiller und die großen Sozialisten", *Neue Zeit*, v. XXIII, n. II, p. 154.
[71] V. II, p. 175.
[72] Ibidem, p. 181-2.

Com toda razão, o senhor se contrapõe à *má* individualização ora reinante, que resulta em pura lenga-lenga de sabichões e constitui uma característica essencial da literatura epigonista, que se esvai como água na areia. A meu ver, entretanto, uma pessoa não se caracteriza apenas pelo *que* faz, mas também por *como* ela o faz; e, nesse aspecto, creio que não teria prejudicado em nada o conteúdo ideal do drama se alguns personagens tivessem sido diferenciados uns dos outros de modo antagônico. Hoje em dia, a caracterização feita pelos antigos já não basta, e penso que, nesse ponto, o senhor certamente poderia ter considerado um pouco mais, sem nenhum prejuízo, a importância de Shakespeare para a história do desenvolvimento do drama.

A nosso ver, essa passagem, em conexão com a recomendação marxiana de "shakespearizar" e com outro trecho da carta de Engels, no qual ele[73] volta a associar à questão de Shakespeare a descrição da "esfera social plebeia tão maravilhosamente diversificada daquela época", explica de maneira suficiente a relação entre essas objeções estéticas resolutas de Marx e Engels e o que foi citado anteriormente, além de explicar também, conforme exposto, o modo como o recurso de Lassalle a Schiller está vinculado à sua concepção da revolução, ao centro da sua visão de mundo.

Todavia, esse apelo de Marx a Shakespeare possui um acento duplo que deve ser analisado brevemente para apreciarmos de maneira correta seu posicionamento contra Lassalle. Já apontamos para a perspectiva de Marx em conexão com a concepção hegeliana do trágico e indicamos que, também nesse aspecto, ele pôs Hegel "sobre seus pés". O caminho que levou até aí só poderia ter sido o da concretização histórico-social do problema trágico. No próprio Hegel, a tragédia também é uma construção histórico-social, mas, não obstante toda a clareza e concretude no detalhe, ela o é de forma mistificada. Hegel situa o período da tragédia, o período dos "heróis", na época anterior ao surgimento da sociedade burguesa e vislumbra no fenômeno do trágico a autodissolução dialética desse período, sua transição para a sociedade burguesa (especialmente na *Fenomenologia*); ao fazê-lo, ele localiza a tragédia de modo bem consciente no curso do desenvolvimento grego clássico e, com o auxílio da afinidade entre tragédia grega e mitologia, consegue mitologizar essa conexão em termos filosófico-históricos. (Na estética de Hegel, Shakespeare constitui um poslúdio curioso, análogo, por exemplo, aos *Ricorsi* [Recorrências][74], de Vico.) Com

---

[73] Ibidem, p. 183.
[74] Referência ao Livro V da obra de Giambattista Vico, *Princípios de uma ciência nova* (São Paulo, Abril, 1974). (N. T.)

relação ao passado, Marx coloca o fator da dissolução dialética de uma ordem social no centro da teoria do trágico. Portanto, o trágico é a expressão do declínio heroico de uma classe. Assim, ele escreve referindo-se a Shakespeare, mas sem mencionar seu nome[75]: "Enquanto a derrocada de classes mais antigas, como a da cavalaria, forneceu material para grandiosas obras de arte trágicas, o filistinismo da pequena burguesia, bem apropriadamente, não vai além de manifestações impotentes de maldade fanática e de uma coleção de ditados e regras de sabedoria ao estilo de Sancho Pança".

O caráter histórico do fenômeno trágico é expresso com nitidez ainda maior na *Crítica da filosofia do direito de Hegel*, em que o modo de expressão trágico constitui uma etapa no mesmo desenvolvimento histórico do processo de declínio de uma classe e da ordem social por ela dominada; a essa etapa seguem-se aquelas subsequentes da derrocada, da dissolução do trágico no cômico. Ele escreve sobre o interesse que as lutas alemãs têm para os povos do Ocidente[76]:

> É instrutivo para eles ver o *ancien régime* [antigo regime], que na sua história representou uma tragédia, em seu espectro alemão desempenhar sua *comédia*. O *ancien régime* teve uma história *trágica*, uma vez que era o poder preexistente do mundo, ao passo que a liberdade era uma ideia [*Einfall*] pessoal; numa palavra, enquanto acreditou e tinha de acreditar na sua própria legitimidade. Enquanto o *ancien régime*, como ordem do mundo existente, lutou contra um mundo que estava precisamente a emergir, houve da sua parte um erro relativo à história universal, mas não um erro pessoal. O seu declínio, portanto, foi trágico.

Em sua polêmica com Lassalle, Marx e Engels colocam um segundo tipo ao lado dessa forma da tragédia. Para Hegel, o herói trágico sempre foi o defensor de uma ordem social condenada à morte pelo desenvolvimento histórico. Da passagem recém-citada depreende-se que Marx reconheceu a exatidão dessa concepção no que se refere à Antiguidade e à Idade Média, descartando, porém, a mitologia e a mistificação idealista (a avaliação de Götz von Berlichingen), e derivando concretamente o fenômeno de suas causas sociais gerais. No que diz

---

[75] Resenha do livro de Daumer, *Die Religion des neuen Weltalters* [A religião da nova era], na revista da *Neue Rheinischen Zeitung* (*Nachlaß*, v. III, p. 404).

[76] ["Zur Kritik der Hegelschen Rechtsphilosophie",] *Gesamtausgabe*, v. I, p. 610-1 [ed. bras.: Karl Marx, "Crítica da filosofia do direito de Hegel – Introdução", em *Crítica da filosofia do direito de Hegel*, trad. Rubens Enderle e Leonardo de Deus, São Paulo, Boitempo, 2005, p. 148].

respeito à Era Moderna, contudo, não havia nem podia haver tragédia para Hegel. Pois a realização da ideia no Estado, o surgimento da sociedade burguesa, a subordinação do indivíduo à divisão do trabalho criam um estado de mundo no qual o homem singular não aparece como o personagem vivo autônomo, ao mesmo tempo total e individual dessa mesma sociedade, mas apenas como um membro limitado dela; em contrapartida, essa ordem social é tão idêntica à razão que uma sublevação fundamental contra ela em sua totalidade (por exemplo, Karl Moor[77] em Schiller) necessariamente dá a impressão de uma "atitude pueril"[78]. Portanto, a rejeição da tragédia moderna é, para Hegel, a consequência direta de toda a sua concepção da Era Moderna, que estabelece uma conexão entre o modo de ser prosaico e desfavorável à poesia de todo o "estado do mundo", por um lado, e o alcançar a si mesmo e o apreender do Espírito, por outro, tanto quanto põe em dúvida, pela mesma razão, a possibilidade de "declínio heroico" de uma classe nesse período. E uma tragédia do revolucionário tinha de ser rejeitada por ele de maneira ainda mais incisiva[79]. Para Marx e Engels, a questão reside exatamente nisso. A literatura e a estética pós-hegelianas, na medida em que, como vimos, tentaram superar também esteticamente o "fim da história" proclamado por Hegel, levantaram o problema das tragédias revolucionárias. Com essa formulação do tema, contudo, elas chegaram, quando muito, ao nível hegeliano, isto é, formularam a questão de modo a não abalar o fundamento da sociedade burguesa (como estágio da razão já realizada) – do que se originaram, então, o dualismo liberal de Vischer e o romantismo conservador da necessidade histórica em Hebbel. Como se sabe, Lassalle tenta solucionar isso com base em um subjetivismo revolucionário

---

[77] Personagem principal da peça de Friedrich Schiller, "Die Räuber", em *Sämtliche Werke* (4. ed., Munique, Carl Hanser, 1965) [ed. bras.: *Os bandoleiros*, trad. Marcelo Backes, Porto Alegre, L&PM, 2011]. (N. T.)

[78] *Ästhetik*, v. 10/I, p. 265-7.

[79] A única exceção da concepção trágica de um "revolucionário" em Hegel é o destino de Sócrates. Essa exceção, porém, está baseada na concepção fundamental do Hegel tardio, segundo a qual – variando as palavras de Marx – houve revolução, mas não haverá mais. Sócrates aparece como "herói" porque, em nome de um novo estado mundial que mais tarde se realizou como cristianismo, defendeu um princípio justificado contra os atenienses, os quais, contudo, procuraram afastá-lo por todos os meios, e isso de modo igualmente justificado, já que significava a dissolução do seu estado mundial. "O destino de Sócrates é, portanto, autenticamente trágico" ([Vorlesungen über die] "Geschichte der Philosophie", [em *Hegel's Werke* (Berlim, Duncker und Humblot, 1833)], p. 119). No entanto, com a realização do cristianismo, isso acaba, e Hegel nem cogita em conceber os jacobinos de maneira trágica.

(tradição de Schiller). No entanto, dado que esse mesmo subjetivismo é apenas a expressão do fundamento hegeliano não superado (portanto, de não transcender o horizonte da sociedade burguesa), todas as categorias da solução hegeliana (reconciliação etc.) aparecem em uma mistura eclética com as do idealismo subjetivo de Schiller-Fichte (culpa trágica). Ao proceder dessa forma, Lassalle discerne a vacuidade das categorias estéticas com que seus contemporâneos quiseram superar o princípio hegeliano do caráter "não poético" da Era Moderna (realismo moderado de Vischer e "meditação sobre a realidade" dos autores liberais e teóricos da arte da época como formas de "reconciliação" com as facetas mais miseráveis da realidade capitalista alemã), mas o que ele tem para contrapor a elas é apenas o idealismo e o subjetivismo retóricos do *páthos* schilleriano. Portanto, também no âmbito artístico ele encontra somente uma solução eclética, porque sua atitude básica diante dos problemas que estão na base da solução artística é, na realidade, igualmente idealista-eclética. Ele pretende que Sickingen seja um protagonista revolucionário schilleriano, mas objetivamente ele é um herói trágico do tipo hegeliano, o representante de uma classe em declínio. (As contradições aparecem lado a lado no drama sem serem resolvidas.)

Marx e Engels aceitaram – tal qual mostramos – o tipo hegeliano da tragédia como uma forma da tragédia. Mas ao lado desta se encontra, para eles, a tragédia do revolucionário que chegou cedo demais, a tragédia de Münzer. Com essa bipartição, eles tiram também no plano estético todas as consequências sua inversão [*Umstülpung*] da teoria hegeliana do trágico: a tragédia (e a comédia) aparece como expressão poética de determinados estágios da luta de classes, e isso tanto no caso da classe decadente quanto no da classe revolucionária. O segundo tipo do trágico também anula a caracterização hegeliana do tempo presente como "não poético", mas o faz de um modo dialético-materialista. Marx enfatiza repetidamente que a "produção capitalista é hostil a certos setores da produção intelectual, como a arte e a poesia"[80]. Isso não pode ser superado por meio de um realismo "reconciliador" nem por meio de uma idealização subjetivista, mas apenas por meio de um realismo revolucionário que desnude as contradições internas do desenvolvimento capitalista com franqueza implacável, com veracidade cínico-destemida ou

---

[80] [Karl Marx,] *Theorien über den Mehrwert* [(Stuttgart, Dietz, 1905)], v. I, p. 382 [ed. bras.: *Teorias da mais-valia: história crítica do pensamento econômico*, v. I, trad. Reginaldo de Sant'Ana, São Paulo, Civilização Brasileira, 1980, p. 267].

crítico-revolucionária. É a poesia da clareza revolucionária a respeito dos fundamentos do desenvolvimento progressivo[81]. A tragédia do revolucionário que entrou em cena "cedo demais" comprova-se exatamente em sua concretude histórica, inseparavelmente ligada a todas as fraquezas e falhas que resultam da situação revolucionária ainda "imatura". Diante dos filisteus tristes que dizem, junto com Plekhanov – "Não devíamos ter apelado para as armas" –, Marx sempre sublinha, de um lado, a necessidade histórica implacável que provocou a ruína. De outro lado, ele acentua com igual intensidade a necessidade de, ainda assim, assumir a luta, o significado, positivo e evolutivo, do fato de ela ter sido assumida – e assumida com galhardia...

> A desmoralização da classe trabalhadora, no último caso [se os trabalhadores de Paris não tivessem reagido com luta à "alternativa" proposta pela burguesia – G. L.], teria sido uma desgraça muito maior do que o ocaso de um número qualquer de "líderes". Com a luta parisiense, a luta da classe trabalhadora contra a classe dos capitalistas [...] entrou em uma nova fase. [...] Comparem-se esses obstinados de Paris com os escravos do Sacro Império Romano-Germânico-Prussiano [...].[82]

A tragédia de revolucionários como Münzer adquire seu *páthos* exatamente da necessidade com que o movimento consegue chegar às formas superiores de luta, aos meios para atingir a vitória, apenas pela via das tentativas heroicamente fracassadas e de sua autocrítica "cruelmente minuciosa". Por isso, "não é do passado, mas unicamente do futuro, que a revolução social [...] pode colher sua poesia", diz Marx em O *18 de brumário*[83].

Portanto, Marx e Engels criticam Lassalle duplamente: em primeiro lugar, porque ele – como fruto tardio do classicismo alemão – escolheu um tema do primeiro tipo da tragédia (Münzer *versus* Sickingen); em segundo lugar, porque, não obstante ter decidido por esse assunto, Lassalle não aborda todas as suas consequências quando deixa de descrever o protagonista de uma classe decadente como alguém em declínio. Shakespeare, enquanto grande poeta da Idade Média em queda, postado no limiar da Era Moderna, serve de modelo

---

[81] Não é nossa tarefa analisar aqui as concepções estéticas de Marx e Engels em conexão com sua visão de mundo. Está claro que seu grande apreço por Diderot, Fielding e Balzac provém dessa fonte e, ao mesmo tempo, constitui uma chave para sua concepção de Shakespeare.

[82] Cartas a Kugelmann de 12 e 17 de abril de 1871 [ed. bras.: Karl Marx, *A guerra civil na França*, trad. Rubens Enderle, São Paulo, Boitempo, 2011, p. 208-9].

[83] Karl Marx, O *18 de brumário de Luís Bonaparte* (trad. Nélio Schneider, São Paulo, Boitempo, 2011), p. 28. (N. T.)

artístico para as duas possibilidades, ao passo que o estilo schilleriano só pode encobrir e desfigurar as reais forças motrizes da luta de classes, cuja "anatomia", expressa em termos materialistas, é a única que pode fundamentar a real composição poética.

Tivemos de aprofundar o debate sobre a posição de Marx e Engels em relação a Shakespeare para evitar a impressão de que sua "crítica a Schiller" em Lassalle se aproximaria da linha adotada por aqueles críticos que também censuraram Lassalle por seu "caráter abstrato", mas que, em suas afirmações sobre outros autores, ficaram presos exatamente na "má individualização"; no combate a esta, Engels se declarou solidário a Lassalle[84].

A retomada de Schiller por Lassalle em *Sickingen* é uma profissão de fé no ato de deter-se no horizonte da revolução burguesa. Nesse caso, portanto, o expediente de jogar Shakespeare contra Schiller pode partir tanto da direita quanto da esquerda. Se, depois do que dissemos a esse respeito, ainda houvesse necessidade de apresentar uma prova indireta, remeteríamos à avaliação da forma métrico-linguística do drama de Lassalle por Marx e Engels, de um lado, e por Vischer e Strauß, de outro. Marx enfatiza que, por ter composto seu texto em iambos, Lassalle poderia tê-los manejado com mais cuidado. Mas acrescenta: "Entretanto, no conjunto, considero que representam uma vantagem, já que nossa ninhada poética de epígonos nada preservou, além da lisura formal". Em relação às "liberdades" na versificação, Engels lança, de passagem, uma observação, dizendo "que atrapalham mais durante a leitura do que no

---

[84] Em "Ästhetische Streifzügen" [Expedições estéticas] (*Werke* [*Gesammelte Schriften und Aufsätze in Einzelausgaben*, cit.], v. II[: *Von Hebbel bis Gorki*], p. 258-9), Mehring apontou, com instinto certeiro, para um "terceiro período do culto alemão a Shakespeare" e também tentou desvendar suas fontes sociais específicas. Ele tem razão ao identificar a intenção da burguesia de substituir o caminho "da beleza para a liberdade" (classicismo alemão) por Shakespeare como o "poeta das grandes ações políticas". Mas não é correto igualar o período que vai da Revolução de Julho até 1848 com aquele posterior a 1848. Após o referido ano, as "grandes ações políticas" adquirem cada vez mais a peculiaridade de que a burguesia alemã, em função da unidade da Alemanha – que se tornou economicamente inadiável, dada a posição do país como grande potência –, não só renuncia a todos os meios da revolução burguesa, mas também se prepara para adaptar todas as suas exigências políticas à solução bismarckiana. Por isso, as "grandes ações políticas" constituem a transição para a arte teatral decorativa e vazia do Império, para o culto a Wagner, para o meiningerismo [teatro ao estilo dos Meininger] no palco, para o dramaturgo da corte chamado Wildenbruch. Naquela época, todavia, o esteta Vischer estava apenas iniciando essa carreira. Mas, em 1882, Marx já escreveu o seguinte: "O tagarela Bodenstedt e o esteta Friedrich Vischer, da corrente de [Johann Karl Friedrich] Rinne, são o Horácio e o Virgílio de Guilherme I" (Carta a Engels de 8 de março de 1882 [*Briefwechsel*, v. IV, p. 531]).

palco". Em contraposição, Vischer e Friedrich Strauß ficam indignados com os versos de *Sickingen*[85].

III. Lassalle desmascara-se a si mesmo em sua réplica

A resposta bastante extensa e – como ele próprio reconhece – "arrastada, sem estilo e imprecisa"[86] de Lassalle à crítica de Marx e Engels tenta defender o drama e os dois prefácios contra essa análise. Contudo, nessa tarefa, ele se vê forçado, em todos os pontos essenciais, a ir muito além do que fez ou desejou fazer originalmente. Por essa razão, também as contradições do seu ponto de vista, presentes nos textos de maneira oculta (mas claramente identificadas por Marx e Engels), acabaram aflorando como antinomias intransponíveis, cuja incompatibilidade ele consegue esconder de si mesmo somente apelando para sofismas. Além disso, a defesa da sua posição objetivamente insustentável obriga-o a tirar conclusões, cujo alcance político ele dificilmente compreendeu de modo pleno na época, mas cujo significado Marx e Engels reconheceram de imediato em toda a sua dimensão. Pelo visto, sua rejeição brusca e desdenhosa dessa carta, que mencionamos no início, e a interrupção repentina do debate, nos parece poder se explicar por esse fato.

Comecemos com a parte do debate situada no fim por Lassalle, embora a caracterize como a "mais importante de todas", porque – conforme ele reconhece – 'está em jogo aí o interesse partidário, que considero muito justificado"[87]: iniciemos, pois, com a apreciação histórica de Sickingen e sua posição em relação à guerra camponesa. É preciso lembrar que Marx e Engels partiram do fato de que, na condição de cavaleiro, Sickingen era representante de uma classe em declínio; portanto, seus objetivos só poderiam ser reacionários, e ele próprio poderia ser revolucionário "apenas na imaginação". A isso se vinculam as objeções pela negligência do elemento plebeu-camponês e a reprovação marxiana de que, em seu drama, Lassalle estaria "diplomatizando" – a exemplo de seu protagonista. O autor rejeita com indignação a reprovação do diplomatizar como "extremamente injusta"[88].

---

[85] Cit., v. II, p. 195 e 207; v. III, p. 173 e 180.
[86] Cit., p. 211.
[87] Ibidem, p. 201.
[88] Ibidem, p. 202.

Para enfraquecer as objeções de Marx e Engels a esse respeito, ele esboça um quadro coerente de suas concepções sobre o caráter de classe do levante da nobreza e da guerra camponesa. O núcleo dessa teoria reside no fato de que todos, o Sickingen histórico, os cavaleiros e os camponeses, foram reacionários. Lassalle escreve que estes últimos são "reacionários ao extremo, em última instância tanto quanto foram o Sickingen histórico (não o meu) e o próprio partido histórico da nobreza"[89].

Naturalmente, aqui não é o lugar para analisar em profundidade a exatidão histórica dos pontos de vista de Marx, Engels e Lassalle sobre as tendências econômicas de desenvolvimento e as relações de classes na Alemanha de 1522 a 1525, nem para confrontar umas com as outras (até porque é bastante evidente que Marx e Engels têm razão nesse ponto). O que importa é evidenciar algumas facetas metodológicas importantes da polêmica de Lassalle, aclarar sua conexão com esse complexo de problemas e confrontá-las com os respectivos pontos de vista de Marx e Engels. Portanto, por que, segundo a concepção de Lassalle, o movimento camponês é reacionário? Ele cita duas razões. Em primeiro lugar, tal movimento não é revolucionário porque os camponeses exigiram "tão somente a eliminação do abuso", e não uma mudança radical; "a ideia da legitimidade de ser do sujeito como tal justamente transcendeu toda aquela época". Em segundo lugar, ele é "tão reacionário quanto o partido histórico da nobreza" porque

> o fator político estabelecido, na sua ideia, ainda não é o sujeito [...], mas a propriedade fundiária privada. [...] Com base na propriedade fundiária pessoal livre pretendia-se promover a criação de um reino dos proprietários de terras, tendo o imperador como um de seus expoentes. Ou seja, isso nada mais é que a ideia bastante velha e ultrapassada do *Reich* alemão, que estava justamente ruindo. Por causa dessa ideia mesma dos camponeses, reacionária desde a raiz, uma aliança com a nobreza ainda teria sido perfeitamente possível.

Diante dessa ideia reacionária, "os príncipes, com seu domínio sobre um território global que não lhes pertencia enquanto propriedade fundiária nem foi cedido a eles como feudo, representaram os primeiros embriões de um conceito político de Estado, independente da propriedade fundiária"[90]. Essa concepção – que, como sabemos, retorna nos escritos posteriores de

---

[89] Ibidem, p. 205.
[90] Ibidem, p. 205-6.

Lassalle[91] – é característica em dois sentidos. Em primeiro lugar, ela é totalmente idealista, pois ignora por completo ou ao menos trata como mais ou menos secundárias as questões econômicas fundamentais (exploração dos camponeses pela nobreza[92]) e avalia a questão do caráter revolucionário ou reacionário do movimento pelo aspecto jurídico da regulação da propriedade, mas nem sequer levanta a questão das formas da espoliação ou, então, de sua supressão [*Aufhebung*]. Em segundo lugar, esse método idealista mais antigo de Hegel é inteiramente não dialético. O "princípio" revolucionário e o reacionário se confrontam de modo mecanicamente rígido. A interação viva das classes é negligenciada, apesar de sua grande importância exatamente no ponto em que as classes decisivas da sociedade burguesa – burguesia e proletariado – ainda não atingiram sua forma completa, em que os estratos sociais, como "plebeus" e camponeses, desempenham um papel decisivo e, por essa razão, aspirações progressistas, reacionárias e utópicas entremeiam-se ininterruptamente e, com frequência, torna-se difícil constatar o momento preponderante de modo concreto. Assim, Lassalle ignora todos os elementos socialistas do movimento plebeu (compare a passagem anteriormente citada de Engels sobre Münzer com a concepção puramente ideológica de Lassalle sobre o "fanatismo religioso" de Münzer[93]) e deixa de ver que uma síntese dos "elementos progressistas da nação", tal qual expressa na Constituição imperial de Wendel Hipler, "aporta na intuição da sociedade burguesa moderna". Esses "princípios [...] não foram o resultado imediatamente possível, mas o resultado necessário, um tanto idealizado, da dissolução em curso da sociedade feudal, e os camponeses, assim que se puseram

---

[91] Por exemplo, *Die Wissenschaft und die Arbeiter* [Zurique, Meyer & Zeller], 1863 (*Werke*, v. II, p 236 e seg.).

[92] Ver o próprio drama, em que o Sickingen de Lassalle (portanto, não o histórico, mas o que foi estilizado como revolucionário) discorre na Assembleia dos nobres, em Landau: "Poupai o homem do campo! Ele está disposto,/ a sacudir do lombo o jugo do clero,/ que o oprime mais até do que a nós./ Não são os príncipes que ele odeia; conosco/ facilmente se unirá, bastando que a justiça/ tomemos como mediadora" (*Werke*, v. I, p. 261). Isso mais ou menos corresponde às concepções do Hutten ou do Sickingen históricos, sua incapacidade de "prometer aos cidadãos ou camponeses coisas positivas", a necessidade de "dizer pouco ou nada sobre a futura posição recíproca da nobreza, das cidades e dos camponeses, colocar todo o mal na conta dos príncipes, dos padres e da dependência de Roma", ([Friedrich Engels, *Der deutsche*] *Bauernkrieg*, cit., p. 81 [ed. bras.: *As guerras camponesas na Alemanha*, cit., p. 65]). Contudo, na boca dos protagonistas de Lassalle, isso lança uma luz clara sobre o que foi exposto anteriormente.

[93] Cit., p. 205.

a elaborar projetos de lei para todo o império, foram obrigados a levar isso em conta". Na segunda análise do projeto de Hipler, Engels[94] aponta que são "feitas concessões à nobreza, consideravelmente próximas das sub-rogações modernas". Mas enquanto o movimento, nessa linha, subordinado "aos interesses definitivos dos burgueses", tinha metas revolucionárias burguesas e, sob a liderança plebeia-münzeriana, até mesmo metas que transcendiam a sociedade burguesa, o objetivo necessário dos Hutten-Sickingen, a democracia da nobreza, era declaradamente reacionário. Engels[95] diz: "Ela é uma das formas mais cruas de sociedade e evolui de modo bastante normal para a hierarquia feudal completa, que já constitui um estágio bem superior". A polêmica de Lassalle mostra claramente que ele não compreende, não quer nem pode compreender a dialética histórica, a dialética concreta do desenvolvimento das classes e, com ela, a dialética real da revolução.

Nada muda nesses fatos se e de que forma Lassalle descreve corretamente – no drama e nas cartas – detalhes das situações de classe. O que importa é o caráter não dialético do seu ponto de vista, que não só impede que ele tenha a compreensão correta do presente, da história e da interpretação certeira de suas ideias por Marx e Engels, mas o obriga tanto a tornar-se infiel ao seu próprio fundamento filosófico, à dialética idealista objetiva de Hegel, quanto a acercar-se de concepções pré-hegelianas. Já apontamos para isso em conexão com a noção lassalliana da "culpa trágica" e sua aproximação com Schiller. Marx e Engels não tratam diretamente desse tema – embora a questão "Shakespeare *versus* Schiller" tenha uma ligação bem forte com ele –, mas sua crítica abala de tal maneira a posição fundamental de Lassalle que este é forçado a, filosoficamente, pôr as cartas na mesa. Ele até tenta refutar os argumentos de Marx e Engels em relação ao Sickingen histórico e, desse modo, tirar a base de sua crítica global. Mas, como se ele próprio sentisse que seus argumentos não eram suficientes nesse aspecto, ele busca defender também em termos filosóficos, no ponto decisivo para ele, o caráter e o destino do seu protagonista (e não os do Sickingen histórico). Naturalmente, trata-se mais uma vez da aliança de Sickingen com os camponeses, da questão sobre até que ponto esse pacto teria sido possível e que consequências teria tido. Nesse contexto, Lassalle se vê motivado a expor sua visão global da necessidade

---

[94] *Bauernkrieg*, p. 105-6 [ed. bras.: *As guerras camponesas na Alemanha*, cit., p. 91].
[95] Ibidem, p. 80 [ed. bras.: ibidem, p. 64].

histórica e sua relação com a atividade humana. Em virtude da importância desse ponto, somos levados a citar tal passagem[96]:

> O que teria acontecido? Se partirmos da concepção de história estabelecida por Hegel, da qual sou essencialmente adepto, saberemos responder convosco, todavia, que, em última instância, a ruína necessariamente aconteceria, porque Sickingen, como dizeis, representou um interesse *au fond* [no fundo] reacionário, e que ele necessariamente tinha de fazer isso porque o espírito da época e a classe impossibilitavam que ele assumisse de modo coerente alguma outra posição.
>
> Mas essa visão filosófico-crítica da história, na qual uma necessidade inflexível se junta a outra necessidade inflexível e, justamente por isso, passa por cima do efeito das decisões e ações individuais, apagando-as, bem por isso não é base para o agir revolucionário prático nem para a ação dramática apresentada.
>
> Muito antes, o chão indispensável dos dois elementos é o pressuposto do efeito reconfigurador e resoluto da decisão e ação individuais; sem esse chão não é possível um interesse dramático que inflame sequer um feito ousado.

O aspecto decisivo aqui é que, na questão da necessidade e da práxis históricas, Lassalle não se refere à práxis de classes, mas a de indivíduos e, desse modo, forçosamente contrapõe necessidade e "liberdade" (práxis) em um dualismo insuperável. Desse modo, ele chega a um dualismo que não só está muito distante da concepção dialética do problema por Marx e Engels, mas fica muito aquém de Hegel, movendo-se em direção a Fichte-Schiller--Kant. Pois a filosofia hegeliana da história também opera com o indivíduo, com sua "paixão", e o vincula à necessidade do curso da história por meio da "astúcia da razão". No entanto, o indivíduo é, em Hegel, acima de tudo, representante de uma forma histórica coletiva (nação etc.), e a "paixão" está intimamente ligada aos "interesses". Depois de falar de "interesses particulares", "fins específicos", "intenções egoístas", Hegel[97] diz: "Esse conteúdo particular é tão uno com a vontade do homem que perfaz toda a determinidade do homem e é inseparável dele; por meio desse conteúdo particular, o homem é o que é". Mas exatamente essa ligação próxima entre "ideia" e "paixão" proporciona em Hegel uma estreita conexão histórica (apesar da metafísica idealista). Ele prossegue: "Assim, os grandes indivíduos da história *só podem ser entendidos no seu próprio lugar* [ênfase nossa – G. L.]. Para

---

[96] Cit., p. 188-9.
[97] [G. W. F. Hegel,] *Die Vernunft in der Geschichte* [ed. G. Lasson, Berlim, Felix Meiner, 1920], p. 63 e 76-7 (Phil[osophische] Bibl[iothek], v. 171a]).

Hegel, a conexão entre "líder" e "indivíduo histórico-universal" e a massa liderada está baseada no fato de aqueles articularem e fazerem o que esta almeja sem saber. "Os indivíduos histórico-universais foram os primeiros a dizer para os homens o que eles querem. É difícil saber o que se quer; alguém pode de fato querer algo e, não obstante, assumir o ponto de vista negativo, não estar satisfeito; a consciência do afirmativo pode muito bem estar em falta." Portanto, segundo Hegel, o "líder" é "líder" única e exatamente por ser expressão de uma necessidade coletiva histórica objetiva (nação, classe), e pode sê-lo na medida em que é expressão de tal tendência do desenvolvimento social e, portanto, sintetiza programaticamente o que os outros – em correspondência com os seus interesses – quiseram por necessidade, de maneira inconsciente, ainda que obscura. É evidente que aqui, não só em comparação com Marx e Engels, mas também em comparação com Hegel, Lassalle arranca o "decidir e agir individuais" do seu chão real, colocando-os em oposição rígida à necessidade, em suma, eticizando-os – no sentido de Kant-Fichte[98]. Só assim Lassalle conseguiu criar um substrato filosófico, a partir do qual julgou que poderia sair vitorioso da luta contra Marx e Engels na questão "Münzer como tema *versus* Sickingen como tema". Ele formula[99] a questão enquanto antagonismo entre ir "longe demais" e "não ir longe o suficiente" na revolução, e defende a tese de que sua solução é "muito mais profunda, mais trágica e mais revolucionária" do que aquela sugerida por Marx e Engels. Ela é mais trágica porque só assim pode surgir a famosa "culpa trágica". Lembramos a indicação de Engels de que seria possível que indivíduos isolados, como o Sickingen de Lassalle, realmente quisessem a aliança com os camponeses; mas isso os colocaria imediatamente em rota de conflito com a nobreza, no que, segundo Engels, pode estar contido um conflito trágico[100].

Lassalle alega – o que é compreensível à luz da passagem citada anteriormente – que, no caso referido por Engels, o conflito teria acontecido apenas entre Sickingen e seu partido, "e onde estaria a culpa trágica propriamente dita de Sickingen? Ele teria sucumbido, apenas por causa do egoísmo de classe da nobreza – algo totalmente jusficado e irrepreensível – a uma visão

---

[98] É compreensível que, por exemplo, H[ermann] Oncken, o biógrafo burguês de Lassalle, vislumbre nessa passagem uma "refutação do materialismo histórico" (*Lassalle[. Eine politische Biographie* (Stuttgart, Deutsche Verlagsanstalt,] 4. ed. [1923], p. 149-50).

[99] Cit., p. 199-200.

[100] Ibidem, p. 183-4.

terrível e que nada tem de propriamente trágico"[101]. A partir daí, por certo parecerá compreensível que Lassalle, assim como toma o desenvolvimento de Sickingen em termos puramente individuais, vislumbre no conflito de classes objetivamente necessário de seu protagonista com a nobreza apenas o "egoísmo" dessa classe e, portanto, não conceba as ações de ambos, seu conflito, como objetivamente necessários em termos históricos, mas sim como conflito ético e, a partir desse ponto de vista, levante – agora de modo consequente – a questão da "culpa trágica". Contudo, ele só consegue abordá-la na medida em que rompe sua conexão também com a filosofia hegeliana da história, assumindo a perspectiva do idealismo subjetivo.

Disso decorre de modo bastante natural que o conflito pareça "mais trágico" para Lassalle por ser "imanente ao próprio Sickingen", isto é, por ser um conflito ético. Tal conflito, como já vimos e como o autor deixa ainda mais explícito agora, é o do indivíduo com a sua própria classe; ou, mais exatamente, com os resquícios da antiga ideologia de classe dentro do próprio homem que está prestes a passar para outra classe. Portanto, tal qual claramente formulado por Lassalle no trecho citado: o conflito ético, "interior", é trágico, o conflito histórico objetivo não é trágico. Ora, não deixa de ser interessante considerar como ele esclarece isso. É óbvio que, ao vê-lo enquanto o conflito "eterno", característico de "toda revolução", coloca-o acima do conflito de Münzer, determinado em meros termos históricos[102]. Concretamente, ele vê o caso Sickingen como um caso Saint-Just, Saint-Simon, Ziska – o caso de um indivíduo que quer ou pode "alçar-se totalmente acima da sua classe"[103]. No entanto, para ter o conflito e a tragédia, para conferir forma tanto à "culpa" quanto à "reconciliação", Lassalle é obrigado a fazer duas importantes concretizações. Em primeiro lugar, ele ressalta com muita energia que Sickingen, no início, "ainda não pôde romper interiormente com o antigo de maneira cabal. [...] Justamente daí decorre, em última análise, o amalgamento diplomático do seu levante, seu agir não revolucionário e o insucesso deste! Esse momento

---

[101] Ibidem, p. 199.
[102] Ibidem, p. 204.
[103] Ibidem, p. 194-5. Em seu comentário (*Nachlaß-Ausgabe*, v. IV, p. 202), Mehring aponta corretamente que esse seria o caso de Florian Geyer, não de Sickingen. [Dados bibliográficos completos: Franz Mehring, *Aus dem literarischen Nachlass von Karl Marx, Friedrich Engels und Ferdinand Lassalle*, v. IV: *Briefe von Ferdinand Lassalle an Karl Marx und Friedrich Engels, 1849 bis 1862* (2. ed., Stuttgart, Dietz, 1913). – N. T.]

constitui *todo* o eixo da peça [...]"[104]. Portanto, a tragédia que seria mais profunda do que aquela de Münzer esboçada por Engels reside essencialmente no fato de que o desligamento de Sickingen de sua classe é lento e penoso, que seu rompimento resoluto em relação a ela vem tarde demais. A tragédia reside no fato de que, em Sickingen, estão concentradas todas as possibilidades revolucionárias e, ainda assim, ele sucumbe porque "só o que lhe falta é eliminar da sua natureza aquela única e última barreira, produto involuntário de sua condição de classe, que o separava do revolucionário completo!"[105].

O quadro fica ainda mais claro porque Lassalle, sob forte impacto dos argumentos de Marx e Engels, vê-se forçado a encobrir a perspectiva do desenvolvimento revolucionário subsequente de Sickingen com uma semiobscuridade subjetivista, ético-estética. Sobre a condição de seu protagonista, Lassalle expõe o seguinte[106]:

> Ele se encontra no início de uma revolução; e, pelo menos em um aspecto, ele assume uma postura revolucionária. Trata-se, assim, de um "em si" ainda bastante ambíguo que, à medida que o movimento avança e o impele às suas consequências, pode evoluir tanto no sentido de aceitá-las quanto no de afrontá-las de modo hostil e reacionário.

Essa é uma confissão instrutiva a respeito de como Lassalle concebe o destino a ser expresso pela tragédia da revolução. A partir desse contexto torna-se inteiramente compreensível por que o autor considerou não só como "mais profunda e mais trágica", mas também "mais revolucionária", a situação em que está, na base do conflito, o "não-ir-suficientemente-longe" em vez de – tal qual em Marx e Engels – o "ir-longe-demais". Ao mesmo tempo, está claro que tanto as visões de mundo que fundamentam os dois pontos de vista (idealismo subjetivo *versus* dialética materialista) quanto as concepções da revolução nada têm em comum.

De modo nenhum isso esgota o teor da "confissão" de Lassalle. Para defender com mais eficácia seu ponto de vista contra Marx e Engels, ele tenta repetidamente delinear um quadro concreto de como Sickingen havia mantido coesas as classes divergentes da nobreza e do campesinato, de como ele,

---

[104] Ibidem, p. 190.
[105] Ibidem, p. 195.
[106] Ibidem, p. 194. Ver a passagem muito interessante sobre uma eventual estilização revolucionária de Lutero (ibidem, p. 197-8).

nesse procedimento, jamais teria concedido à nobreza um papel decisivo. Citaremos algumas passagens características. Lassalle considera inconsistente a ideia de Engels de que a tentativa de libertar os camponeses teria posto Sickingen em conflito com a nobreza; nem sequer lhe parece "provável que Sickingen pereceria por esse motivo caso tivesse havido de sua parte um apelo aos camponeses. Uma vez que tivesse nobreza e camponeses em seu poder, ele teria usado estes para manter aquela sob controle [...]"[107]. Mais adiante, diz a respeito da nobreza[108] que apenas queria "apresentá-la como um partido espoliado, posto em ação por Franz, conduzido maquinalmente, puxado de um lado para outro como marionete, sem consciência dos objetivos secretos dele". A essa concepção de "líder" corresponde a concepção de "massa". A nobreza abandona Sickingen à própria sorte, não por estar consciente da disparidade dos fins interiores, mas por pura apatia, covardia, indecisão. Em suma, trata-se da noção de história do "herói" que "faz" a história, sustentada, é certo, pelo *páthos* da revolução burguesa, fundada intelectualmente no classicismo alemão, mas, não obstante, bonapartista em sua essência[109]. As tradições revolucionárias burguesas e as literário-filosófico-clássicas mudam algo na forma fenomênica dessa noção, situando-a literariamente nas cercanias da etapa de Posa do desenvolvimento da ideologia alemã[110], mas o fato permanentemente decisivo é que, para Lassalle, o "herói" é capaz de empurrar as classes de um lado para outro, a seu bel-prazer, visando realizar historicamente a exigência da "ideia"[111]. Sickingen fracassa apenas porque nele – como vimos – ainda havia demais do "humano – demasiado humano" da sua antiga vinculação de classe. Assim, a questão de que Sickingen quer se tornar imperador não aparece somente enquanto um elemento do material transmitido pela história, mas também enquanto um componente importante da concepção lassalliana. Ele[112] escreve a Marx e Engels:

---

[107] Ibidem, p. 198-9.
[108] Ibidem, p. 203.
[109] Quase todos os que examinaram essa carta perceberam esse tom, um tom bismarckiano-bonapartista. É o caso de Mehring e Oncken.
[110] Lembramos, todavia, a conexão mencionada no início entre a concepção de Posa e a "revolução a partir de cima".
[111] Nesse ponto, recordamos as observações feitas anteriormente sobre o antagonismo entre Hegel e Lassalle na questão "necessidade e práxis histórica".
[112] Ibidem, p. 202-3.

No que se refere à oposição cavaleiresca, para Sickingen, de modo nenhum ela é um fim substancial, mas (o que vós deixastes de ver) apenas um meio do qual ele quer se valer, um movimento que ele deseja usar para tornar-se imperador e, desempenhando o papel que Carlos se recusa a assumir, reformatar e efetivar o protestantismo como ideia de Estado e de nação.

Nesse ponto decisivo, portanto, o autor adere, quanto ao conteúdo, a uma transformação [*Umwälzung*] puramente burguesa e, quanto aos meios, a uma "*Realpolitik*" bonapartista dos "movimentos de massa" mais ou menos habilmente conduzidos. Diante disso, não é preciso tecer mais comentários a respeito de como o idealismo subjetivo, a concepção ética, constitui a base ideológica adequada para isso, de como, sobre essa base, o "não-ir-suficientemente-longe" aparece organicamente como a tragédia da revolução.

De fato, Marx e Engels reagiram a essa carta com as observações de contrariedade e desdém citadas no início. Algumas alusões à impressão deixada por esse debate encontram-se nas missivas posteriores. Exemplo disso é quando, por ocasião da aliança de Bucher[113] com Bismarck, Marx define Lassalle como "o marquês de Posa do Felipe II de Uckermark" ou quando escreve o seguinte a respeito do "testamento" lassalliano: "Por acaso não é o seu próprio Sickingen que deseja obrigar Carlos V a 'assumir a liderança do movimento'?". É significativo que essas repercussões "literárias" estejam sempre em estreita conexão com o culto a Bismarck e o bonapartismo de Lassalle. Ainda mais interessante é a passagem da carta – riscada por Bernstein – que Marx escreve a Engels quando da visita de Lassalle em Londres: "L[assalle] ficou muito furioso comigo e com minha esposa por termos caçoado dele [...], chamando-o de 'bonapartista esclarecido'. Ele gritou, bufou, sapateou e, por fim, convenceu-se cabalmente de que sou 'abstrato' demais para entender de política"[114]. É de se perguntar se não teria sido a "confissão" involuntária de Lassalle, provocada pela dura polêmica, que aguçou a visão de Marx e Engels para essas aspirações dele, para a tendência que acabou levando-o para o lado de Bismarck, e que lhes possibilitou discernir sua intenção muito antes de ela ser concretizada. Em todo caso, depois dessas mensagens instaurou-se uma frieza, uma

---

[113] Lothar Bucher (1817-1892) participou da Revolução de 1848 e, na sequência, exilou-se na Inglaterra. Mais tarde, aliou-se a Bismarck, colaborando com este no equivalente ao Ministério do Exterior. (N. E.)

[114] Cartas de 30 de julho de 1862, 10 de dezembro de 1864, 25 de janeiro de 1865 etc. (v. III, p. 213, 217 e 283).

suspeição maior na correspondência – causada igualmente pelo panfleto de Lassalle sobre a guerra italiana[115]. É fato que, mais tarde, Marx – que antes dessas cartas, como mostramos, já dava como certa a ruptura completa de Lassalle com os berlinenses – avalia esse período da seguinte maneira: "Durante o ano de 1859, ele pertenceu totalmente ao partido burguês liberal prussiano". Nem Marx nem Engels retornaram às questões fundamentais tratadas aqui. As missivas de teor extraordinariamente rico e interessante que Marx escreveu em resposta ao *Das System der erworbenen Rechte* evitam intencionalmente tais pontos. A própria conexão estreita e orgânica que se evidenciou entre as concepções estéticas e políticas em Lassalle, Marx e Engels levou ao término súbito da discussão.

[1931]

---

[115] Ferdinand Lassalle, *Der italienische Krieg und die Aufgabe Preußens* (Berlim, Franz Duncker, 1859). (N. T.)

Friedrich Engels como teórico e crítico literário

A atividade de Engels no campo da literatura sempre foi determinada pelas grandes tarefas postas pela luta de classes do proletariado. Já em *A ideologia alemã*[1], Marx e Engels expressaram claramente que não compete aos domínios ideológicos específicos – e, portanto, à arte e à literatura – um desenvolvimento autônomo, pois eles são decorrência e formas fenomênicas do desenrolar das forças produtivas materiais e da luta de classes. A consequência necessária da constatação de uma "única ciência da história"[2] é que os dois autores sempre tratam a literatura nesse contexto histórico-sistemático amplo e unitário.

A polêmica sobre a "autonomia" da arte, proclamada pela estética idealista, torna-se generalizada na literatura alemã de oposição a partir da Revolução de Julho. Especialmente Börne e Heine proclamam – ainda que de modos bastante diferentes – "o fim do período da arte" [*das Ende der Kunstperiode*][3], isto é, da época em que, sob a influência do velho Goethe, era atribuída à arte uma significação autônoma, totalmente baseada em si mesma, pairando acima das lutas sociais e políticas. A controvérsia a respeito da superestimação

---

[1] Ver Karl Marx e Friedrich Engels, *A ideologia alemã* (trad. Rubens Enderle, Nélio Schneider e Luciano Martorano, São Paulo, Boitempo, 2007), p. 437-8. (N. T.)

[2] Ibidem, p. 86, nota d. (N. T.)

[3] Heinrich Heine fala sobre isso em vários textos; pela primeira vez, na recensão do livro *Die deutsche Literatur*, de Wolfgang Menzel (1828). Ver Heinrich Heine, *Sämtliche Schriften*, v. I (Munique, Carl Hanser, 1968), p. 445. (N. T.)

idealista da arte, de sua separação das lutas cotidianas, é difundida em amplos círculos, popularizada e vulgarizada pelo jornalismo do movimento "Jovem Alemanha"[4]. E a estética da ala esquerda do hegelianismo em dissolução busca um fundamento teórico para a vinculação da literatura com as grandes lutas do tempo presente. Todas essas aspirações encontram naturalmente um eco nas tendências sectárias de cunho ascético do proletariado alemão ideologicamente ainda não desenvolvido, pouco organizado, cuja consciência de classe começava a despertar na década de 1840.

Essa situação levou a que Marx e Engels lutassem desde o início em duas frentes. Para eles, a destruição da "autonomia" idealisticamente inflada da arte e da literatura não significou uma concessão à identificação mecanicista vulgar entre literatura e propaganda política. *A ideologia alemã* contém as linhas básicas da concepção dialética da relação entre infraestrutura e superestrutura, os embriões da teoria mais tarde aperfeiçoada a respeito do desenvolvimento desigual, os fundamentos metodológicos da tese sobre a verdade objetiva na arte, isto é, a concepção da arte como forma específica do reflexo da realidade objetiva.

Marx e Engels elaboraram o materialismo dialético na luta contra as diversas tendências da ideologia burguesa de seu tempo, contra as correntes presentes no interior do incipiente movimento dos trabalhadores, que ainda não tinham como se libertar da influência burguesa. Desde o início, seu embate no campo da teoria da literatura voltou-se contra o aburguesamento da consciência de classe do proletariado. Por terem reconhecido desde o começo o influxo extraordinariamente profundo e amplo da literatura sobre a consciência dos homens, os autores jamais subestimaram a importância das orientações corretas na literatura e em sua teoria. É certo que a ocupação com a teoria e a crítica literárias constituiu apenas uma parte de sua atuação efetiva geral de ampliação, consolidação e defesa da linha proletária na economia, política e ideologia, mas foi sempre uma parte importante dessa atividade. Em particular na ocasião da luta contra o "socialismo verdadeiro"[5], Engels especializou-se na questão, ainda

---

[4] O movimento "Jovem Alemanha" (Junges Deutschland) surgiu na Alemanha nos anos 1830, reunindo, numa mescla ideológica de liberalismo e anticapitalismo romântico, jovens intelectuais que admiravam H. Heine (1797-1856) e L. Börne (1786-1837). De 1839 aos primeiros anos da década de 1840, o jovem Engels, que então admirava Börne, viu o movimento com simpatia. (N. E.)

[5] O "socialismo verdadeiro" – tendência filosófica e política que teve em K. Grün (1817-1887) seu mais conhecido representante – desenvolveu-se entre intelectuais pequeno-burgueses alemães nos anos 1840. Mescla de concepções socialistas utópicas e idealistas, foi objeto de duras críticas de Marx e Engels, expressas inclusive em *A ideologia alemã* e no *Manifesto Comunista*. (N. E.)

que por um período de tempo relativamente curto, e dedicou uma série de trabalhos específicos ao desmantelamento crítico da estética e da práxis artística do "verdadeiro socialismo". Essa conexão íntima entre atuação política e crítica da literatura, que não exclui – antes, pressupõe – a compreensão mais refinada possível dos problemas particulares da literatura, constitui a base para a atividade da crítica literária no trabalho posterior de ambos. A oposição aos resquícios burgueses na consciência dos trabalhadores, ao aburguesamento de sua consciência, constitui – como mostraremos adiante de maneira concreta e extensa – a linha básica da crítica literária de Marx e Engels.

I.

O jovem Engels iniciou sua atividade literária como adepto – embora nunca de maneira incondicional – da "Jovem Alemanha", como admirador de Börne, e evoluiu muito rapidamente rumo ao materialismo dialético, passando pelo movimento jovem-hegelianismo radical e por Feuerbach. No seu período pré-marxista, a ocupação com a literatura esteve no centro de sua atividade pública. No início da década de 1840, ele publicou em diversos jornais e revistas uma longa série de trabalhos de crítica literária, incluindo alguns de cunho beletrístico [*Belletristische*].

O traço característico fundamental dos escritos do jovem Engels, que o distinguiu desde logo dentre a massa de publicistas do movimento da "Jovem Alemanha", era uma tendência democrática radical e resoluta. De início, ele compartilhava, naturalmente, de certos preconceitos e limitações da burguesia democrata da Alemanha (por exemplo, manifestou algumas vezes um nacionalismo belicista), mas nem nos seus escritos mais imperfeitos do tempo da juventude encontramos vestígios da covardia liberal, da vagueza e da fanfarrice vazia da "Jovem Alemanha". Desde o princípio, Engels foi um democrata militante e vigilante. Toda obra literária comentada por Engels, em cartas ou em publicações, consistia em primeiro lugar em questionar se seu conteúdo e sua forma estavam aptas a servir à grande causa da democracia. Isso se expressa de modo especialmente distintivo em uma de suas primeiras publicações, a resenha dos *Deutsche Volksbücher* [Coletâneas de contos alemães][6]. Segundo Engels, o livro de contos tem por tarefa "alegrar, animar e deleitar"

---

[6] Friedrich Engels, "Die Deutschen Volksbücher", em Gustav Mayer (org.), *Friedrich Engels Schriften der Frühzeit* (Berlim/Heidelberg, Springer, 1920). (N. T.)

a vida do trabalhador "quando chega em casa à noite, cansado do seu duro labor diário [...], fazê-lo esquecer suas penas [...], mas também tem a missão [...] de conscientizá-lo de sua força, seu direito e sua liberdade, despertar sua coragem e seu amor à pátria"[7]. A partir desse ponto de vista da vigilância democrática, Engels submete todos os livros de contos a uma crítica detalhada de seu conteúdo e forma.

Já nessa análise aparece uma linha básica da atividade literária do jovem Engels, que ele compartilha com Börne e a "Jovem Alemanha" (bem como com os jovens hegelianos): a luta contra o romantismo reacionário. No entanto, essa sua crítica do romantismo não vai tão fundo quanto a do jovem Marx, que se opôs aos fundamentos do romantismo já no seu período idealista. Nessa época, Engels ainda não havia se elevado essencialmente acima do nível de Börne e da "Jovem Alemanha" na avaliação sobre o romantismo; o aproveitamento e a evolução da crítica de Heine ao tema são impedidos pelo posicionamento unilateral e parcial de Engels a favor de Börne e contra Heine. Mas sua oposição ao romantismo reacionário é extraordinariamente incisiva e resoluta. No grande ensaio "Retrograde Zeichen der Zeit" [Sinais retrógrados do tempo][8], ele critica de modo impiedoso toda tendência romântica que idealiza o passado miserável da Alemanha e o período abjeto do *ancien régime* francês, e que os apresenta como modelo para o tempo presente. Contudo, é característico da liberdade e mobilidade intelectual do jovem Engels, de sua dialética natural, que ele não se detenha nessa crítica política do conteúdo. No mesmo ensaio, ele se volta diretamente contra algumas poesias do jovem Freiligrath, porque sua linguagem e forma literária representam um retorno à expressão empolada, ao *páthos* vazio de períodos literários passados.

Essa dialética natural do jovem Engels preserva-o, enquanto crítico, das unilateralidades de Börne, apesar de seu extraordinário entusiasmo por este último. Assim, em uma crítica, ele protesta contra a concepção de literatura da "Jovem Alemanha" – segundo a qual a prosa seria o único modo de expressão justificado dos sentimentos modernos – e exige o reconhecimento dos direitos da poesia. Tal dialética natural torna Engels dinâmico e polivalente já na mais tenra juventude; ele é capaz de reconhecer e apreciar as qualidades literárias de adversários políticos e jamais se priva de criticar artisticamente

---

[7] Ibidem, p. 98. (N. T.)
[8] Idem, "Retrograde Zeichen der Zeit", em Gustav Mayer (org.), *Friedrich Engels Schriften der Frühzeit*, cit., p. 110-5. (N. T.)

os que o acompanham na linha geral da política e da literatura. Ele censura de forma muito incisiva as concepções reacionárias de Arndt, sua estreiteza nacionalista, sua visão fundamentalmente falsa das "guerras de libertação". Ao mesmo tempo, porém, ressalta de maneira enérgica as qualidades estilísticas do poeta alemão, confrontando-as elogiosamente à decadência da tendência moderna (dos adeptos da "Jovem Alemanha").

> Pois há autores para os quais a essência do estilo moderno consiste em que todo músculo protuberante, todo tendão retesado no discurso seja finamente recoberto com carne macia, mesmo correndo o risco de parecer efeminado. Isso, não; prefiro o esqueleto viril do estilo de Arndt ao maneirismo esponjoso de certos estilistas "modernos"![9]

Em contrapartida, Engels critica já bem cedo as vacilações e os compromissos de Gutzkow, líder da "Jovem Alemanha". Em seu comentário, em termos teóricos, ele transcende em muito a concepção da poesia de tendência [*Tendenzpoesie*, poesia política] de tal grupo literário. Ao resenhar uma peça hoje totalmente esquecida de um certo Blum, Engels compartilha com o autor a rejeição do pietismo. Mas censura o fato de o dramaturgo atribuir aos pietistas erros e abusos casuais para desacreditá-los, em vez de dirigir seu ataque ao problema central, à forma pietista da religião. "O pietismo tem razão contra as imputações dessa peça na mesma proporção em que não tem razão contra o livre pensamento do nosso século."[10] Já está contida aqui, de maneira embrionária, a concepção posteriormente amadurecida de Engels a respeito da tendência na literatura.

A consequência dessa dialética natural do jovem Engels é que, em geral, ele é capaz de avaliar de modo justo e correto as manifestações literárias do seu período. A exceção é Heine, como já foi ressaltado. O preconceito de Börne contra a "traição" de Heine à democracia determina o juízo do jovem Engels sobre ele. Tal postura só se modificaria relativamente tarde, durante sua estada na Inglaterra, mas sob a impressão da atuação mais radical de Heine, resultante da relação de amizade deste com Marx. De resto, o jovem Engels não se engana ao colocar Chamisso, Platen e Immermann no centro da literatura

---

[9] Idem, 'Ernst Moritz Arndt", em Gustav Mayer (org.), *Friedrich Engels Schriften der Frühzeit*, cit., p. 140. (N. T.)

[10] Idem, "Korrespondenz-Nachrichten aus Bremen: Theater – Buchdruckerfest", em Karl Marx e Friedrich Engels, *Werke*, v. 41 (Berlim, Dietz, 1976), p. 76. (N. T.)

alemã contemporânea. Suas observações esparsas sobre esses literatos são, com frequência, muito certeiras, como, por exemplo, quando diz sobre a futura posição literária de Platen que "ele se afastará de Goethe, mas se acercará de Börne"[11]; ou quando declara sobre Immermann, a quem criticou diversas vezes, com razão, que "ele foi a transição mediadora da literatura provinciana para a literatura alemã universal"[12]. Esse aspecto da atividade de Immermann – a tentativa nem sempre bem-sucedida de criar, tanto em suas obras quanto em sua atividade, um centro literário universalmente alemão – é calorosamente apreciado por Engels na poesia que compôs por ocasião da morte dele. No campo literário, os limites da concepção social do jovem Engels ganham sua expressão mais forte na sua avaliação exagerada de Börne. Mesmo quando ele, sob a influência do estudo aprofundado de Hegel e dos jovens hegelianos, afasta-se gradativamente da "Jovem Alemanha", o culto a Börne persiste por algum tempo. Ele almeja uma síntese de Börne e Hegel, na qual o primeiro representaria o princípio da ação, e o último, o princípio do pensamento.

O período de desenvolvimento de Engels como jovem hegeliano foi ocupado com o embate filosófico com Schelling, o filósofo berlinense oficial da reação romântica que se seguiu à posse de Frederico Guilherme IV no governo[13]. A crítica literária passa então, nitidamente, para segundo plano. Somente na longa resenha[14] que escreveu a respeito de *Vorlesungen über moderne Literatur der Deutschen* [Preleções sobre a literatura moderna dos alemães], de Jung, Engels aproveitou a oportunidade para fazer um acerto radical de contas com a literatura da "Jovem Alemanha". Esse acerto acontece na linha filosófica e política dos jovens hegelianos radicais. Engels critica, em primeiro lugar, as imprecisões e hesitações liberais da "Jovem Alemanha", seu diletantismo insustentável em questões sociais. Zomba, com razão, do anseio de Jung pelo "positivo", do seu

---

[11] Idem, "Platen", em Gustav Mayer (org.), *Friedrich Engels Schriften der Frühzeit*, cit., p. 115-7. (N. T.)

[12] Idem, "Immermanns Memorabilien", em Gustav Mayer (org.), *Friedrich Engels Schriften der Frühzeit*, cit., p. 155-63. (N. T.)

[13] Frederico Guilherme IV (1795-1861) reinou de 1840 até sua morte. Assumidamente romântico, concedeu a Schelling (1775-1854), em 1841, a cátedra que, na Universidade de Berlim, coubera a Hegel – com este ato, Frederico Guilherme IV dava o primeiro passo na sua campanha contra o hegelianismo. (N. E.)

[14] Friedrich Engels, "Alexander Jung, Vorlesungen über moderne Literatur der Deutschen", *Deutsche Jahrbücher für Wissenschaft und Kunst*, Leipzig, 1842. Disponível em: <www.mlwerke.de/me/me01/me01_433.htm>. Acesso em: 25 jul. 2016. (N. T.)

medo pequeno-burguês diante da mera "negatividade" da crítica de Strauß e Feuerbach; tal anseio é um sinal inequívoco da postura instável dos "jovens alemães" nas questões de democracia, um prenúncio da sua traição dos ideais democráticos, levando Jung a vislumbrar algo "positivo" em gente tão francamente reacionária quanto Schelling ou Leo[15]. O talento de Gutzkow é reconhecido, mas, no caso dele, o perigo da "beletrística degenerada [...] que não é peixe nem carne" é intensamente ressaltado. Naturalmente, o posterior acerto de contas brutalmente incisivo de Engels com a "Jovem Alemanha" em seu livro *Revolution und Konterrevolution in Deutschland* [Revolução e contrarrevolução na Alemanha][16] vai muito além dessa crítica em termos de fundamentação marxista dos juízos literários, mas, não obstante, é a continuação direta dessa apreciação das mais importantes correntes literárias de seu tempo.

Os pontos de mudança mais relevantes no desenvolvimento do jovem Engels são a influência de Feuerbach e o contato com o movimento operário inglês. Todavia, no período de transição, ele manteve alguns resquícios da ideologia idealista dos jovens hegelianos radicais, cujas repercussões crítico-literárias logo apontaremos, mas essa guinada que gradativamente traz Engels para as proximidades do marxismo – à qual ele deve sua ocupação com a crítica genial da economia, muito significativa para Marx – torna sua atividade de crítica literária mais abrangente, profunda e resoluta do que era no estágio precedente. Quanto à extensão, a ocupação com a literatura fica em segundo plano, pois os problemas da economia e da política exigem a atenção de Engels em primeiro lugar. Mesmo na grande polêmica com Carlyle, renomado representante do anticapitalismo romântico, as objeções críticas à sua teoria econômica, teoria da sociedade e filosofia românticas ocupam o primeiro plano[17]. Engels assume aqui a tarefa dialética de aproveitar para o movimento revolucionário a crítica amarga e pertinente de Carlyle à sociedade capitalista e, ao mesmo tempo, fazer uma análise aniquiladora da tacanhice romântica desse autor. (Naquela época, contudo, Engels alimentava a ilusão de que Carlyle evoluiria na direção da revolução.) O centro da polêmica ideológica com Carlyle é a questão do papel social da religião. Ele vê a vacuidade, o ativismo

---

[15] Heinrich Leo (1799-1878), historiador prussiano. (N. E.)
[16] Friedrich Engels, "Revolution und Konterrevolution in Deutschland", em Karl Marx e Friedrich Engels, *Werke*, v. 8 (Berlim, Dietz, 1963), p. 5-108. (N. T.)
[17] Idem, "Die Lage Englands", em Karl Marx e Friedrich Engels, *Werke*, v. 1 (Berlim, Dietz, 1976), p. 525-49. (N. T.)

vazio da vida capitalista que não traz felicidade para ninguém, como um sinal do ateísmo, da perda da religião. Engels o refuta à maneira de Feuerbach:

> Portanto, quando Carlyle diz, seguindo o exemplo de Ben Jonson, que o homem perdeu sua alma e começa a dar-se conta disso, a expressão correta para tal seria: com a religião, o homem perdeu sua própria essência, alienou-se de sua humanidade e só agora, depois que a religião se tornou vacilante devido ao progresso da história, ele percebe seu vazio e sua insustentabilidade.[18]

Para o desenvolvimento das concepções literárias de Engels, essa polêmica é um sinal evidente da ruptura com a tradição de Börne, própria de sua juventude. Porque, em conexão com essa controvérsia envolvendo Carlyle, segue uma apreciação profunda e justa de Goethe, mesmo que ainda com certa parcialidade feuerbachiana: "Tal humanização, tal emancipação da arte das amarras da religião é exatamente o que perfaz a grandeza de Goethe. Nem os antigos nem Shakespeare podem comparar-se com ele nesse aspecto"[19].

No entanto, Engels deve o impulso decisivo para o desenvolvimento inclusive de suas concepções literárias ao contato íntimo com o movimento operário inglês, à cooperação com a ala revolucionária do cartismo. Rapidamente, ele se desfaz de seus preconceitos idealistas em relação aos intelectuais enquanto portadores do progresso social. Ele observa a vacuidade e a hipocrisia na "formação" da burguesia inglesa e, em contrapartida, vê com o que se ocupam os trabalhadores mais progressistas da Inglaterra. Ao lado de Holbach, Helvécio, Diderot, ao lado de Strauß e Proudhon, emergem aqui os nomes do "genial e profético Shelley" e de Byron. Engels diz: "Contam a maioria dos seus leitores entre os trabalhadores – os burgueses só recorrem a edições expurgadas [...] modificadas ao gosto da hipócrita moral vigente"[20]. A confiança nas capacidades culturais da classe trabalhadora, adquirida por experiência, aguça o olhar crítico de Engels diante de diversos fenômenos literários. A discussão com Carlyle em *A situação da classe trabalhadora na Inglaterra* já se move por uma linha diferente da anterior. Carlyle tem toda razão quanto aos fatos, e só deixa de tê-la ao censurar a paixão feroz dos trabalhadores em comparação com as classes mais altas. Tal paixão e ódio são, muito antes, a

---

[18] Ibidem, p. 547. (N. T.)
[19] Idem. (N. T.)
[20] Friedrich Engels, *A situação da classe trabalhadora na Inglaterra* (trad. B. A. Schumann, São Paulo, Boitempo, 2008), p. 273 modif. (N. T.)

prova de que os trabalhadores sentem o caráter desumano de sua situação, que não se deixarão reduzir à condição de animais e que um dia se libertarão da servidão imposta pela burguesia[21]. A solidariedade crescente com a indignação revolucionária do proletariado determina com intensidade crescente os juízos literários de Engels. Em consequência, ele ridiculariza a utopia reacionária do movimento "Jovem Inglaterra" (Disraeli etc.), que pretendia restabelecer a velha Inglaterra feudal, e o faz quase na linha do *Manifesto Comunista*. Engels formula em tons críticos a apreciação dos poetas ingleses que decantaram a miséria proletária, especialmente Hood.

> Thomas Hood, o mais talentoso dos humoristas ingleses contemporâneos, cheio de sentimentos humanitários, como todos os humoristas, mas com pouca força intelectual, publicou no início de 1844, quando todos os jornais abordavam a miséria das costureiras, uma bela poesia: "The song of the shirt" [A canção da camisa], que arrancou das jovens burguesas muitas lágrimas piedosas, embora inúteis.[22]

Nessa linha, ele exaltou a "Canção dos tecelões"[23], de Heine, como uma das "poesias mais poderosas que conheço" e aproveitou o ensejo para traduzi-la para o inglês[24]. Resquícios de concepções idealistas dos jovens hegelianos são vistos apenas em alguns juízos literários isolados, como na superestimação de Eugène Sue.

II.

A partir da cooperação com Marx em Paris e Bruxelas, Engels passa a mover-se com clareza inabalável pela via do materialismo dialético. Ele participa ativamente da grande discussão de Marx com os jovens hegelianos radicais, com Feuerbach, com o "verdadeiro socialismo". Nesses debates, que ao mesmo tempo representam a formulação literária inicial do materialismo dialético e nos quais é fixada pela primeira vez a linha política do proletariado e de seu partido na futura revolução burguesa alemã, Engels assume o combate à teoria e à práxis literárias do "verdadeiro socialismo".

---

[21] Ibidem, p. 157. (N. T.)

[22] Ibidem, p. 244, nota 2. (N. T.)

[23] Trata-se, mais precisamente, da canção intitulada "Os tecelões silesianos"; ver original e tradução em Karl Marx e Friedrich Engels, *Lutas de classes na Alemanha* (trad. Nélio Schneider, São Paulo, Boitempo, 2010), p. 23-4. (N. T.)

[24] A tradução para o inglês foi publicada em *The New Moral World*, Londres, n. 25, 13 dez. 1844. Disponível em: <www.marxists.org/archive/marx/works/1844/11/09.htm>. Acesso em: 25 jul. 2016. (N. T.)

A linha política básica dessa discussão torna-se conhecida de todos na parte crítica do *Manifesto Comunista*. No seu idealismo vazio a debulhar fraseologias, os "socialistas verdadeiros" queriam saltar a revolução burguesa. Eles dirigiram seus ataques unilateral e exclusivamente contra a burguesia liberal e, desse modo, acorreram em socorro dos governos absolutistas, dos padres e dos fidalgos rurais. O "socialismo verdadeiro", diz, com razão, o *Manifesto Comunista*, "foi o complemento adocicado das amargas chibatadas e dos tiros de fuzil com que os mesmos governos tratavam os levantes dos trabalhadores alemães"[25]. O objetivo não confessado, mas real, do "socialismo verdadeiro" era a manutenção da pequena burguesia retrógrada alemã. Mas Marx e Engels dizem que "sua manutenção é a manutenção das condições vigentes na Alemanha. A supremacia industrial e política da burguesia faz com que a pequena burguesia tema a destruição certa, por um lado, em consequência da concentração do capital, por outro lado, pelo despontar de um proletariado revolucionário"[26].

A censura a essa mediocridade pretensiosa e hipócrita constitui o centro da campanha crítico-literária de Engels contra o "socialismo verdadeiro". Marx já havia combatido Eugène Sue nessa mesma linha em *A sagrada família*[27], ridicularizando-o impiedosamente por seu utopismo pequeno-burguês reacionário, por difamar o proletariado, por conferir ao trabalhador a forma do *"pauvre honteux"* [pobre infame]. O insuficiente desenvolvimento da classe revolucionária, diz Marx em *A miséria da filosofia*, reflete-se nas cabeças dos ideólogos de tal maneira que "veem na miséria apenas a miséria, sem nela verem o lado revolucionário, subversivo, que derrubará a sociedade antiga"[28]. O atraso capitalista da Alemanha em comparação com a Inglaterra e a França tornava o embate mais acirrado com a ideologia do atraso pequeno-burguês uma necessidade política premente, uma tarefa incondicionalmente essencial também no campo da literatura, visando à preparação do proletariado para a futura revolução burguesa.

---

[25] Karl Marx e Friedrich Engels, *Manifesto Comunista* (trad. Álvaro Pina, São Paulo, Boitempo, 1998), p. 63 modif. (N. T.)

[26] Ibidem, p. 64 modif. (N. T.)

[27] Karl Marx e Friedrich Engels, *A sagrada família* (trad. Marcelo Backes, São Paulo, Boitempo, 2003). (N. T.)

[28] Karl Marx, *A miséria da filosofia* (trad. Paulo Roberto Banhara, São Paulo, Escala, s. d.), p. 114. (N. T.)

Sob tais circunstâncias, é compreensível que a polêmica de Engels com a literatura do "socialismo verdadeiro" tenha se voltado em primeiro lugar contra essa ideologia pequeno-burguesa de fazer miserável [*Miserabel-Machens*] o trabalhador. Em termos ideológicos, trata-se da questão do enredamento em preconceitos burgueses, mas a posição ideológica diferenciada em relação a tais preconceitos tem amplas consequências para o método criativo. Engels compara Heine com um dos mais famosos poetas do "socialismo verdadeiro", Karl Beck:

> Em Heine, os devaneios do burguês são intencionalmente alçados às alturas para, em seguida, serem largados, de modo igualmente proposital, dentro da realidade; em Beck, o próprio poeta se associa a essas fantasias e, naturalmente, também arca com o prejuízo quando despenca na realidade. No primeiro caso, o burguês fica indignado com o atrevimento do poeta; no segundo, é tranquilizado por sua afinidade com a alma dele.[29]

Para os poetas do "socialismo verdadeiro", a consequência do enredamento em preconceitos burgueses e da incapacidade de discernir a estrutura da sociedade burguesa é que eles idealizam o capitalismo como um poder demoníaco irresistível e desconsideram completamente o papel revolucionário do proletariado. "Beck decanta a pusilânime miséria pequeno-burguesa, o 'homem pobre', o *pauvre honteux* [pobre infame] com seus ínfimos desejos piedosos e inconsequentes, o 'homem humilde' em todas as suas formas, e não o proletário altivo, ameaçador e revolucionário."[30] Esse trabalhador que o poeta transformou em miserável é confrontado com o capitalista idealizado. A poesia de Beck, a cuja crítica acabamos de nos referir, trata da Casa dos Rothschild. Ele inventa para essa família a missão de "aliviar todo o sofrimento do mundo" e a critica por não cumprir essa incumbência.

> O poeta não ameaça aniquilar o poder real dos Rothschild, as condições sociais em que se baseia; ele deseja somente sua aplicação filantrópica. Lamuria-se porque os banqueiros não são filantropos socialistas, nem sonhadores, nem promotores da felicidade das pessoas, mas são apenas banqueiros.[31]

---

[29] Friedrich Engels, "Deutscher Sozialismus in Verse und Prosa", em Karl Marx e Friedrich Engels, *Werke*, v. 4 (Berlim, Dietz, 1972), p. 217. Disponível em: <www.mlwerke.de/me/me04/me04_207.htm>. Acesso em: 25 jul. 2016. (N. T.)

[30] Ibidem, p. 207. (N. T.)

[31] Idem. (N. T.)

Beck confronta o "mau" capitalista Rothschild com o "bom" capitalista Laffitte. Portanto, em vez de promover uma crítica revolucionária real do capitalismo, o autor faz uma apoteose dos "lados bons" do capitalismo e se lastima nostálgica e covardemente de seus "aspectos ruins"; ele "deseja" que essa sociedade continue a existir sem as condições de sua existência.

De tal capitulação lamurienta diante da ideologia burguesa decorre que, na poesia do "socialismo verdadeiro", o capitalismo apareça como um poder "eterno" e insuperável. Outro famoso poeta do "socialismo verdadeiro", Alfred Meißner, também fornece imagens extraídas da miséria do proletariado, mas resume sua opinião sobre o destino proletário da seguinte maneira: "O que o Criador fez mal,/ o homem jamais endireitará"[32].

A causa dessa lamentável capitulação, dessa fuga covarde diante de toda a luta por parte dos poetas do "socialismo verdadeiro" consiste também no fato de eles serem apologistas da pequena propriedade condenada à morte pelo desenvolvimento capitalista, do deplorável "meu próprio fogão" dos trabalhadores ainda pequeno-burgueses. (Na controvérsia política de Marx e Engels com o feuerbachiano Kriege, essa questão tem um papel decisivo[33].)

No entanto, os poetas do "socialismo verdadeiro" imaginam ser revolucionários; eles sonham ininterruptamente com a revolução. Trata-se, porém, de sonhos vazios, abstratos, pequeno-burgueses. Na sua crítica a Alfred Meißner, Engels chama o personagem Karl Moor[34], de Schiller, de o primeiro "socialista verdadeiro"[35]. Mas os "socialistas verdadeiros" superam em muito o jovem Schiller em termos de abstração, vacuidade e ambiguidade da concepção revolucionária. A partir desse ponto de vista, Engels submete a poesia "Wie man's macht" [Como se faz], de Freiligrath, a uma crítica aniquiladora. O poeta escreve que o povo faminto vai até o arsenal e, "por pura diversão", mune-se de uniformes, armas e sai a campo. Eles encontram o Exército, "o general manda abrir fogo, mas os soldados se jogam, jubilosos, nos braços da milícia em trajes cômicos". O grupo segue para a cidade e, sem encontrar resistência,

---

[32] Citado em Friedrich Engels, "Die wahren Sozialisten", em Karl Marx e Friedrich Engels, *Werke*, cit., v. 4, p. 275. Disponível em: <www.mlwerke.de/me04/me04_248.htm>. Acesso em: 25 jul. 2016. (N. T.)

[33] Karl Marx e Friedrich Engels, "Zirkular gegen Kriege", em *Werke*, cit., v. 4, p. 3-17. (N. T.)

[34] Personagem principal da peça de Friedrich Schiller, *Os bandoleiros* (trad. Marcelo Backes, Porto Alegre, L&PM, 2011). (N. T.)

[35] Friedrich Engels, "Die wahren Sozialisten", cit., p. 270. (N. T.)

a revolução obtém a vitória. Concluindo, Engels diz: "É preciso admitir que em lugar nenhum fazem-se revoluções de maneira tão divertida e descontraída quanto na cabeça do nosso Freiligrath"[36].

Até os dias de hoje, essa crítica extraordinariamente relevante e fundamentalmente significativa feita por Engels não chegou ao conhecimento do público proletário. Mehring não recolheu os ensaios engelsianos em sua edição póstuma[37] Ele os avalia como ultrapassados e, em parte, até como falsos. Diz que Marx e Engels "permitiram que seu juízo econômico e político exercesse influência desmedida sobre seu gosto estético"[38]. É significativo que mesmo um representante tão importante da ala esquerda da Segunda Internacional quanto Franz Mehring não tenha reconhecido o significado dessas análises. Em primeiro lugar, ele não entendeu que a crítica da mediocridade pequeno-burguesa continuou sendo uma tarefa essencial da crítica literária proletária também na sua época e que os escritos de Engels constituem um modelo ainda não superado para todo o trabalho atual nesse campo. Em segundo lugar, não percebeu que, para Engels, a crítica econômica e política do conteúdo artificial dessa poesia está intimamente ligada à crítica da necessária pobreza e mediocridade de suas formas literárias. Este é o caso na censura a Freiligrath, na qual Engels elucida muito bem como da concepção "cômoda" da revolução resulta um ritmo "cômodo" (e, portanto, totalmente falso no plano artístico) das poesias. Mas sua análise vai muito além dessas corretas observações isoladas sobre a crítica da forma. Engels examina os pressupostos ideológicos de princípio de um grande realismo revolucionário e revela com nitidez impiedosa os erros ideológicos desses poetas, em parte talentosos, que os tornam incapazes de uma poesia revolucionária e realista de fato significativa. Ele mostra, por exemplo, que Karl Beck não consegue narrar uma história corretamente.

> Essa incapacidade consumada de narrar e de apresentar, patente em todo o livro, é característica da poesia do "socialismo verdadeiro". Em sua indefinição, o "socialismo

---

[36] Ibidem, p. 278-9. (N. T.)

[37] Tudo indica que a referência de Lukács é à edição póstuma de textos de Marx-Engels dos anos 1841 a 1850 (incluindo cartas a Lassalle), preparada em quatro volumes por Franz Mehring (1846-1919) e conhecida pelo nome de *Nachlass-Ausgabe: Aus dem literarischen Nachlass von Karl Marx, Friedrich Engels um Ferdinand Lassalle* (Stuttgart, Dietz, 1902). (N. E.)

[38] Franz Mehring, "Poesie und Prosa des wahren Sozialismus", em *Aus dem literarischen Nachlass von Karl Marx, Friedrich Engels und Ferdinand Lassalle* (Stuttgart, Dietz, 1902), p. 385. (N. T.)

verdadeiro" não oferece *nenhuma possibilidade de relacionar fatos isolados a serem narrados com relações gerais e de, por essa via, extrair deles o lado desconcertante, significativo* [ênfase nossa – G. L.]. Por essa razão, os "socialistas verdadeiros" se resguardam da história também em sua prosa. Quando não conseguem escapar dela, contentam-se em lançar mão de formulações filosóficas ou fazer o registro seco e enfadonho de casos isolados de desgraça e *casos sociais*. Inclusive falta a todos eles o talento necessário para a narrativa em prosa e poesia, o que está relacionado com a indefinição do seu modo de ver as coisas.[39]

Desse modo, Engels alçou o debate sobre os pressupostos ideológicos da grande poesia realista, do método criativo (narração), a uma dimensão que permaneceu incompreendida durante todo o período da Segunda Internacional. Nessas apreciações engelsianas, são solucionadas dentro da linha marxista as questões, ainda hoje em pauta, relativas ao conflito entre a configuração orgânica a partir dos problemas postos pelo próprio material e a substituição dessa configuração pela "literatura factual" abstrata (montagem etc.).

Já nesse período, a luta de Engels por uma grande poesia revolucionária, realista, vincula-se à luta pelo legado dos grandes vultos e obras do passado, à luta contra a falsificação burguesa e pequeno-burguesa destes últimos, à luta pelo resgate das valiosas conquistas do passado para o proletariado revolucionário. Na época, Karl Grün, o principal teórico do "socialismo verdadeiro", publicou um livro sobre Goethe[40], transformando-o em patriarca e profeta da "humanidade" pequeno-burguesa do "socialismo verdadeiro". A diluição e o nivelamento de Feuerbach promovidos por Grün, a autonomização do lado fraco da filosofia feuerbachiana, o antropologismo, a dissociação do materialismo, a aplicação mecanicista imediata à sociedade e à história são introduzidos em Goethe pela via da interpretação.

Engels desmascara com ácida ironia essa falsificação da história. Ele demonstra que o "homem" de Karl Grün não é senão o "alemão idealizado", não é senão a idealização [*Verklärung*] do pequeno-burguês alemão[41]. Portanto, ele aplica a Grün a censura que, mais tarde, no *Manifesto Comunista*, tornou-se a base da crítica aos "socialistas verdadeiros"[42]. Partindo da perspectiva dessa "humanidade", Grün desenvolve uma "crítica da sociedade" – a ser dita com

---

[39] Friedrich Engels, "Deutscher Sozialismus in Verse und Prosa", cit., p. 217. (N. T.)
[40] Karl Grün, *Ueber Göthe vom menschlichen Standpunkt* (Darmstadt, C. W. Leske, 1846). (N. T.)
[41] Friedrich Engels, "Deutscher Sozialismus in Verse und Prosa", cit., p. 230-1. (N. T.)
[42] Karl Marx e Friedrich Engels, *Manifesto Comunista*, cit., p. 64. (N. T.)

todo respeito – que ele então introduz em Goethe. O ponto principal dela é que o mundo não corresponderia às ilusões desse "homem".

> Mas essas ilusões são exatamente as ilusões do filisteu ideologizador, em especial do filisteu jovem – e quando a realidade filisteia não corresponde a essas ilusões, isso ocorre porque se trata mesmo de ilusões. [...] Em segundo lugar, a polêmica do homem se volta contra tudo que ameaça o regime filisteu alemão. Toda a polêmica com a revolução é a de um filisteu.[43]

Assim, em nome de Goethe, Grün se posiciona contra toda revolução e afirma que Goethe teria realizado e deixado para trás, já em sua juventude, todas as ideias da revolução; desse modo, voltam a ser idealizados de maneira idealista, em nome de Goethe, a política dos pequenos Estados alemães, o sistema de guildas etc.

Engels, então, confronta esse Goethe falsificado com o Goethe real. Acima de tudo, ele destrói a lenda da identidade da "humanidade" em Goethe, em Grün e até mesmo no próprio Feuerbach.

> Goethe, todavia, usava-as [as palavras "homem" e "humano" – G. L.] somente no sentido em que, na sua época e depois dela, foram empregadas por Hegel, que atribuiu o predicado "humano" especialmente aos gregos, em contraposição aos bárbaros pagãos e cristãos, muito antes de essas expressões adquirirem o conteúdo filosófico misterioso que lhes foi conferido por Feuerbach. Principalmente em Goethe elas têm, na maioria das vezes, um significado bastante carnal, não filosófico.[44]

Assim, ele zomba de Grün porque este diz apenas trivialidades inexpressivas sobre as passagens nas quais "Goethe foi realmente grande e genial"[45], nas quais exprimiu seu materialismo natural, como em *Römische Elegien* [Elegias romanas][46], saltando rapidamente sobre elas. No caso da exposição do Goethe real por Engels, é preciso chamar atenção, primeiro, para o método de elaboração do legado adotado por ele. Como se sabe, a posição de Engels em relação a Goethe é absolutamente crítica. Mas ele distingue com precisão essa análise da crítica pequeno-burguesa tacanha dos que diminuem Goethe – especialmente das críticas mais influentes de Wolfgang Menzel e

---

[43] Friedrich Engels, "Deutscher Sozialismus in Verse und Prosa", cit., p. 240. (N. T.)
[44] Ibidem, p. 231-2. (N. T.)
[45] Ibidem, p. 247. (N. T.)
[46] J. W. Goethe, "Römische Elegien", em *Goethes Werke: Weimarer Ausgabe in 143 Bänden*, v. 53 (Munique, DTV, 1914). (N. T.)

de Börne feitas nesse período. Ele rejeita o caráter raso, não dialético e a-histórico dessas análises.

> Não criticamos Goethe por não ter sido liberal, a exemplo de Börne e Menzel, mas por às vezes também ter podido ser filisteu; não o criticamos por não ter sido capaz de entusiasmar-se pela liberdade alemã, mas por ter sacrificado o senso estético correto que às vezes aflorava nele a um temor filisteu diante de todo grande movimento histórico contemporâneo. [...] De modo geral, nunca fazemos críticas do ponto de vista moral ou partidário, mas, quando muito, das perspectivas estética e histórica. Não medimos Goethe pelo critério moral, nem pelo critério político, nem pelo critério "humano".[47]

A vingança da história acerca das insuficiências de Goethe não consiste, portanto, na crítica tacanha de Menzel e Börne, mas na veneração de Goethe pelo caráter pequeno-burguês pegajoso de Grün.

Dessa forma, a tragédia do gênio Goethe é concebida por Engels como uma vitória da miséria alemã sobre o maior dos alemães; como prova de

> que não há como superá-la "a partir de dentro". Goethe era universal demais, tinha uma natureza demasiado ativa, era demasiado carnal para buscar a salvação em relação à miséria em uma fuga schilleriana para dentro do pensamento kantiano; ele possuía um olhar aguçado demais para não ver que essa fuga acabaria se reduzindo à troca da miséria pura e simples pela miséria opulenta. Seu temperamento, suas energias, *toda* a sua orientação intelectual o direcionaram para a vida prática, e a vida prática que encontrou era miserável.[48]

É desse dilema que resultam a grandeza e as limitações de Goethe. Ele é "ora colossal, ora mesquinho; ora gênio rebelde, escarnecedor, desdenhador do mundo, ora filisteu medíocre, moderado, escrupuloso"[49]. Exatamente essa crítica sem concessões a Goethe, essa rejeição abrupta de toda idealização de suas fraquezas e insuficiências possibilitou ao materialista dialético Engels resgatar aquilo que em Goethe é nobre e imperdível, o legado goethiano para o futuro.

Por sua natureza, a Revolução de 1848 proporcionou a Marx e Engels poucas oportunidades de ocupar-se com questões literárias, embora esse período tenha sido a prova prática mais brilhante da exatidão de toda a sua política em

---

[47] Friedrich Engels, "Deutscher Sozialismus in Verse und Prosa", cit., p. 233. (N. T.)
[48] Ibidem, p. 232. (N. T.)
[49] Idem. (N. T.)

matéria de literatura. O folhetim literário da *Nova Gazeta Renana*[50] é um dos pontos altos na história da imprensa proletária revolucionária. Mas sua análise e a comprovação do papel dirigente dos dois autores em sua organização exigiriam uma investigação à parte – muito necessária e útil.

É na *Revista da Nova Gazeta Renana*[51] que Marx e Engels fazem o acerto de contas com as fraquezas e vacilações da revolução burguesa, a análise da reação de muitas correntes burguesas e pequeno-burguesas – só foram levados a tais conclusões na e em consequência da revolução. Para a avaliação das figuras do período revolucionário, eles exigem um método radicalmente realista. Eles determinam que sua configuração seja feita "finalmente com as cores berrantes de Rembrandt [...] em *toda* a sua vitalidade". "As representações feitas até agora nunca pintaram essas personalidades em seu aspecto real, mas apenas em sua figura oficial, com o coturno no pé e a auréola em torno da cabeça. Nesses quadros rafaélicos divinizados, perde-se toda a verdade da representação."[52] Portanto, Marx e Engels exigem da literatura revolucionária o mesmo realismo radical, a mesma autocrítica realista radical que caracterizam nesse período como a principal tarefa do partido revolucionário.

Nesse tocante, especialmente sua crítica a Daumer é um acirramento da luta contra a mentalidade pequeno-burguesa alemã: contra a fuga covarde "para o estúpido idílio bucólico", contra o culto à esposa que, em Daumer, é uma idealização da "sua própria resignação feminil"[53]. Contudo, o ponto decisivo em sua crítica literária da época é a constatação da grande virada provocada pela Revolução de 1848 no desenvolvimento da ideologia burguesa.

---

[50] Lukács refere-se aqui ao diário *Neue Rheinische Zeitung, Organ der Democratie* (*Nova Gazeta Renana, órgão da democracia*). Desde sua fundação, em julho de 1848, até o encerramento do diário, em maio de 1849, foram publicados 301 números. Com a instauração do novo estado de sítio em Colônia, o jornal é fechado. (N. E.)

[51] Depois da derrota da Revolução de 1848 na Alemanha, Marx e Engels, exilados em Londres, publicaram em 1850 seis números de *Neue Rheinische Zeitung. Politisch-ökonomische Revue*, revista que pretendia dar continuidade ao jornal que editaram durante o processo revolucionário de 1848-1849, *Neue Rheinische Zeitung*. É à revista de 1850 que Lukács se refere nos parágrafos seguintes. (N. E.)

[52] Karl Marx e Friedrich Engels, "Rezensionen aus der *Neuen Rheinischen Zeitung. Politisch-ökonomische Revue* (Viertes Heft, April 1850)", em *Werke*, v. 7 (5. ed., Berlim, Dietz, 1973), p. 266. Disponível em: <www.mlwerke.de/me/me07/me07_255.htm>. Acesso em: 25 jul. 2016. (N. T.)

[53] Idem, "Rezensionen aus der *Neuen Rheinischen Zeitung. Politisch-ökonomische Revue* (Zweites Heft, Februar 1850)", em *Werke*, cit., v. 7, p. 202. Disponível em: <www.mlwerke.de/me/me07/me07_198.htm>. Acesso em: 25 jul. 2016. (N. T.)

Tomando Guizot e Carlyle como exemplos, eles mostram como os ideólogos da burguesia evoluíram à condição de apologistas covardes e deploráveis. O notável período do caráter progressista da burguesia se foi definitivamente. "De fato, não só *les rois s'en vont* [os reis se vão], mas também *les capacités de la bourgeoisie s'en vont* [as capacidades da burguesia se vão]."[54] Essa virada se consuma de modo especialmente abominável e miserável na Alemanha.

> Enquanto o ocaso de classes mais antigas, como a da cavalaria, teve o condão de fornecer material para grandiosas obras de arte trágicas, o filistinismo muito adequadamente não consegue ir além de exteriorizações impotentes de maldade fanática e de uma coletânea de ditados e regras sapienciais ao estilo de Sancho Pança. O senhor Daumer é a continuação esquálida de Hans Sachs, destituída de todo humor. A filosofia alemã, suplicante e pesarosa junto ao leito de morte de sua ama de leite, o filistinismo alemão: este é o quadro comovente que descortina diante de nós a religião da nova era.[55]

(O título do escrito de Daumer é *Religion des neuen Weltalters* [Religião na nova era][56].)

III.

No período posterior a 1848, o desenvolvimento do movimento dos trabalhadores deixou de confrontar Engels com a tarefa de se ocupar com as questões da literatura de modo tão especializado, na forma de uma campanha política atual. No entanto, possuímos em cartas, ensaios menores e observações esparsas uma extensa série de declarações de Engels sobre temas literários, esclarecendo o quanto ele deu continuidade à linha que já conhecemos, bem como concretizou e aprofundou ininterruptamente sua investigação da literatura. Também no decorrer do desenvolvimento posterior de Marx e Engels, a literatura permaneceu um componente essencial da luta ideológica de ambos contra as influências burguesas sobre o proletariado, contra o oportunismo e o sectarismo, pela evolução da consciência revolucionária da classe trabalhadora. A expansão capitalista nos principais países europeus, o surgimento da grande indústria, o crescimento quantitativo do proletariado

---

[54] Ibidem, p. 211. (N. T.)
[55] Ibidem, p. 203. (N. T.)
[56] Georg Friedrich Daumer, *Die Religion des neuen Weltalters. Versuch einer combinatorisch--aphoristischen Grundlegung* (2. v., Hamburgo, Hoffmann, 1850). (N. T.)

e a elevação do nível de sua consciência de classe situam todas essas questões num estágio superior. Mas, em vista dos novos problemas que o movimento operário propõe para a política literária, não seria correto negligenciar a conexão com a fase anterior, os aspectos comuns a todo crescimento do movimento operário revolucionário sob o capitalismo. Engels articula essa relação de modo claro em carta a Becker: "Em um país de filisteus como a Alemanha, o partido precisa dispor também de uma ala filisteia culta, da qual se desfaz no momento decisivo. O socialismo filisteu data de 1844 na Alemanha e já foi criticado no *Manifesto Comunista*. Ele é tão imortal quanto o próprio filisteu alemão"[57]. Engels remete expressamente, portanto, ao período que acabamos de analisar, o que tem importância particular na nossa abordagem de sua atividade teórico-literária.

É óbvio que o problema da influência burguesa sobre a consciência do proletariado de modo algum é exclusivamente alemão. Engels critica esse influxo em cada país, nas formas de expressão específicas que ele adquire em consequência da estrutura econômica e do desenvolvimento histórico da respectiva nação (por exemplo, o proudhonismo na França). Ele critica, com ironia cortante, o crescente aburguesamento do estrato dirigente da classe trabalhadora inglesa: "A coisa mais abjeta aqui é a *respectability* [respeitabilidade] burguesa profundamente incorporada pelos trabalhadores"[58]. Nessa luta contra a capitulação ideológica dos trabalhadores diante da burguesia, contra a acomodação da consciência proletária aos limites impostos pela consciência burguesa, a literatura desempenha um papel extraordinariamente importante. E a crítica literária de Engels se move, em seus traços gerais, sempre na direção do combate mais acirrado possível ao aburguesamento dos trabalhadores.

É consequência natural do desenvolvimento de muitos operários e de muitos proletários revolucionários tornados intelectuais que neles permaneça vivo certo respeito pelos "últimos resultados" da ciência e da arte burguesas, que eles sejam incapazes de apropriar-se destas, de explorá-las tanto quanto seria necessário para o movimento proletário e, ao fazê-lo, preservar a imparcialidade crítica, a irreverência proletária diante da ideologia da

---

[57] Carta de Engels a Johann Philipp Becker em 15 de junho de 1885. Em Friedrich Engels, *Vergessene Briefe (Briefe Friedrich Engels an Johann Philipp Becker) – Ein Beitrag zum 180. Geburtstag* (Berlim, Eigenverlag der Bibliothek des Gewissens Theo Pinkus, 2000). (N. T.)

[58] Carta de Engels a Marx em 7 de outubro de 1858. Em Karl Marx e Friedrich Engels, *Werke*, v. 37 (Berlim, Dietz, 1975), p. 321. (N. T.)

burguesia decadente. (Em especial, Marx e Engels criticam Wilhelm Liebknecht de modo muito veemente por causa do seu respeito exagerado pela cultura burguesa contemporânea.)

Diante dessas tendências, Engels ressalta da maneira mais incisiva possível os lados fracos, vacilantes, ecléticos da produção ideológica burguesa de sua época. Sua avaliação da filosofia burguesa da segunda metade do século [XIX] é conhecida a partir do seu "Feuerbach"[59]. Mas seu respeito pela literatura burguesa não era nem um pouco maior. Quando, certa vez, falou da *"fadaise* [tagarelice], superficialidade, irreflexão, prolixidade e mania de plagiar" da literatura econômica alemã, ele não se esqueceu de acrescentar que esta "só tem equivalente no romance alemão"[60]. Com o mesmo desprezo, Engels se expressa a respeito de Richard Wagner, comparando-o com Dühring[61]. Ele ressalta energicamente a superioridade de Balzac em relação a Zola[62] e, na carta a Lassalle a respeito de seu *Sickingen*, de autoria deste, diz: "Nem mesmo os poucos romances ingleses de melhor qualidade que ainda leio de tempos em tempos, como Thackeray, apesar de sua indiscutível importância para a história da literatura e a história da cultura, conseguiram despertar em mim tal interesse [como por *Sickingen* – G. L.]". Portanto, Engels adverte constantemente os trabalhadores para que não superestimem a produção literária da burguesia de seu tempo, mesmo que se trate das suas criações mais significativas, e preservem em relação a elas a correta postura crítica e revolucionária.

Naturalmente, essa irreverência proletária é, acima de tudo, uma questão política: concessões à ideologia da burguesia, mesuras diante dela podem levar, com muita facilidade, a que os escritores tracem automaticamente para as ações do proletariado o mesmo quadro determinado pela burguesia para o pensamento e a ação da classe trabalhadora; com isso os escritores omitiriam de sua configuração a indignação revolucionária do proletariado. Engels

---

[59] Friedrich Engels, "Ludwig Feuerbach und der Ausgang der klassischen deutschen Philosophie", em Karl Marx e Friedrich Engels, *Werke*, v. 21 (Berlim, Dietz, 1975), p. 259-307. Disponível em: <www.mlwerke.de/me/me21/me21_259.htm>. Acesso em: 25 jul. 2016. (N. T.)

[60] Idem, "Karl Marx,'Zur Kritik der Politischen Ökonomie'", em Karl Marx e Friedrich Engels, *Werke*, v. 13 (Berlim, Dietz, 1971), p. 468. Disponível em: <www.mlwerke.de/me13/me13_468.htm>. Acesso em: 25 jul. 2016. (N. T.)

[61] Idem, *Anti-Dühring: a revolução da ciência segundo o senhor Eugen Dühring* (trad. Nélio Schneider, São Paulo, Boitempo, 2015), p. 108 e 147. (N. T.)

[62] Ver a carta de Engels a Margaret Harkness em 1º de abril de 1888. Disponível em português em: <www.vermelho.org.br/noticia/153628-1>. Acesso em: 25 jul. 2016. (N. T.)

censura de modo incisivo esse erro no romance de Margaret Harkneß, que de resto é cumulado de elogios. Ele lhe escreve:

> Em *Stadtmädchen* [Moça da cidade][63], a classe trabalhadora aparece como uma massa passiva, incapaz de se ajudar e que nem mesmo busca se ajudar. Todas as tentativas de desvencilhar-se da pobreza entorpecedora partem de fora, de cima para baixo. [...] O flamejar revolucionário da classe trabalhadora contra os dominadores, seus esforços de conquistar – convulsiva, semiconsciente ou conscientemente – seus direitos humanos, fazem parte da história e podem reivindicar seu lugar no âmbito do realismo.[64]

O maior empecilho que os escritores que se dedicam aos trabalhadores enfrentam para conferir uma forma revolucionária à indignação tenaz do proletariado é seu enredamento em preconceitos pequeno-burgueses, sua incapacidade de compreender que as condições "idílicas" e "patriarcais" pré-capitalistas não são almejáveis, mas representam a escravização irremediável do proletariado, a formação de uma consciência servil.

> [Foi] precisamente a grande indústria moderna que converteu o trabalhador preso à sua terra em proletário sem posses e ao desamparo da lei, livre de todas as amarras tradicionais, solto no mundo; [foi] precisamente essa revolução econômica que criou as únicas condições sob as quais pode ser subvertida a última forma da espoliação da classe trabalhadora, a da produção capitalista.[65]

Pessoas como Proudhon, que anseiam pela restauração dessas condições, não entendem que haveriam de "reconverter os atuais trabalhadores em espíritos servis e tacanhos, rastejantes e subservientes como eram seus tataravós"[66]. Ou seja, Engels combate tanto a exaltação romântica do passado miserável quanto a mitologia do progresso, como se o capitalismo tivesse melhorado a situação da classe trabalhadora. Com base nesse conhecimento correto da situação dos trabalhadores no capitalismo, Engels exige da literatura proletária a expressão da indignação tenaz, da irreverência revolucionária do proletário desamparado pela lei.

Engels nunca se cansa de apontar exemplos positivos e negativos dessa literatura revolucionária no passado e no presente. Seguidamente ressalta os

---

[63] John Law (Margaret Harkness), *A City Girl: A Realistic Story* (Londres, Garland, 1884). (N. T.)
[64] Tradução da versão alemã da carta. (N. T.)
[65] Friedrich Engels, "Zur Wohnungsfrage", em Karl Marx e Friedrich Engels, *Werke*, v. 18 (5. ed., Berlim, Dietz, 1973), p. 219 [ed. bras.: *Sobre a questão da moradia*, trad. Nélio Schneider, São Paulo, Boitempo, 2014, p. 46]. (N. T.)
[66] Ibidem, p. 225 [ed. bras.: ibidem, p. 53]. (N. T.)

méritos de Fourier, que considera um dos maiores satíricos de todos os tempos por ter feito uma radiografia mordaz abrangente e completa da sociedade burguesa. Engels traduz, entre outros, a velha canção camponesa revolucionária dinamarquesa a respeito do fidalgo Tidmann, que em tempos feudais decide oprimir ainda mais os camponeses e acaba morto por eles. A última estrofe desse belo poema tem o seguinte teor:

> Caído está o fidalgo Tidmann, encharcado de sangue.
> Agora livre, a relha do arado sulca a terra escura,
> Livres correm os porcos pelo mato a engordar,
> Toda a gente de Süder preza isso.

No entanto, em Engels essa reivindicação da irreverência proletária diante das instituições e ideologias burguesas não se limita aos problemas da política em sentido estrito. O autor enfatiza em Fourier o quanto foi profunda, correta, livre e satírica sua crítica do matrimônio e da vida amorosa da burguesia. E, ao expressar-se a respeito de Georg Weerth, ele aborda com muita energia a questão sexual e censura a *"respectability"* pequeno-burguesa idealista dos escritores alemães.

> O aspecto em que Weerth foi mestre, no qual superou Heine (por ser mais saudável e genuíno) e, na língua alemã, só foi superado por Goethe é a expressão da sensualidade e do desejo carnal natural e robusto. [...] Entretanto, não consigo deixar de observar que, também para os socialistas alemães, chegará o momento em que descartarão abertamente este último preconceito filisteu alemão, o pudor moral pequeno-burguês hipócrita, que de qualquer modo serve apenas de manto para encobrir obscenidades dissimuladas. Por exemplo, quando se lê as poesias de Freiligrath, tem-se realmente a impressão de que as pessoas nem sequer possuem órgãos genitais. [...] Já é chegado o tempo em que pelo menos os trabalhadores alemães se acostumem a falar de coisas que eles mesmos fazem diurna ou noturnamente, de coisas naturais, indispensáveis e sumamente prazerosas com a mesma naturalidade com que o fazem os povos latinos, Homero e Platão, Horácio e Juvenal, o Antigo Testamento e a *Nova Gazeta Renana*.[67]

Quando lemos a discussão do Congresso do Partido Social-Democrata Alemão em Gotha (1896), as concepções filisteias moralizantes, cujo critério para a literatura consiste em determinar se ela pode ou não ser disponibilizada para crianças menores, quando verificamos como mesmo Wilhelm Liebknecht

---

[67] Friedrich Engels, "Georg Weerth, der erste und bedeutendste Dichter des deutschen Proletariats", em Karl Marx e Friedrich Engels, *Werke*, cit., v. 21, p. 8. (N. T.)

idealiza o realismo do velho Homero na descrição da vida sexual, vemos como foi necessária essa luta de Engels e quão pouco ele foi compreendido pelas lideranças da Segunda Internacional nessa questão.

Claro que a alusão à questão sexual é apenas um dos muitos aspectos a que Engels recorre para estender a irreverência proletária a todos os âmbitos da vida. Em sua carta a Paul Ernst, ele se diverte, por exemplo, com o jeito burguês solene com que os social-democratas alemães polemizam. Ele escreve, dando um conselho a Ernst sobre sua controvérsia com Hermann Bahr: "Aliás, retornando à nossa vaca fria, a saber, o senhor Bahr, admira-me que as pessoas na Alemanha se tratem de uma maneira tão terrivelmente solene. Piadas e humor parecem mais do que nunca proibidos na Alemanha, e o tédio aparenta ser um dever cívico"[68].

Contudo, por trás de todas essas advertências e conselhos de Engels sempre está a preocupação política com o aburguesamento da consciência dos trabalhadores, a esperança na sã consciência de classe da classe revolucionária, que saberá lidar adequadamente com essas influências burguesas e pequeno-burguesas. Talvez a melhor ilustração disso seja a carta de Engels a Bebel após a eleição vitoriosa, em Hamburgo, sob a "Lei Antissocialista"[69] (1883). Engels escreve:

> Mas o nosso pessoal tem um comportamento mais que exemplar. Essa tenacidade, persistência, elasticidade, presença de espírito e esse humor certo da vitória na luta contra as pequenas e grandes misérias da atualidade alemã são inauditos na história recente do país. Isso se destaca de modo especialmente admirável no confronto com a corrupção, frouxidão e degeneração geral das demais classes da sociedade alemã. Na mesma proporção em que estas comprovam sua incapacidade de governar, evidencia-se de forma brilhante a vocação do proletariado para o governo, sua capacidade de remover toda a velha sujeira.[70]

Em termos metodológicos, a influência burguesa sobre a consciência dos trabalhadores e de seus ideólogos mostra-se, acima de tudo, na predominância de uma limitação nacionalista, no estreitamento filisteu do materialismo

---

[68] Carta de Engels a Paul Ernst em 5 de junho de 1890. Em Karl Marx e Friedrich Engels, *Werke*, v. 22 (Berlim, Dietz, 1972), p. 80-5. (N. T.)

[69] Designação abreviada para *Gesetz gegen die gemeingefährlichen Bestrebungen der Sozialdemokratie* [Lei contra as aspirações perigosas ao bem comum da social-democracia], que proibiu os partidos Social-Democrata, Socialista e Comunista no império alemão de 1878 a 1890 (N. T.)

[70] Carta de Engels a August Bebel em 30 de agosto de 1883. Em Karl Marx e Friedrich Engels, *Werke*, v. 36 (Berlim, Dietz, 1979), p. 56-7. (N. T.)

dialético, na deformação do materialismo histórico em "economicismo", em sociologia vulgar. Engels nunca se cansa de apontar para a perspectiva internacionalista em suas observações de natureza crítico-literária. Ele se esforça para intermediar as experiências estrangeiras entre os diferentes movimentos singulares de trabalhadores também no campo da literatura. Faz isso não só na forma de uma simples tomada de conhecimento do material internacional, mas principalmente visando corrigir os erros e as debilidades nacionais historicamente condicionados de um movimento de trabalhadores por meio da mediação da solução mais generosa para o mesmo problema encontrada em outro país, mediante a exposição ininterrupta do amplo horizonte internacional. A partir desse ponto de vista, Engels critica inclusive uma obra tão importante no plano da literatura quanto *Die Lessing-Legende* [Lenda de Lessing], de Mehring[71]. "No estudo da história alemã, que nada mais é que uma miséria contínua, sempre achei que o parâmetro correto de comparação tinha de ser fornecido pelas épocas francesas correspondentes, porque nelas acontece o exato oposto do que acontece entre nós." Após citar uma série concreta de contrastes desse tipo, Engels chega à seguinte conclusão: "É uma comparação que deixa o alemão sumamente envergonhado, mas, por isso mesmo, é tanto mais instrutiva, e, desde que nossos trabalhadores posicionaram a Alemanha na primeira fileira do movimento histórico, fica um pouco mais fácil engolir a desonra do passado"[72].

Com a mesma determinação com que ressalta o ponto de vista internacionalista, Engels combate durante todo o seu período tardio o enrijecimento e a superficialidade do método dialético. Lenin verificou com profundo sentido histórico que, na época de atividade de Marx e Engels, a "consolidação da filosofia do materialismo de baixo para cima" esteve em primeiro plano. "Foi por isso que, em suas obras, Marx e Engels sublinharam mais o materialismo *dialético* do que o *materialismo* dialético, insistiram mais no materialismo *histórico* do que no *materialismo* histórico."[73] Em seu período seguinte, Engels é forçado a constatar com irritação e indignação que os teóricos mais jovens no

---

[71] Franz Mehring, *Die Lessing-Legende. Eine Rettung, nebst einem Anhang über den historischen Materialismus* (Stuttgart, J. H. W. Dietz, 1893). (N. T.)

[72] Carta de Engels a Franz Mehring em 14 de julho de 1893. Em Karl Marx e Friedrich Engels, *Werke*, v. 39 (Berlim, Dietz, 1968), p. 99-100. (N. T.)

[73] V. I. U. Lenin, "Empiriokritizismus und historischer Materialismus", em *Werke*, v. 14 (Berlim, Dietz, 1975), p. 333 [ed. port.: *Materialismo e empiriocriticismo*, Lisboa, Estampa, 1975]. (N. T.)

e em volta do movimento dos trabalhadores vulgarizam o materialismo histórico até o nível da caricatura. Ele escreve sobre isso a Conrad Schmidt:

> De modo geral, a palavra "materialista" é usada na Alemanha por muitos jovens autores como simples frase com que se pode etiquetar toda e qualquer coisa, sem nenhum estudo mais aprofundado, isto é, cola-se essa etiqueta e acredita-se que isso resolve a questão. Porém, a nossa concepção de história é, antes de tudo, uma diretriz para o estudo, e não uma alavanca de construção ao estilo do hegelianismo. Toda a história tem de ser estudada de maneira nova [...].[74]

Em outra carta a Schmidt, ele diz:

> Teoricamente ainda há muito a fazer, em especial no campo da história econômica e suas conexões com a história política, da história do direito, da história da religião, da história da literatura e da história da cultura em geral, onde somente uma visão teórica clara é capaz de indicar o caminho pelo labirinto dos fatos.[75]

Incansavelmente, Engels explica aos socialistas mais jovens a importância do desenvolvimento desigual, do tratamento não esquemático, dialético, da relação entre infraestrutura e superestrutura, entre conteúdo e forma. É sintomático da condição ideológica da Segunda Internacional que tais cartas – publicadas por Bernstein com essa intenção – tenham sido interpretadas de maneiras diversas como uma "revisão" do marxismo rigoroso pelo velho Engels. Isso se dá porque as correntes dominantes da Segunda Internacional conheciam apenas estes dois extremos, banalizados e contaminados pela burguesia: revisão idealista, "refinamento" do marxismo, ou derivação grosseiramente mecanicista, vulgar, não dialética e direta dos fenômenos ideológicos, da literatura, a partir dos fatos econômicos simplificados de modo banal. Preocupado em preservar a tradição dialética no movimento dos trabalhadores, Engels constantemente remete os teóricos mais jovens ao estudo hegeliano. Ele dá a Schmidt orientações detalhadas de como ler Hegel. Nessas instruções, ele fala também da estética hegeliana: "Para espairecer, posso recomendar-lhe a estética. O senhor ficará admirado depois que tiver apropriado algo do seu conteúdo"[76].

Um exemplo metodológico brilhante e bastante detalhado de como se deve e não se deve tratar manifestações literárias é dado por Engels em sua conhecida

---

[74] Carta de Engels a Conrad Schmidt em 5 de agosto de 1890. Em Karl Marx e Friedrich Engels, *Werke*, cit., v. 37, p. 436. (N. T.)

[75] Carta de Engels a Conrad Schmidt em 17 de outubro de 1889. Ibidem, p. 137-8. (N. T.)

[76] Idem. (N. T.)

carta a Paul Ernst sobre Ibsen e a literatura norueguesa. Ernst trata a pequena burguesia da Noruega conforme a "sociologia" metafísica vulgar da época, aplicando a ela o modelo da pequena burguesia alemã, e tira dessa "investigação sociológica" as conclusões esquemáticas correspondentes. Em sua carta a Ernst, Engels analisa de modo extenso as condições específicas do desenvolvimento da classe burguesa na Noruega e mostra concretamente as causas pelas quais pôde surgir naquele país uma literatura vigorosa, a despeito de todos os seus erros – isto em um período em que a literatura alemã já havia perdido toda e qualquer fisionomia autônoma.

> E quaisquer que sejam os erros, por exemplo, dos dramas de Ibsen, eles refletem para nós um mundo que é de fato pequeno e médio-burguês, mas é imensamente diferente do mundo alemão, um mundo no qual as pessoas ainda têm caráter, iniciativa e agem de modo autônomo, embora muitas vezes bizarro pelos conceitos de fora. Prefiro tomar ciência de algo assim a fundo antes de expressar um juízo sumário.

IV.

Partindo desses pontos de vista políticos, ideológicos e metodológicos, Engels levanta seguidamente a questão do legado. Para o autor, ela está ligada de modo estrito à missão histórico-universal do proletariado, à sua missão de destruir o mundo miserável do presente capitalista e criar uma nova sociedade que promete um grandioso desenvolvimento cultural. Portanto, a exigência da irreverência diante do presente burguês, analisada por nós anteriormente, está intimamente relacionada com a missão histórica do proletariado. Este último será o criador revolucionário de um novo mundo, e não uma pequena oposição reformadora no interior do capitalismo decadente, como desejavam muitas lideranças da social-democracia já na época de Engels. A constante referência ao legado real e considerável do passado é ao mesmo tempo uma conclamação ao proletariado, uma indicação exortativa para as grandes tarefas com que se defronta. Engels frisa reiteradamente que a rejeição do vasto legado histórico (por exemplo, a zombaria em relação aos gregos, aos utopistas etc. por parte de Dühring) sempre anda de mãos dadas com um ridículo enredamento nas mais reles correntes ecléticas da atualidade. Exatamente porque cada vez mais a burguesia se afasta ideologicamente das grandes tradições do desenvolvimento da humanidade, exatamente porque o proletariado não pode tirar do nada sua ideologia militante nem sua posterior nova ordem social e ideologia, a vinculação com os pontos altos do desenvolvimento da humanidade – e justamente com estes, e não com notoriedades irrelevantes do cotidiano – é tarefa indispensável do movimento revolucionário dos trabalhadores.

Como vimos no exemplo de Goethe, a luta pelo legado se efetua em Engels sem nenhuma idealização do passado. Seu esforço simultâneo contra a mitologia do progresso e a glorificação romântica do passado se reveste de importância decisiva exatamente nessa questão. O materialista dialético deve identificar claramente a conexão entre toda grande manifestação literária do passado e a base classista e econômica da qual se originou; por exemplo, não há literatura grega sem escravidão. Mas seria um estreitamento e uma banalização não dialética totalmente inadmissível do problema se restringíssemos o conhecimento da literatura e da arte antigas à constatação da base social e da respectiva manifestação literária. Seria igualmente um desconhecimento não dialético do desenvolvimento desigual se derivássemos os lados "bons" (progressistas) diretamente da análise social, e os lados "maus" (reacionários), das obras e dos autores singulares. O conhecimento das grandes figuras do desenvolvimento literário do passado é bem mais complexo, sobretudo porque – algo que os sociólogos vulgares esquecem ou tornam superficial de forma mecanicista – a literatura é um reflexo da realidade objetiva. A força criativa imorredoura dos notáveis realistas antigos repousa justamente nesse fato. Engels mostra com o exemplo de Balzac, da maneira mais contundente possível, esse processo intrincado e ainda assim evidentemente dialético da gênese do grande realismo. Ele escreve:

> Considero como uma das maiores vitórias do realismo e uma das maiores conquistas do velho Balzac a circunstância de ele ter sido forçado a agir contra suas próprias simpatias de classe e seus próprios preconceitos políticos, de ter reconhecido a inevitabilidade do desaparecimento dos seus diletos aristocratas e de tê-los apresentado como pessoas que não merecem destino melhor, e o fato de ter vislumbrado os verdadeiros homens do futuro.

Para Engels, não se trata dos lados "bons" e "maus" de Balzac nem simplesmente da derivação "sociológica" da origem de sua atividade literária, mas do resgate da grandeza imortal do seu realismo, da rejeição de todo e qualquer abuso com os traços reacionários balzaquianos.

Portanto, segundo Engels, a luta pelo legado é a grande confrontação dos gigantes do passado com os anões do atual desenvolvimento burguês. Esse é o ponto em que a conexão com a vocação histórica do proletariado emerge com mais clareza. No *Anti-Dühring*, o autor escreve o seguinte:

E não são só os trabalhadores: as classes que direta ou indiretamente espoliam os trabalhadores também são escravizadas pela ferramenta de sua atividade; o burguês cabeça-oca, por seu próprio capital e por sua sanha de lucro; o jurista, por suas concepções jurídicas fossilizadas que o dominam como poder autônomo; os "estamentos cultos" em geral, pelas mais variadas estreitezas e unilateralidades provincianas, por sua miopia física e intelectual, por seu aleijamento decorrente de uma educação moldada para uma só especialidade e pelo acorrentamento vitalício a essa mesma especialidade – inclusive quando essa especialidade é a mais absoluta inatividade.[77]

A esses anões degenerados do presente capitalista, Engels contrapõe as figuras gigantescas da Renascença.

Foi essa a maior revolução progressista que a humanidade havia vivido até então, uma época que precisava de gigantes e, de fato, engendrou-os: gigantes em poder de pensamento, paixão e caráter, multilateralidade e sabedoria. Os homens que estabeleceram o moderno domínio da burguesia eram tudo, menos limitados pelo espírito burguês. [...] Os heróis desse período ainda não se achavam escravizados à divisão do trabalho, cuja ação limitativa, tendente à unilateralidade, verifica-se frequentemente entre seus sucessores. Mas o que constituía a sua principal característica era que quase todos participavam ativamente das lutas práticas do seu tempo, tomavam partido e lutavam, este por meio da palavra e da pena, aquele com a espada, muitos com ambas. Daí essa plenitude e força de caráter que faziam deles homens completos. Os sábios de gabinete são a exceção: ou eram pessoas de segunda ou terceira classe, ou prudentes filisteus que temiam queimar os dedos.[78]

Seremos capazes de apreciar corretamente essa confrontação fundada sobre a base das diferentes repercussões próprias do desenvolvimento da divisão social do trabalho apenas se nos lembrarmos de que a grande perspectiva da revolução socialista, a transformação da divisão social do trabalho, praticamente não foi entendida na Segunda Internacional, do quanto se perdeu, na literatura do período dessa organização, da grandiosa perspectiva do desenvolvimento pleno do homem no socialismo. O proudhoniano alemão Mühlberger, por exemplo – contra quem Engels escreveu *Sobre a questão da moradia*[79] –, considerava a superação da divisão social do trabalho entre cidade e campo

---

[77] Friedrich Engels, *Anti-Dühring*, cit., p. 327. (N. T.)
[78] Idem, "Dialektik der Natur", em Karl Marx e Friedrich Engels, *Werke*, v. 20 (Berlim, Dietz, 1962), p. 312 [ed. bras.: *Dialética da natureza*, 4. ed., Rio de Janeiro, Paz e Terra, 1985, p. 16]. (N. T.)
[79] Idem, *Sobre a questão da moradia*, cit. (N. T.)

como mera utopia. E de modo nenhum esta era uma posição isolada na Segunda Internacional, mesmo que nem sempre tenha sido expressa de maneira tão ingênua e franca. Os debates sobre a democracia entre Lenin e Kautsky mostram com extrema clareza o quanto a base "teórica" da traição oportunista perpetrada pelos pensadores da Segunda Internacional consistia em seu enredamento totalmente acrítico nas noções da burguesia. Portanto, a concepção engelsiana do legado significa não só uma enumeração dos pontos de partida para a criação de uma grande literatura proletária própria, mas também uma crítica aniquiladora do presente capitalista, uma libertação do envolvimento em sua miserabilidade, a comprovação plástica do caráter historicamente passageiro dessa época.

Para Engels, a luta pelo legado está vinculada de modo indissolúvel à luta pelo grande realismo na literatura. O autor combate impiedosamente toda concepção idealista na literatura e na teoria literária. Essa linha tem sua expressão mais clara na crítica à tragédia *Sickingen*, de Lassalle. Mas tal esforço não pode ser separado da sua luta contra o pretenso realismo mesquinho do período da burguesia decadente. Depois de fazer uma crítica aniquiladora à caracterização idealista dos personagens de Lassalle, Engels escreve o seguinte: "Com toda razão, o senhor se contrapõe à má individualização ora reinante, que resulta em pura lenga-lenga de sabichões e constitui uma característica essencial da literatura epigonista, que se esvai como água na areia"[80]. Uma análise que, enquanto condenação do *soi-disant* [pretenso] realismo da burguesia decadente e de sua influência sobre a literatura proletária, ainda hoje não perdeu nada de sua atualidade.

O realismo efetivo não parte das qualidades casuais menores dos homens. Engels está de acordo com a intenção lassalliana de moldar seus personagens a partir das grandes lutas históricas do período tratado.

> O verso *Sickingen* está perfeitamente bem encaminhado; os personagens principais da ação são representantes de determinadas classes e tendências, logo, de determinadas ideias de sua época, e descobrem seus motivos não nos desejos individuais mesquinhos, mas justamente na correnteza histórica pela qual são arrastados.[81]

---

[80] Gustav Mayer (org.), *Der Briefwechsel zwischen Lassalle und Marx. Nebst Briefen von Friedrich Engels und Jenny Marx an Lassalle und von Karl Marx an Gräfin Sophie Hatzfeld*, v. II (Stuttgart/Berlim, Deutsche Verlags-Anstalt/Verlagsbuchhandlung Julius Springer, 1922), p. 181. (N. T.)

[81] Idem. (N. T.)

O que Engels censura em Lassalle é a autonomização idealista do típico, sua separação do individual e contingente, e a expressão retórica necessariamente decorrente disso, que faz lembrar Schiller. "Mas o progresso a ser feito seria que esses motivos viessem para o primeiro plano de forma viva, ativa, natural, por assim dizer, mais pelo decurso da própria ação, e que o debate argumentativo, em contraposição, [...] se tornasse cada vez mais supérfluo."[82] Na carta a Minna Kautsky, Engels faz essa reivindicação de modo igualmente incisivo, ainda que sem o tom polêmico: "Cada qual é um tipo, mas, ao mesmo tempo, também um homem singular bem determinado, um 'este', como expressa o velho Hegel, e é assim que deve ser"[83]. Na mensagem a M. Harkneß, ele concretiza a exigência em uma determinação abrangente do realismo: "A meu ver, entende-se por realismo, ao lado da verdade dos detalhes, a reprodução fidedigna dos personagens típicos sob circunstâncias típicas"[84].

Dessa concepção ampla do realismo, fundamentada em termos histórico-dialéticos, que simultaneamente é a formulação perfeita da arte como reflexo da realidade objetiva e, em consequência, tem pretensão de verdade objetiva, decorre naturalmente que, para Engels, Shakespeare é o modelo maior, ainda não superado, da literatura realista. Segundo o autor, Shakespeare constitui o principal contraste tanto à inflação idealista da literatura quanto ao realismo capitalista mesquinho do presente. O escritor inglês reúne em si a vinculação dos grandes motivos típicos permanentes do agir humano com a máxima concreção da individualidade desse agir. Essa concretização só é possível mediante a configuração da peculiaridade individual desse agir. Engels escreve sobre isso a Lassalle: "A meu ver, entretanto, uma pessoa não se caracteriza apenas pelo *que* faz, mas também por *como* ela o faz"[85]. E ele censura o idealista Lassalle por ter negligenciado esse "como" individual, que condiciona uma uniformização dos seus personagens. Nesse aspecto, ele elogia M. Harkneß, porque, a partir de sua narrativa, "talvez pela primeira vez" se ficará sabendo "*como* [destacado por mim – G. L.] o Exército da Salvação tem tal notoriedade entre as massas populares". Também aqui a crítica de Engels

---

[82] Idem. (N. T.)
[83] Carta de Engels a Minna Kautsky em 26 de novembro de 1885. Em Karl Marx e Friedrich Engels, *Werke*, cit., v. 36, p. 394. (N. T.)
[84] Carta de Engels a Margaret Harkness em 1º de abril de 1888. (N. T.)
[85] Gustav Mayer (org.), *Der Briefwechsel zwischen Lassalle und Marx*, cit., v. II, p. 181. (N. T.)

que faz alusão a Shakespeare se mantém atual. A união real e representada do individual com o típico, a elaboração concreta do "como" da ação, do pensamento e do sentimento de cada personagem, ainda é um dos pontos mais fracos de nossa literatura.

A referência de Engels a Shakespeare contém ao mesmo tempo – e isso é bastante característico – a exortação à representação constante da totalidade concreta da sociedade em seu movimento e concomitantemente uma rejeição do isolamento aristocrático da literatura burguesa em relação aos elementos "não oficiais", plebeus, da sociedade. Assim, ele escreve a Lassalle, criticando-o duramente por ter deixado de lado o movimento camponês:

> Na minha visão do drama, [...] a inclusão das esferas sociais plebeias tão maravilhosamente diversificadas daquela época teria fornecido um material bem diferente para dar vivacidade ao drama, teria proporcionado um pano de fundo impagável para o movimento nacional da nobreza, encenado em primeiro plano no palco, e teria lançado sobre esse movimento a luz apropriada.[86]

O realismo de fato grandioso, que obtém sua energia do conhecimento profundo das transformações histórico-universais da sociedade, só pode fazer isso quando realmente abrange todas as camadas sociais, quando rompe com a concepção "oficial" de história e sociedade, e capta em sua representação viva os estratos e correntes sociais que realizam a transformação efetiva da sociedade, a real criação de novos tipos humanos. É descendo a essas profundezas e trazendo-as à tona em sua representação que o grande realista executa a tarefa verdadeiramente original, criativa da literatura. Essa irrupção literária na profundidade, na profundeza da motivação social e humana, esse rompimento da fundamentação superficial dos eventos – tanto dos círculos "oficiais" quanto dos humores cotidianos das próprias massas – constituem, para Engels, o pressuposto necessário da repercussão permanente das obras de arte. Apenas a profundidade com que são refletidas as reais forças motrizes do desenvolvimento social dos homens pode constituir o fundamento do grande realismo na literatura. Com essa crítica, Engels esclarece não só a literatura clássica e a literatura burguesa atual, mas também a literatura revolucionária do proletariado e das classes revolucionárias que o precederam. Também nesse ponto, sua crítica é de um rigor inatacável. Ele escreve a Schlüter sobre a poesia revolucionária do passado:

---

[86] Ibidem, p. 183. (N. T.)

De modo geral, a poesia das revoluções passadas (excetuando sempre a Marselhesa) raramente exerce um efeito revolucionário sobre as épocas posteriores, porque, para agir sobre as massas, precisa reproduzir seus preconceitos do período. Daí provém a asneira religiosa até entre os cartistas.[87]

Partindo desse ponto de vista, Engels pode dizer que aprendeu com Balzac, inclusive a respeito de minúcias econômicas, mais "do que com os livros de todos os historiadores profissionais, economistas e estatísticos somados da época". Também aqui temos uma advertência bastante atual de Engels. Enquanto os autores do período imperialista, orgulhosos do seu culto aos fatos, limitam-se a repetir os dados estatisticamente publicados, os velhos grandes realistas desvendam eventos e conexões situados muito além do horizonte dos economistas e estatísticos comuns. É claro que é possível compreender historicamente essa literatura baseada em fatos como oposição ao esteticismo e formalismo tacanhos da literatura da burguesia decadente, mas trata-se de um mal-entendido grotesco quando autores proletários procuram nela, e não na via do grande realismo indicada por Engels, os recursos para o desvendamento e a configuração da realidade.

Podemos ver no modo como Engels tratou a Renascença o quanto, segundo a concepção do materialismo dialético, todo reflexo significativo e profundo da realidade objetiva na consciência humana – e, portanto, também a literatura e a arte – pressupõe a vinculação íntima entre teoria e práxis. O afastamento dos autores burgueses em relação à práxis de sua própria classe, o decaimento dela, a fossilização e autonomização da literatura em decorrência da divisão capitalista do trabalho, bem como o surgimento do literato capitalista dão origem, de um lado, à corrente da *l'art pour l'art* [arte pela arte] e, de outro, à poesia de tendência [*Tendenzdichtung*] no sentido burguês. A teoria literária da Segunda Internacional fica presa nesse falso dilema da burguesia decadente e a incapacidade de resolver da maneira correta, em termos marxistas, a questão da vinculação entre teoria e práxis no campo da literatura vai muito além dos primórdios da literatura proletário-revolucionária, chegando até o nosso movimento literário. Também nessa questão Engels se contrapõe francamente às duas tendências enganosas do desenvolvimento da literatura burguesa e as confronta com o *tertium datur* da solução dialético-materialista. Marx e Engels nutriam um desprezo tão

---

[87] Carta de Engels a Hermann Schlüter em 15 de maio de 1885. Em Karl Marx e Friedrich Engels, *Karl Marx und Friedrich Engels über Kunst und Literatur: eine Sammlung aus ihren Schriften* (Berlim, B. Henschel, 1948), p. 241-2. (N. T.)

intenso pela essência epigonista da forma artística formalista da *l'art pour l'art* que Marx chegou a elogiar os versos ruins de *Sickingen*, de Lassalle, em contraste com o "acabamento" esmerado dos epígonos. Contudo, para o desenvolvimento da correta concepção marxista de literatura, a luta contra o conceito burguês superficial da tendência é mais urgente. Em seu acerto de contas definitivo com a "Jovem Alemanha", Engels escreve o seguinte sobre essa questão:

> Cada vez mais tornou-se hábito, principalmente do tipo subordinado de literatos, compensar a falta de talento literário com alusões políticas com as quais se sabia que, com toda certeza, chamariam a atenção. Poesias, romances, recensões, dramas, todo produto literário estava repleto de "tendência", como se dizia, ou seja, de declarações mais ou menos medrosas de um espírito hostil ao governo.[88]

Obviamente, Engels exige que toda literatura realista de fato significativa tome partido, tenha tendência. No entanto, esta última não é algo meramente subjetivo, aposto ao material e à forma da poesia de maneira arbitrária, mas deve brotar necessária e organicamente do conteúdo da poesia. Em sua carta a Minna Kautsky, Engels está perfeitamente de acordo com a tendência nesse sentido. "Mas eu acho que a tendência deve surgir da própria situação e ação, sem que se faça referência a ela expressamente, e o poeta não é forçado a dar de mão beijada ao leitor a solução histórica futura dos conflitos sociais que está descrevendo."[89] A tendência afirmada por Engels é, portanto, idêntica ao "elemento do partido" que, segundo Lenin, é inerente ao materialismo. É a grande tendência do desenvolvimento social inerente ao material apresentado em íntima ligação com a práxis social, com o posicionamento histórico e combativo do autor em relação a essas grandiosas lutas histórico-sociais. Portanto, ela nunca é algo meramente subjetivo, uma "profissão de fé" do autor, uma solução utópica dos conflitos sociais projetada por ele. Ela extrai apenas o teor mais profundo, a verdade objetiva mais própria do material vital figurado, e jamais pretenderá ser um aditamento subjetivo mais ou menos independente desse material vital. Também aqui Engels confronta a miserabilidade da poesia de tendência [*Tendenzpoesie*] capitalista com a grande poesia de tendência [*Tendenzdichtung*] de períodos passados; a questão da tendência está indissoluvelmente ligada à questão do legado. Engels escreve a Minna Kautsky:

---

[88] Friedrich Engels, "Revolution und Konterrevolution in Deutschland", cit., p. 14. (N. T.)
[89] Carta de Engels a Minna Kautsky em 26 de novembro de 1885. Em Karl Marx e Friedrich Engels, *Werke*, cit., v. 36, p. 394. (N. T.)

De modo nenhum sou adversário da poesia de tendência [*Tendenzpoesie*] como tal. Ésquilo, o pai da tragédia, e Aristófanes, o pai da comédia, foram ambos poetas fortemente de tendências, não menos o foram Dante e Cervantes, e o melhor aspecto de *Kabale und Liebe* [*Cabala e amor*][90], de Schiller, é ter sido o primeiro drama de tendência político alemão. Os russos e noruegueses modernos, que produzem romances excelentes, são todos poetas de tendência.[91]

Também nesse ponto Engels defende a grande linha histórico-mundial do realismo contra a mistura eclética de simples empirismo e subjetivismo vazio na literatura burguesa contemporânea.

Tal qual faz em todos os campos, na literatura Engels recusa todo utopismo, toda antecipação utópica do desenvolvimento futuro. Na condição de dialético materialista, ele se concentra no conhecimento real das tendências reais do desenvolvimento social, na determinação pontual e concreta da práxis proletária em relação a essas tendências do desenvolvimento. Exatamente por essa via, a saber, pela aplicação do materialismo dialético aos problemas literários, ele e Marx descobriram e elaboraram a linha de desenvolvimento proletário da literatura, levada adiante depois deles pelos seus grandes discípulos Lenin e Stalin, que a defenderam contra toda deformação e distorção oportunistas, aprimorando-a e concretizando-a. A luta de Engels por um grande realismo – enriquecida pelo trabalho teórico leninista – é levada adiante e concretizada no período do proletariado já vitorioso, da construção socialista, pela palavra de ordem stalinista do "realismo socialista"[92]. E quando lutamos na linha literária pela realização da palavra de ordem stalinista do XVII Congresso do PC(b) [Partido Comunista da União (Bolchevique)][93], pela liquidação dos resquícios do capitalismo na consciência dos homens, devemos sempre ter em mente o papel decisivo desempenhado no passado e

---

[90] Ed. bras: *Intriga e amor: uma tragédia burguesa em cinco atos* (trad. Mário Luiz Frungillo, Curitiba, UFPR, 2005). (N. E.)

[91] Idem. (N. T.)

[92] As referência protocolares a Stalin impunham-se como uma necessidade, dadas as condições políticas da União Soviética na década de 1930. Isso, de modo algum, significa, como sugerem alguns, uma adesão incondicional de Lukács ao stalinismo. Ao longo de toda a sua vida, Lukács nutriu uma posição profundamente crítica a Stalin. A propósito da relação de Lukács com o stalisnimo, ver Nicolas Tertulian, "Lukács e o stalinismo", *Verinotio – Revista On-line de Educação e Ciências Humanas*, ano IV, n. 7, nov. de 2007. Disponível em: <www.verinotio.org/conteudo/0.65943372031621.pdf>. Acesso em: 18 set. 2016. (N. E.)

[93] Realizado em Moscou, entre 16 de janeiro e 10 de fevereiro de 1934, ficou conhecido como Congresso dos vitoriosos. (N. E.)

no presente pela atividade teórico-literária e crítico-literária de Engels na elaboração dos fundamentos teóricos dessa linha.

A concretização real dos problemas do realismo põe-se cada vez mais intensamente como um imperativo do momento. A crescente nitidez com que a vida na União Soviética se torna socialista, atingindo até os níveis mais profundos da existência individual, e o ímpeto com que surge diante de nós um novo homem exigem não só o grau máximo da arte realista, mas também evidenciam a incapacidade do realismo "moderno", corrente, superficial, de conferir uma forma adequada a essas questões. E a superação ideológica dos modelos literários e dos métodos criativos do período imperialista ou remodelados conforme a conjuntura converte-se em fenômeno internacional, envolvendo os melhores autores contemporâneos. Heinrich Mann formula essa aspiração com a habitual e louvável franqueza:

> A literatura, quer queira, quer não, está na iminência de se tornar totalmente socialista. Por quê? Porque fora do mundo socialista não poderá subsistir qualquer literatura. Ela inevitavelmente irá na direção dos trabalhadores, porque entre eles o espírito humanitário é respeitado, a cultura é defendida.[94]

O Congresso dos Escritores[95], em Paris, mostra essa virada para o socialismo entre os melhores e mais profundos representantes da literatura atual. Hoje, tal virada já não é a ideia abstratamente confusa dos expressionistas de 1918. Já não se trata de um entusiasmo declamatório vazio, nem de uma simpatia pelo socialismo, nem, de modo correspondente, de uma rejeição abstrata da "condição burguesa" concebida em termos vagos, dissociada da economia. A concreticidade crescente que o socialismo adquire para esses autores corre paralela a uma determinidade cada vez maior da crítica exercitada em relação ao capitalismo decadente, à cultura, à literatura. A grande virada reforça as tendências para o realismo. Ao mesmo tempo, porém, ganha corpo a crítica ao realismo do período imperialista. O grandioso legado do realismo de outrora é invocado com crescente frequência pela nítida sensação de que o naturalismo que meramente retrata as coisas de forma imediata (não importa se por montagem ou psicologia) já não basta como expressão adequada dos principais

---

[94] Heinrich Mann, "Nur das Proletariat verteidigt Kultur und Menschlichkeit", *Deutsche Zentralzeitung*, 10 ago. 1935. (N. T.)

[95] Lukács refere-se aqui ao Congresso Internacional de Escritores pela Defesa da Cultura, organizado por um grupo de que fizeram parte Romain Rolland, Henri Barbusse, André Malraux e André Gide. O evento aconteceu em junho de 1935 (ano em que Lukács escreveu este texto). (N. E.)

problemas da época. Proclama-se a demanda por um realismo que esteja à altura do antigo. A virada político-social dos maiores escritores do nosso tempo necessariamente desencadeia uma análise aprofundada dos métodos contemporâneos da criação artística. O grande reagrupamento ideológico da inteligência intervém a fundo nas questões formais próprias da literatura.

Desse modo, a literatura busca o mesmo nível de formulação dos problemas visando ao realismo como o alcançado por Marx e Engels a seu tempo, sendo praticamente incompreendidos naquela época. Caso se queira uma solução correta e profunda para os desafios que agora emergem, as concepções de Marx e Engels deverão servir novamente de bússola teórica. Qualquer que seja a questão singular concreta desse complexo de problemas que queiramos resolver hoje, deparamos em toda parte com o trabalho teórico fundamental de Friedrich Engels. Seu legado teórico-literário e crítico-literário não deve ser para nós, portanto, um legado morto, mas um componente vivo do nosso tempo, uma arma eficaz na realização de nossas tarefas atuais – significativas para a história universal – no campo da literatura, na consolidação do realismo socialista, cujos problemas tornam-se cada vez mais centrais na literatura universal.

[1935]

Marx e o problema da decadência ideológica

Les personnes faibles ne peuvent être sincères.
[As pessoas fracas não podem ser sinceras.]
La Rochefoucauld

Marx tinha treze anos de idade quando Hegel faleceu e catorze quando da morte de Goethe. Seus anos decisivos de juventude situam-se entre a Revolução de Julho e a Revolução de Fevereiro. O período de sua primeira grande atividade política e publicística é o de preparação da Revolução de 1848 e o da direção ideológica da ala proletária da democracia revolucionária.

Uma das questões críticas centrais da preparação ideológica da Alemanha para a Revolução de 1848 é o debate em torno da dissolução do hegelianismo. Esse processo de desarticulação caracteriza o fim da última grande filosofia da sociedade burguesa.

Ao mesmo tempo, ele se torna um componente importante do surgimento do materialismo dialético. Mas a consolidação da nova ciência do materialismo histórico acarreta também a discussão crítica sobre o surgimento e a dissolução da economia clássica, a maior e mais típica das novas ciências da sociedade burguesa. Como historiador crítico da economia clássica, Marx descobriu a história dessa dissolução e pela primeira vez a registrou por escrito. Sua caracterização abrangente (1820-1830) converte-se simultaneamente na exposição e análise marcantes e multifacetadas da decadência ideológica da burguesia.

Essa decadência começa com a tomada do poder político pela burguesia, quando a luta de classes entre ela e o proletariado se coloca no centro do cenário histórico. Essa luta de classes, diz Marx,

> fez soar o dobre fúnebre pela economia científica burguesa. Não se tratava mais de saber se este ou aquele teorema era verdadeiro, mas se, para o capital, ele era útil ou prejudicial, cômodo ou incômodo, se contrariava ou não as ordens policiais. O lugar da investigação desinteressada foi ocupado pelos espadachins a soldo, e a má consciência e as más intenções da apologética substituíram a investigação científica imparcial.[1]

Cronologicamente, essa análise foi precedida não só pela crítica aos epígonos de Hegel dos anos 1840, mas sobretudo pela crítica grandiosa e abrangente da decadência política dos partidos burgueses na Revolução de 1848. Na Alemanha, tais partidos traíram, com os *Hohenzollern*, os interesses populares da revolução democrático-burguesa e, na França, traíram, com Bonaparte, os interesses da democracia.

A essa crítica segue-se, imediatamente após a derrota da revolução, a crítica dos reflexos científico-sociais de tal traição. Marx conclui sua avaliação sobre Guizot com estas palavras: *"Les capacités de la bourgeoisie s'en vont"* [As capacidades da burguesia desaparecem][2] e, em *O 18 de brumário*, oferece uma fundamentação epigramaticamente condensada dessa sentença:

> A burguesia tinha a noção correta de que todas as armas que ela havia forjado contra o feudalismo começavam a ser apontadas contra ela própria, que todos os recursos de formação que ela havia produzido se rebelavam contra a sua própria civilização, que todos os deuses que ela havia criado apostataram dela.[3]

I.

Percebe-se que, em Marx, há uma crítica abrangente e sistemática da grande virada político-ideológica para a apologia, para a decadência do pensamento burguês como um todo. Por essa razão, obviamente é impossível aqui sequer

---

[1] Karl Marx, *O capital: crítica da economia política*, Livro I: *O processo de produção do capital* (trad. Rubens Enderle, São Paulo, Boitempo, 2013), p. 86. (N. T.)

[2] Idem, "Rezensionen aus der *Neuen Rheinischen Zeitung. Politisch-ökonomische Revue* (Zweites Heft, Februar 1850)", em Karl Marx e Friedrich Engels, *Werke*, v. 7 (5. ed., Berlim, Dietz, 1973), p. 212. Marx comenta o referido escrito de François Guizot logo adiante. (N. T.)

[3] Idem, *O 18 de brumário de Luís Bonaparte* (trad. Nélio Schneider, São Paulo, Boitempo, 2011), p. 80. (N. T.)

nos aproximarmos de uma abordagem completa dessa análise, mesmo que apenas enumerativa. Para fazer um trabalho definitivo seria necessário escrever uma história da ideologia burguesa do século XIX com o auxílio dos resultados da pesquisa de Marx. No que se segue, apenas ressaltaremos alguns pontos de vista importantes – escolhidos de modo consciente a partir da perspectiva da conexão entre a literatura e as grandes correntes sociais, políticas e ideológicas que provocaram essa virada.

Começamos com a fuga da realidade, com a fuga para a supremacia da ideologia "pura", com a liquidação do materialismo e da dialética espontâneos dos representantes do "período heroico" no desenvolvimento burguês. O pensamento dos apologistas passa a fecundar-se não mais nas contradições do progresso social; pelo contrário, ele deseja mitigá-las de modo que correspondam às necessidades econômicas e políticas da burguesia.

Logo após a Revolução de 1848, Marx e Engels criticaram uma brochura de Guizot sobre as diferenças entre as revoluções inglesa e francesa[4]. Antes de 1848, ele havia sido um daqueles historiadores franceses renomados que revelaram cientificamente o papel da luta de classes na história do surgimento da sociedade burguesa. Depois de 1848, Guizot passou a querer provar a qualquer preço que a manutenção da Monarquia de Julho foi um imperativo da razão histórica e que 1848 foi um grande erro.

Para confirmar essa tese reacionária, Guizot virou a história anglo-francesa de ponta-cabeça e esqueceu tudo o que elaborou em sua longa carreira como pesquisador da história. Em vez de usar as diferenças entre o desenvolvimento agrário inglês e francês em relação ao capitalismo nascente enquanto chave para investigar as reais distinções entre as revoluções na Inglaterra e na França, ele parte da legitimidade histórica exclusiva da Monarquia de Julho como se fosse um *a priori* histórico. Guizot projeta no interior do desenvolvimento inglês a supremacia de um elemento religioso e conservador, ignorando completamente a realidade histórica, a saber, acima de tudo, o caráter burguês da propriedade fundiária inglesa e a evolução específica do materialismo filosófico, do Iluminismo.

Os resultados disso são os seguintes. Por um lado: "Com a consolidação da monarquia constitucional termina, para o senhor Guizot, a história inglesa. [...]

---

[4] Trata-se de François Guizot, *Pourquoi la révolution d'Angleterre a-t-elle réussi? Discours sur l'histoire de la révolution d'Angleterre* (Paris, 1850). (N. T.)

Onde o senhor Guizot vê apenas doce sossego e paz idílica, desenvolveram-se, na realidade, os conflitos mais violentos, as revoluções mais decisivas"[5]. Por outro lado, surge – paralelamente a esse descarte dos fatos históricos, das reais forças motrizes da história – uma mistificação: o autor busca "refúgio na fraseologia religiosa, na intervenção armada de Deus. Assim, por exemplo, o Espírito de Deus se apossa do exército de modo repentino e impede Cromwell de proclamar-se rei etc."[6]. Dessa forma, sob a influência da Revolução de 1848, um dos fundadores da ciência histórica moderna se converte em um apologista mistificador do compromisso de classe entre a burguesia e os resquícios do feudalismo.

Essa liquidação de todas as tentativas anteriores dos renomados ideólogos burgueses de compreender com destemor as forças motrizes reais da sociedade, ignorando as contradições descobertas, essa fuga para a pseudo-história ideologicamente ajustada, superficialmente concebida, subjetivística e misticamente distorcida, constitui a tendência geral da decadência ideológica. Do mesmo modo que diante da Revolução de Junho do proletariado parisiense os partidos liberais e democráticos evadiram e se esconderam sob as asas dos Hohenzollern, de Bonaparte e consortes, agora os ideólogos da burguesia também optam pela fuga e preferem inventar os misticismos mais rasos e insípidos a encarar o fato da luta de classes entre burguesia e proletariado, a compreender cientificamente as causas e a natureza dessa luta.

Em termos metodológicos, essa virada se manifesta no fato de – como visto no caso de Guizot – os teóricos buscarem cada vez menos o contato direto com a realidade e, em vez disso, colocarem no centro as discussões formais e verbais com as teorias precedentes.

É claro que o debate com os antecessores desempenha um papel importante em qualquer ciência; ele tinha grande relevância também entre os clássicos da economia e da filosofia. Para estes, porém, tal discussão era apenas *um* ensejo entre muitos para acercar-se mais profunda e multilateralmente da realidade mesma. É só entre os ecléticos da glorificação do vigente que essa teoria científica se afasta da vida que deveria refletir; e ela se afasta na mesma proporção em que aumenta o ímpeto do apologista de falsificar a realidade.

Esse ato da pseudociência eclética de isolar-se diante da vida da sociedade transforma com crescente intensidade os enunciados científicos em fraseologias.

---

[5] Karl Marx, "Rezensionen aus der *Neuen Rheinischen Zeitung*", cit., p. 211. (N. T.)
[6] Ibidem, p. 212. (N. T.)

Foi esse mesmo caráter fraseológico na ligação com o passado e o presente que Marx criticou satiricamente nos "radicais" franceses da Revolução de 1848. Nos grandiosos anos de 1789 até 1793, a relação dos revolucionários com a Antiguidade, inclusive com o vestuário antigo, constituiu um elemento impulsionador da revolução. Quando a "Montanha" de 1848 se adornou com as palavras e os gestos da "Montanha" de 1793, isso foi um simulacro caricatural: as palavras e os gestos encontravam-se em oposição aberta aos feitos reais.

Sobre a virada na ciência escolheremos apenas dois exemplos, um econômico e um filosófico.

De James Mill – com o qual começa essa evolução, embora ele próprio ainda tivesse alguns elementos do autêntico pesquisador –, Marx faz a seguinte caracterização:

> Sua matéria-prima não é mais a realidade, mas a nova forma teórica em que o Mestre a sublimou. Ora *a oposição teórica dos adversários da nova teoria*, ora *o relacionamento muitas vezes paradoxal dessa teoria com a realidade* incitam-no a combater a primeira e eliminar o segundo interpretativamente. [...] Mill quer, de um lado, apresentar a produção burguesa como forma absoluta da produção e, por isso, procura demonstrar que as contradições reais dela são apenas aparentes. De outro lado, busca apresentar a teoria ricardiana como a forma teórica absoluta desse modo de produção e demonstrar que inexistem as contradições teóricas, tanto as sustentadas por outros quanto as que o importunam. [...] É a tentativa pura e simples de apresentar como existente o que não existe. Contudo, é nessa forma *imediata* que Mill tenta solucionar o problema. Assim não é possível resolvê-lo, mas apenas eliminar a dificuldade mediante um raciocínio específico e, portanto, é pura *escolástica*.[7]

Dado que, no caso da dissolução do hegelianismo na Alemanha – a despeito de toda a disparidade do desenvolvimento social e ideológico na Alemanha e na Inglaterra –, tratou-se de um processo cujas raízes sociais, no fundo, eram parecidas com as da desintegração da escola de Ricardo, os fatos e sua avaliação por Marx tinham de apresentar certa semelhança metodológica. Ao criticar Bruno Bauer, o autor resume da seguinte maneira essa análise da concepção filosófica e histórica dos jovens hegelianos radicais: "A expressão abstrata e nebulosa na qual, em Hegel, um conflito real é distorcido vale, para

---

[7] Idem, *Teorias da mais-valia: história crítica do pensamento econômico*, v. III (trad. Reginaldo de Sant'Anna, São Paulo, Difel, 1985), p. 1.139 e 1.142 modif. Os destaques em itálico são do original e foram omitidos no texto de Lukács. (N. T.)

essa mente 'crítica', como o conflito real. [...] A *fraseologia* filosófica sobre uma questão real é, para ele, a própria questão real"[8]. A manifestação mais clara desse método geral da virada apologética no pensamento burguês ocorre quando ele é confrontado com a contradição do progresso da sociedade. O caráter contraditório do progresso é um problema universal do desenvolvimento da sociedade de classes.

Marx determina do seguinte modo esse problema e a necessidade de que o pensamento burguês o solucione unilateralmente a partir de dois pontos de vista contrapostos:

> Os indivíduos universalmente desenvolvidos, cujas relações sociais, como relações próprias e comunitárias, estão igualmente submetidas ao seu próprio controle comunitário, não são um produto da natureza, mas da história. O grau e a universalidade do desenvolvimento das capacidades em que *essa* individualidade se torna possível pressupõem justamente a produção sobre a base dos valores de troca, que, com a universalidade do estranhamento do indivíduo de si e dos outros, primeiro produz a universalidade e multilateralidade de suas relações e habilidades. Em estágios anteriores de desenvolvimento, o indivíduo singular aparece mais completo precisamente porque não elaborou ainda a plenitude de suas relações e não as pôs diante de si como poderes e relações sociais independentes dele. É tão ridículo ter nostalgia daquela plenitude original: da mesma forma, é ridícula a crença de que é preciso permanecer naquele completo esvaziamento. O ponto de vista burguês jamais foi além da oposição a tal visão romântica e, por isso, como legítima antítese, a visão romântica o acompanhará até seu bem-aventurado fim.[9]

Marx demonstra aqui que a defesa burguesa do progresso e a crítica romântica do capitalismo são necessariamente antagônicas. No último período de florescimento da ciência burguesa, esse antagonismo toma corpo nos economistas mais importantes, ou seja, em Ricardo e Sismondi. Com a virada para a apologética, a linha de Ricardo é distorcida e rebaixada à condição de elogio direto e vulgar do capitalismo. A crítica romântica do capitalismo evolui para uma apologética mais complexa e exigente, mas não menos desonesta e eclética, da sociedade burguesa, para seu louvor indireto, sua defesa a partir de seus "lados ruins".

---

[8] Karl Marx e Friedrich Engels, *A ideologia alemã* (trad. Rubens Enderle, Nélio Schneider e Luciano Martorano, São Paulo, Boitempo, 2007), p. 100. O destaque em itálico é do original e foi omitido no texto de Lukács. (N. T.)

[9] Karl Marx, *Grundrisse: manuscritos econômicos de 1857-1858 – esboços da crítica da economia política* (trad. Mário Duayer e Nélio Schneider, São Paulo/Rio de Janeiro, Boitempo/Editora da UFRJ, 2011), p. 110. O destaque em itálico é do original e foi omitido no texto de Lukács. (N. T.)

Voltamos a encontrar em James Mill o ponto de partida metodológico da primeira apologética rasa e direta do capitalismo. Marx caracteriza tal método assim:

> Quando a relação econômica – em consequência, também as categorias que a expressam – abrange antagonismos, contradição e mesmo a unidade de contradições, ele [Mill – G. L.] ressalta o elemento da *unidade* dos antagonismos e nega os *antagonismos*. Ele converte a unidade de antagonismos na identidade imediata deles.[10]

Desse modo, Mill escancara os portões para a mais rasa apologética da economia vulgar. De sua atividade de pesquisa, que em parte ainda podia ser levada a sério, ele descamba de maneira célere para a glorificação irrefletida da "harmonia" do capitalismo, para Say, Bastiat, Roscher. Cada vez mais a economia se restringe à mera reprodução dos fenômenos superficiais. O processo espontâneo da decadência científica opera de mãos dadas com a defesa consciente e venal da economia capitalista.

Marx diz:

> A economia vulgar se considera tanto mais simples, tanto *mais natural*, mais útil à sociedade e tanto mais distante de toda sofisticaria teórica quanto mais se limita, na realidade, a traduzir as representações comuns em uma linguagem doutrinária. Por isso, quanto mais estranhada a forma em que concebe as formações da produção capitalista, tanto mais se aproxima do elemento em que vive a representação comum e, portanto, tanto mais se acha em seu elemento natural. Além disso, daí resultam excelentes serviços para a apologética.[11]

Essa é a linha da apologética simples e direta, a linha ideológica do decaimento da ideologia burguesa à condição de liberalismo covarde e disposto a compromissos.

Mais complexa e bem mais perigosa para nós em dias atuais é a outra posição extremamente unilateral diante do progresso social, pois da versão decadente e vulgarizada que o anticapitalismo romântico desenvolveu bastante cedo por meio de Malthus brotou, no decurso da putrefação do capitalismo, a demagogia social bárbara do fascismo.

Malthus busca elaborar uma defesa do capitalismo a partir das dissonâncias desse sistema econômico. Por isso, é instrutivo comparar sua concepção com

---

[10] Idem, *Teorias da mais-valia*, cit., v. III, p. 1.142-3 modif. Os destaques em itálico são do original e foram omitidos no texto de Lukács. (N. T.)

[11] Ibidem, p. 1.540 modif. O destaque em itálico é do original e foi omitido no texto de Lukács. (N. T.)

as de Ricardo e Sismondi, para ver claramente a oposição entre essa forma da apologética e os dois últimos clássicos da economia política.

Ricardo quer a produção pela produção. Segundo a formulação de Marx, isso significa o "desenvolvimento das forças produtivas humanas, ou seja, o *desenvolvimento da riqueza da natureza humana como fim em si*"[12]. Por essa razão, Ricardo se posiciona intrépida e francamente contra toda classe que, de alguma maneira, inibe esse progresso, portanto, caso necessário, também contra a burguesia. Ora, quando ele equipara com sinceridade cínica, na sociedade capitalista, o proletariado com a maquinaria, com as bestas de carga ou com a mercadoria, esse cinismo é inerente à própria coisa. Ele pode fazer isso, diz Marx, "porque na realidade são meras mercadorias na produção capitalista. Isso é estoico, objetivo, científico. Na medida em que pode fazer isso sem *pecar* contra a sua ciência, Ricardo é sempre filantropo, como o era na *prática*"[13].

A defesa da sociedade capitalista por Malthus segue caminhos totalmente opostos. Marx resume seus principais pontos de vista da seguinte maneira:

> Malthus também quer o desenvolvimento mais livre possível da produção capitalista, só que a condição desse desenvolvimento é a miséria dos seus principais agentes, as classes trabalhadoras, e essa produção deve, ao mesmo tempo, adaptar-se às "necessidades do consumo" da aristocracia e de suas ramificações no Estado e na Igreja, e servir de base material para as exigências arcaicas dos representantes dos interesses remanescentes do feudalismo e do absolutismo monárquico. Malthus deseja a produção burguesa desde que não seja revolucionária, não constitua fator histórico, e sim mera base material mais ampla e cômoda para a "velha" sociedade.[14]

Malthus também estabelece um ponto de contato com a crítica romântica do capitalismo ao ressaltar suas dissonâncias. Foi o que fez Sismondi diante de Ricardo; ele deu relevo aos direitos dos homens singulares que foram aniquilados material e moralmente pelo desenvolvimento capitalista. Por mais unilateral e, em grandes traços, injustificada no sentido histórico que tenha sido essa concepção, por mais que Sismondi tenha sido forçado a buscar refúgio no passado em termos ideológicos, cabe a ele o mérito de descobrir, não obstante, "que a produção capitalista se contradiz. [...] É contundente ao

---

[12] Karl Marx, *Teorias da mais-valia*, cit., v. II, p. 549. (N. T.)
[13] Ibidem, p. 551. (N. T.)
[14] Karl Marx, *Teorias da mais-valia*, cit., v. III, p. 1.107 modif. (N. T.)

avaliar as contradições da produção burguesa, mas não as *compreende* e, por isso, não compreende o processo de sua dissolução"[15].

Apesar de toda a crítica incisiva a essas concepções românticas de Sismondi, Marx constata que ele tem uma noção sobre as contradições e o caráter apenas transitório e histórico da sociedade capitalista. A crítica romântica do capitalismo em Sismondi, a revelação das contradições e dissonâncias que necessariamente estão dadas com ele são, portanto, a realização de um pensador intrépido e honesto.

Diametralmente opostos são o conteúdo e a orientação da exibição das dissonâncias do capitalismo por Malthus. Sobre ele, Marx diz:

> A Malthus não interessa encobrir as contradições da produção burguesa; ao contrário, interessa-lhe destacá-las, por um lado, para demonstrar que a miséria das classes trabalhadoras é necessária [...] e, por outro lado, para provar aos capitalistas que um clero eclesial e um clero estatal cevados são imprescindíveis para proporcionar-lhes uma demanda adequada.[16]

Assim, a decadência da crítica romântica do capitalismo em Malthus aparece já bem cedo em suas formas fenomênicas mais repugnantes e abjetas enquanto expressão ideológica da parcela mais reacionária da burguesia inglesa nas lutas de classes mais renhidas do início do século XIX. Em consequência, Malthus é precursor do declínio extremo da ideologia burguesa, que só depois tomaria o poder geral sob a influência dos eventos internacionais de 1848.

Essa crise rebaixou Thomas Carlyle – um dos representantes mais talentosos e brilhantes do anticapitalismo romântico – à condição de aleijão decadente, de apologista desonesto do capitalismo. Antes disso, Carlyle era um crítico corajoso, profundo e espirituoso dos horrores da civilização capitalista. A exemplo do francês Linguet no século XVIII, a exemplo de Balzac e Fourier no século XIX, que, partindo de pontos de vista de classe e ideológicos diferentes, revelaram de modo intrépido as contradições capitalistas, Carlyle promoveu, em suas obras anteriores a 1848, uma campanha incansável contra o capitalismo dominante, os glorificadores ideológicos de seu caráter progressista isento de problemas, a teoria mentirosa de que esse progresso serviria aos interesses do povo trabalhador.

---

[15] Ibidem, p. 1.111 modif. (N. T.)
[16] Ibidem, p. 1.112 modif. (N. T.)

As tempestades da Revolução de 1848 ocasionaram em Carlyle, como disseram Marx e Engels, o "naufrágio do gênio literário nas lutas históricas que se tornaram agudas"[17].

Nos eventos de 1848, Carlyle não vê a fraqueza, a dubiedade e a covardia da democracia burguesa na defesa dos grandes interesses históricos do povo trabalhador, mas apenas caos, delírio, fim do mundo. A bancarrota da democracia burguesa em 1848, ocasionada de fato pela traição cometida contra o povo, é avaliada em geral por Carlyle como falência da democracia. Ele exige "ordem" em lugar do "caos", isto é, toma posição a favor dos bandidos reacionários que, em 1848, sufocaram a revolução. O autor considera o domínio dos "nobres" na sociedade e sua correspondente estrutura hierárquica como "lei natural eterna".

Mas quem são agora esses nobres? São os "líderes" da indústria. A fraqueza da crítica de Carlyle ao capitalismo, inclusive no seu período militante – tal qual a crítica de outra natureza, mas igualmente romântica, do capital por Sismondi –, foi ter vislumbrado no passado, e não no futuro, o caminho para salvar-se da barbárie da civilização.

No entanto, assim que o antigo "herói" se converteu em "líder industrial" como consequência ideológica do pânico ocasionado nele pela revolução, seu anticapitalismo romântico se transformou em apologética filisteia do sistema capitalista.

O conteúdo dessa apologia já corresponde à baixeza hipócrita do filisteu assustado e ordinário; o que ainda o distingue é o brilho de sua linguagem – que agora se tornou apenas exterior –, são seus paradoxos formais. Mas nem mesmo tal diferença redunda em vantagem para ele. Pois exatamente esse brilho "genial" confere ao filistinismo um poder sedutor demagógico e mentiroso. Marx diz: "Portanto, a nova era em que reina o gênio se diferencia da velha era principalmente porque a chibata tem a pretensão de ser genial"[18]. Carlyle, antes honesto e muito talentoso, desce ao nível espiritual e moral de um Malthus.

Na Inglaterra, a filosofia da defesa do progresso burguês já experimentara antes disso um ocaso inglório. (Na Alemanha, a dissolução da filosofia hegeliana assinala essa etapa do desenvolvimento.) Hobbes e Locke, Helvécio e Holbach foram representantes corajosos e brilhantes da filosofia burguesa do progresso. Esses autores haviam sistematizado filosoficamente as ilusões

---

[17] Karl Marx, "Rezensionen aus der *Neuen Rheinischen Zeitung. Politisch-ökonomische Revue* (Viertes Heft, April 1850)", em Karl Marx e Friedrich Engels, *Werke*, cit., v. 7, p. 255. (N. T.)
[18] Ibidem, p. 264. (N. T.)

referentes ao progresso; contudo, dado que estas foram necessárias em termos da história universal, sua articulação filosófica pôde e teve de levar à revelação de momentos importantes do desenvolvimento histórico real de uma forma profunda e espirituosa. No caso deles e, ao mesmo tempo, no de suas escolas, a defesa do progresso histórico-universal promovido pelo capitalismo constitui, de modo inseparável dela, um desmascaramento intrépido de todas as contradições e atrocidades da sociedade burguesa.

Quem representa bem o declínio vergonhoso dessa grande e gloriosa linha de desenvolvimento filosófica é Jeremy Bentham, o teórico do utilitarismo. Ao passo que o anticapitalismo romântico degenerou em demagogia vistosa e hipócrita, a decadência da filosofia do progresso ficou muito mais patente: assumiu a forma do filistinismo vulgar e indisfarçável. Marx caracteriza esse ocaso, frisando justamente a conexão de Bentham com seus gloriosos precursores:

> Este se limitou a reproduzir, sem espírito, o que Helvetius e outros franceses do século XVIII haviam dito espirituosamente. [...] Com a mais ingênua aridez, ele parte do suposto de que o filisteu moderno, e especialmente o inglês, é o homem normal. O que é útil para esse homem exemplar e seu mundo é útil em si e para si. De acordo com esse padrão, Bentham julga, então, o passado, o presente e o futuro. Por exemplo, a religião cristã é "útil" porque repudia religiosamente os mesmos delitos que o Código Penal condena juridicamente. [O leitor pense na ousadia ateísta daqueles filósofos, de Hobbes a Helvetius. – G. L.] [...] Tivesse eu a coragem de meu amigo H. Heine, chamaria o senhor Jeremy de gênio na arte da estupidez burguesa.[19]

Em Bentham, portanto, toma corpo o filisteu capitalista, e isto, em toda a sua sobriedade filisteia, sem nenhuma auréola romântica. Mas nas análises feitas até este ponto deve ter ficado claro para o leitor que o núcleo social da pompa decorativa anticapitalista-romântica também é o filisteu covarde e sem personalidade da sociedade capitalista. Essa profunda unidade interna deve ser especialmente ressaltada porque nela fica nítido o método marxista em ação no desmascaramento da decadência ideológica: por trás da fachada pomposa de grandes fraseologias que soam profundas e até "revolucionárias" aparece reiteradamente, em consequência do desvelamento marxista, a carranca ao mesmo tempo medrosa e brutal do filisteu capitalista. A forma fenomênica científica desse filistinismo capitalista é o ecletismo, o ato de alçar

---
[19] Karl Marx, O *capital*, Livro I, cit., p. 685, nota 63. (N. T.)

à condição de "método" científico o "por um lado-por outro lado" ao estilo filisteu, o ato de negar as contradições da vida ou – o que dá no mesmo – o ato rígido, superficial, não mediado e incompreendido de confrontar determinações contraditórias. Quanto mais ilustrado se mostra esse ecletismo, tanto mais oco ele geralmente é. Quanto mais "crítica" e "revolucionária" sua máscara, tanto maior é o perigo que representa para a massa trabalhadora que se subleva por razões que ainda não estão bem claras para ela.

Na época da grande crise da ideologia burguesa, Marx criticou essa virada de modo detalhado e esmagador em todos os campos, ou seja, na história, economia, sociologia e filosofia. Ao declínio posterior, ainda mais avançado, Marx e Engels dedicaram uma análise minuciosa apenas em caráter excepcional. (*Anti-Dühring*[20].) De maneira geral, eles falam, com razão, em termos sumários e em tom de menoscabo das "sopas de caridade"[21] ecléticas que passaram a ser preparadas na cozinha da estupidificação ideológica das massas. Oportunistas sabichões e adversários do materialismo dialético se rebelaram contra essa condenação sumária e acusaram Engels de ignorar o desenvolvimento mais recente da ciência por não ter entrado em discussão, por exemplo, com Riehl ou Cohen. Hoje, ocasionalmente, ouvem-se acusações semelhantes com relação a Nietzsche ou Bergson, Husserl ou Heidegger. Elas são tão pouco fundamentadas quanto as que, trinta anos atrás, foram refutadas com ironia brilhante por Lenin em *Materialismo e empiriocriticismo*[22].

Se o leitor lançar um olhar panorâmico sobre a crítica marxiana da ideologia decadente, encontrará, sem nenhum esforço, na mistura eclética de imediaticidade e escolástica, constatada em Mill, a chave para a real compreensão de muitos pensadores modernos considerados profundos.

II.

O fato de a decadência ideológica não levantar problemas fundamentalmente novos advém de uma necessidade social. Suas questões essenciais, assim como as do período clássico da ideologia burguesa, são respostas aos desafios postos

---

[20] Friedrich Engels, *Anti-Dühring: a revolução da ciência segundo o senhor Eugen Dühring* (trad. Nélio Schneider, São Paulo, Boitempo, 2015). (N. T.)

[21] No original, "*Bettelsuppen*" ("sopas distribuídas a mendigos"), alusão a J. W. Goethe, *Fausto* (trad. Alberto Maximiliano, São Paulo, Nova Cultural, 2002), p. 104 e seg.

[22] V. I. U. Lenin, *Materialismo e empiriocriticismo* (Lisboa, Estampa, 1975). (N. T.)

pelo desenvolvimento social do capitalismo. A diferença consiste "meramente" em que os ideólogos mais antigos deram uma resposta honesta e científica, ainda que incompleta e contraditória, ao passo que a decadência escapa covardemente de articular em voz alta o que existe e mascara essa fuga como "cientificidade objetiva" ou como matéria interessante de cunho romântico. Em ambos os casos, ela é, em essência, acrítica, atendo-se à superfície dos fenômenos, à imediaticidade, e interliga de forma eclética fragmentos de ideias contraditórias. Em *Materialismo e empiriocriticismo*, Lenin mostra com brilhantismo como Mach, Avenarius e outros apenas repetem de maneira covarde e tortuosa, com ressalvas ecléticas, aquilo que dissera abertamente Berkeley, o reacionário idealista da época mais antiga.

Portanto, na base dos dois períodos da ideologia burguesa residem objetivamente desafios centrais do desenvolvimento do capitalismo. Nas reflexões anteriores, vimos como os problemas do caráter contraditório do progresso foram banalizados e isolados ecleticamente pelos ideólogos da decadência. Voltamo-nos agora para outro complexo decisivo de questões da sociedade capitalista, a divisão social do trabalho.

A divisão social do trabalho é bem mais antiga que a sociedade capitalista, mas, em decorrência do domínio da relação da mercadoria – que, de modo geral, fica cada vez mais forte –, suas consequências adquirem tal amplitude e profundidade que ela se converte em dimensão qualitativa. O fato fundamental da divisão social do trabalho é a separação entre cidade e campo. Segundo Marx, essa separação é a

> expressão mais crassa da subsunção do indivíduo à divisão do trabalho, a uma atividade determinada, a ele imposta – uma subsunção que transforma uns em *limitados animais urbanos*, outros em *limitados animais rurais* e que diariamente reproduz a oposição entre os interesses de ambos. [Ênfase minha – G. L.][23]

Por sua vez, o outro aspecto igualmente essencial da divisão social do trabalho, a separação entre trabalho físico e trabalho intelectual, aprofunda ininterruptamente esse antagonismo, em especial no desenvolvimento capitalista. Esse desenvolvimento diferencia o trabalho intelectual em diversos campos isolados, que mantêm interesses materiais e intelectuais específicos concorrentes entre si e, de modo correspondente, formam um gênero particular de especialistas. (Pensemos na psicologia particular dos juristas, técnicos etc.)

---

[23] Karl Marx e Friedrich Engels, *A ideologia alemã*, cit., p. 52. (N. T.)

A peculiaridade do desenvolvimento capitalista – para a qual apontou sobretudo Engels em *Anti-Dühring* – consiste em que, nele, também as classes dominantes estão sujeitas à divisão do trabalho[24]. Enquanto as formas mais primitivas da exploração, especialmente as da economia escravista greco-romana, criaram uma classe dominante que foi essencialmente poupada da divisão do trabalho, no capitalismo esta se estende, como Engels mostra de modo jocoso e convincente, aos membros das classes dominantes cuja "especialidade" é a inatividade[25].

Dessa forma, a divisão capitalista do trabalho não só submete a si todos os campos da atividade material e intelectual, mas penetra profundamente na alma de cada homem singular e provoca nela deformações drásticas que, então, aparecem de formas variadas em diversos modos de expressão ideológica. A submissão passiva aos efeitos da divisão do trabalho, a aceitação inconteste dessas deformações psíquicas e morais, bem como até seu aprofundamento e embelezamento pelos pensadores e escritores decadentes constituem um dos mais importantes traços do período da decadência.

No entanto, não se pode levantar essa questão de modo superficial. A visão limitada leva, no período da decadência, a uma ininterrupta lamentação romântica acerca da especialização: uma glorificação romântico-embelezadora das grandes figuras de períodos passados, cuja vida e atividade ainda mostram um universalismo abrangente; enquanto as desvantagens da especialização demasiado estreita são repetidamente ressaltadas e criticadas. O tom básico de todas essas exaltações e lamúrias é este: a especialização cada vez mais estreita seria o "destino" da nossa época, do qual ninguém poderia escapar.

A favor dessa concepção argumenta-se, na maioria das vezes, que a amplitude da ciência moderna teria atingido uma dimensão que já não permite à capacidade de trabalho de um único homem dominar de modo enciclopédico todo o campo do saber humano, ou pelo menos amplas porções dele, sem perder o nível científico e sem se tornar diletante. De fato, se visualizarmos as "sínteses abrangentes" que nos foram presenteadas especialmente pelo pós-guerra, como Spengler, Leopold Ziegler e Keyserling, esse argumento parece comprovar-se. Trata-se realmente de puros diletantes que constroem seus castelos de cartas "sintetizadores" sobre inferências analógicas vazias.

---

[24] Friedrich Engels, *Anti-Dühring*, cit., p. 327. (N. T.)
[25] Idem. (N. T.)

Contudo, na mesma proporção em que, em um primeiro momento, a argumentação soa persuasiva, ela acaba sendo falha. É verdadeiro o fato de que a moderna ciência social burguesa não conseguiu ir além da especialização tacanha, mas as razões se encontram em outro lugar. Elas não residem na dimensão extensa do saber humano, mas no tipo, na tendência do desenvolvimento das ciências sociais modernas. A decadência da ideologia burguesa causou nelas uma mudança tal que já não são capazes de concatenar umas com as outras, o estudo de uma já não promove a compreensão aprofundada da outra. A especialização mesquinha se converteu em método das ciências sociais.

Isso fica muito claro no exemplo de um erudito do nosso tempo que, embora fosse um cientista que operava com exatidão, dispunha de um saber amplo e multifacetado – no entanto, nunca se elevou intelectualmente acima do nível da especialização estreita: no exemplo de Max Weber. Weber foi economista, sociólogo, historiador, filósofo e político. Em todas essas áreas, ele possuía um conhecimento profundo, diferenciado, sendo versado também nos campos da arte e da história da arte. E, apesar disso, não havia nele nenhuma sombra de um universalismo real.

Por quê? Para responder a isso, é preciso lançar um rápido olhar sobre o modo como estavam constituídas as ciências singulares, por meio das quais Weber aspirava atingir um conhecimento universal da história social. Em primeiro lugar, a nova ciência do período da decadência, a sociologia como ciência própria, vem do desejo dos ideólogos burgueses de conhecer a legalidade e a história do desenvolvimento social *separadas da economia*. A tendência objetivamente apologética desse desenvolvimento é manifesta. Após o surgimento da economia marxiana teria sido impossível ignorar a luta de classes como fato fundante do desenvolvimento social, caso estudassem as relações sociais a partir da economia. Para escapar dessa necessidade, a sociologia emergiu como ciência autônoma, e quanto mais ela elaborou seu método específico, tanto mais formalista se tornou, tanto mais substituiu a investigação dos nexos causais na vida social pelas análises formalistas e inferências analógicas vazias.

Paralelamente a esse desenvolvimento, consumou-se a fuga da economia diante da análise do processo global da produção e reprodução em direção à análise dos fenômenos superficiais isolados da circulação. A "teoria da utilidade marginal" do período imperialista é o ponto culminante desse esvaziamento da economia na abstração e no formalismo. Enquanto no período clássico predominava a busca por compreender a conexão dos problemas sociais com os econômicos, o período da decadência interpõe uma barreira artificial, pseudocientífica, pseudometodológica entre eles, criando uma separação que só existe na imaginação. A esse desenvolvimento corresponde o da ciência histórica. Do mesmo modo que, antes do período da decadência, economia e sociologia só puderam ser separadas metodologicamente, nas investigações concretas, *a posteriori*, também a história estava profunda e estreitamente vinculada ao desenvolvimento da produção, ao movimento progressivo inerente às formações sociais. No período da decadência, também nesse ponto a ligação é artificialmente cortada, servindo de maneira objetiva à apologia. Assim como deveria surgir na sociologia uma "ciência normativa" sem conteúdo científico e histórico, também a história deveria ser reduzida à exposição da "unicidade" do decurso histórico, sem tomar em consideração as legalidades da vida social.

Sobre essa base ideológica e metodológica, está claro que o trabalho do economista, o do sociólogo e o do historiador nada mais têm a ver um com o outro, tornando-se incapazes de prestar qualquer ajuda concreta entre si ou de promover-se reciprocamente. Ora, quando Max Weber, unindo em si o sociólogo, o economista e o historiador, fez – acriticamente – uma "síntese" dessa sociologia com essa economia e essa historiografia, necessariamente a separação dessas ciências ao estilo da divisão do trabalho ficou preservada em sua cabeça. O simples fato de um homem dominá-las não era suficiente para fazer com que essas ciências se interpenetrassem dialeticamente ou levassem ao conhecimento de interconexões reais do desenvolvimento social.

Talvez cause surpresa ouvir que um homem versado em tantas áreas como Max Weber tenha se comportado de maneira tão acrítica em relação às ciências, que ele simplesmente as tenha aceitado do modo como foram fornecidas diretamente pelo desenvolvimento do período da decadência. Essa tendência acrítica adquire em Weber um reforço especial por ele também ter sido filósofo. Enquanto tal, como adepto do neokantismo, ele aprendeu a sancionar filosoficamente essa separação e isolamento metodológicos; pela via da filosofia, "aprofundou-se" nele a convicção de que aí reside uma "estrutura eterna" do entendimento humano.

Mas a filosofia neokantiana ensinou a Max Weber outra coisa, a saber, a fundamental ausência de relações entre pensar e agir, entre teoria e práxis. De um lado, a teoria ensina um relativismo total: a igualdade formal de todos os fenômenos sociais, a equivalência interior de todas as forças sociais. Sendo coerente com o sentido do neokantismo, a doutrina científica weberiana requer a completa abstenção do juízo teórico diante dos fenômenos da sociedade e da história.

De modo correspondente, para ele, o agir ético brota de uma resolução mística do "livre-arbítrio", nada tendo a ver com o conhecimento dos fatos. Weber expressa da seguinte maneira essa ideia, esse amálgama eclético de relativismo extremo no conhecimento e mística consumada no agir:

> Também aqui [a saber, na decisão de agir – G. L.] diferentes deuses lutam entre si e para sempre. Acontece, embora em outro sentido, o mesmo que ocorria no mundo antigo, quando ainda se não tinha desencantado dos seus deuses e demônios: tal como o grego oferecia sacrifício, umas vezes a Afrodite, outras a Apolo, mas sobretudo aos deuses da sua cidade, assim acontece ainda hoje, embora o culto se tenha desmistificado e careça da plástica mítica, mas intimamente verdadeira, daquela conduta. Sobre esses deuses e a sua eterna luta decide o destino, decerto não uma "ciência".[26]

Está claro que, com essas concepções, Max Weber não pôde concretizar nenhum universalismo real, mas, quando muito, a união pessoal de um grupo de especialistas de mentalidade estreita em um único homem. E o caráter apologético de fuga que distingue esse enredamento de um ideólogo sumamente talentoso, que trabalhava com seriedade e era subjetivamente honesto, na tacanhice da divisão científica do trabalho do capitalismo decadente pode ser decifrado com facilidade quando se lê as poucas coisas que ele escreveu sobre o socialismo. Em uma conferência, Weber "refuta" a economia socialista, dizendo que o "direito ao fruto integral do trabalho" seria uma utopia irrealizável. Portanto, esse erudito, que teria morrido de vergonha se tivesse deixado passar algum dado relativo à história chinesa antiga, evidentemente não possuía conhecimento da refutação dessa teoria lassalliana por Marx[27]. Ele se rebaixa aqui ao nível do refutador profissional de Marx, ao nível dos filisteus assustados com a "igualdade" promovida pelo socialismo.

---

[26] Max Weber, *Wissenschaft als Beruf: 1917/1919* (Tübingen, J. C. B. Mohr/Paul Siebeck, 1994, Max-Weber-Gesamtausgabe, Seção I: Schriften und Reden, v. 17), p. 17 [ed. port.: *A ciência como vocação*, trad. Artur Morão, p. 24 modif. Disponível em: <www.lusosofia.net/textos/weber_a_ciencia_como_vocacao.pdf>. Acesso em: 30 jul. 2016]. (N. T.)

[27] Ver idem, *Der Sozialismus* (Tübingen, J. C. B. Mohr/Paul Siebeck, 1994, Max-Weber--Gesamtausgabe, Seção I: Schriften und Reden, v. 15), p. 597-633; e Karl Marx, *Crítica do Programa de Gotha* (trad. Rubens Enderle, São Paulo, Boitempo, 2012), p. 26-32. (N. T.)

Já nesse ponto percebe-se claramente como a divisão capitalista do trabalho penetra na alma do homem singular e a deforma, como acaba convertendo um homem intelectual e moralmente muito acima da média em um filisteu tacanho. Essa dominação da consciência humana pela divisão capitalista do trabalho, essa fixação da aparente autonomização dos momentos superficiais da vida capitalista, essa separação ideal entre teoria e práxis, produz também, nos homens que capitulam diante da vida capitalista sem oferecer resistência, uma cisão entre o entendimento e o mundo dos sentimentos.

Aqui se reflete no homem singular o fato de que, na sociedade capitalista, as atividades profissionais especializadas dos homens aparentemente se tornam independentes do processo global. No entanto, ao passo que o marxismo compreende essa contradição viva como consequência de "produção social e apropriação privada", o suposto antagonismo superficial é fixado pela ciência do período da decadência como "destino eterno" dos homens.

Assim, para o cidadão normal, parece que sua profissão assume a forma de uma pequena engrenagem dentro de uma maquinaria gigantesca, de cujo movimento global ele não é capaz de ter a mínima noção. Ora, quando simplesmente se nega – em termos anarquistas – essa conexão, essa necessária sociabilidade na atividade do [homem] singular, a separação permanece, só que agora com uma fundamentação pateticamente negativa, pseudofilosófica. Nos dois casos, a sociedade aparece como uma potência mítica, incompreensível, cuja objetividade fatalista, despida de toda humanidade, confronta-se com o indivíduo de modo ameaçador e incompreendido.

A consequência ideológica necessária desse esvaziamento da atividade social para o [homem] singular é que sua vida privada – aparentemente – passa a transcorrer fora dessa sociedade mitizada. *"My house is my castle"* [Minha casa é meu castelo]: esta é a forma de viver de todo filisteu capitalista. Quando está no seu próprio lar, o "homem simples", que no exercício da sua profissão abaixa a cabeça e se dedica com afinco, libera todos os seus instintos de poder reprimidos e pervertidos. Mas não há como eliminar do mundo a interconexão objetiva dos fenômenos sociais por meio de um reflexo distorcido, por mais obstinada que seja sua fixação ideológica. A socialidade reclama seu direito também sobre esse âmbito estreito e ideologicamente circunscrito da vida privada. Amor, casamento e família são categorias objetivamente sociais, "formas de ser", "determinações da existência" da vida humana.

O reflexo distorcido na alma do filisteu volta a reproduzir aqui o antagonismo falso entre objetividade morta e subjetividade esvaziada. Por um lado, essas formas crescem novamente a ponto de constituir um "destino" fetichizado, mistificado, e, por outro, a vida sentimental do filisteu, que se tornou apátrida, que não se converte em ações, refugia-se ainda mais em uma "pura interioridade". Em última análise, tanto faz se o antagonismo real que surge aqui é eliminado pela negação apologética e o convencional casamento por interesse do burguês é enfeitado com a cintilação hipócrita de um amor individual fictício, ou se a revolta romântica vislumbra em cada realização dos sentimentos humanos um invólucro sem vida, um princípio mortificador, o "destino" da desilusão necessária, e conclama à fuga para a solidão completa. Nos dois casos, as contradições da vida capitalista são reproduzidas de modo deturpado e incompreendido, unilateralmente tacanho e filistino.

Lembremo-nos que, ao analisar a subordinação do homem à divisão capitalista do trabalho, Marx ressalta exatamente o caráter tacanho e animalesco dessa subordinação[28]. Tal elemento tacanho-animalesco repete-se em cada homem que não se rebela concreta e realmente contra essas forças sociais. Ideologicamente, a tacanhice se expressa no antagonismo da visão de mundo em voga nas últimas décadas, no antagonismo entre racionalismo e irracionalismo. A insuperabilidade dessa oposição no pensamento burguês procede justamente do fato de ter raízes muito profundas na vida do homem capitalista, regida pela divisão do trabalho.

Os ideólogos de hoje adornam esse irracionalismo com as cores sedutoras de uma "profundeza primordial". Na realidade, uma linha vital contínua estende-se da superstição tacanha do camponês, passando pelo jogo de boliche e pelo carteado do filisteu, até as "filigranas sem sentido" da vida psíquica, cuja condição apátrida na vida é lamuriada por Niels Lyhne[29]. O racionalismo é uma capitulação direta, passiva e ignominiosa diante das necessidades da sociedade capitalista. O irracionalismo é um ato de protesto contra elas, mas igualmente impotente, igualmente ignominioso, igualmente vazio e irrefletido.

O irracionalismo como visão de mundo consolida, então, esse esvaziamento da alma humana de todos os conteúdos sociais e o confronta de modo rígido e

---

[28] Ver, por exemplo, Karl Marx, *Manuscritos econômico-filosóficos* (trad. Jesus Ranieri, São Paulo, Boitempo, 2004), p. 110. (N. T.)

[29] Jens Peter Jacobsen, *Niels Lyhne* (trad. Pedro O. Carneiro da Cunha, São Paulo, Cosac Naify, 2000). (N. T.)

excludente com o esvaziamento igualmente mistificado do mundo do entendimento. Por essa via, o irracionalismo se torna não só a expressão filosófica, mas também o promotor da crescente falta de cultivo da vida sentimental humana. Paralelamente à decadência do capitalismo e à exacerbação das lutas de classes no período de sua crise aguda, o irracionalismo apela cada vez mais para os piores instintos existentes no homem, para seu lado animal e bestial, necessariamente represado pela opressão no capitalismo. O fato de as palavras de ordem demagógicas e mentirosas do fascismo, invocando o "sangue e o solo pátrio", terem se disseminado de maneira tão célere entre as massas de pequeno-burgueses fascinados deve-se à constatação de que a filosofia e a literatura da decadência, que suscitaram esses instintos em seus leitores – muitas vezes sem ter a mínima ideia de tais aplicações, inclusive rejeitando com indignação essas consequências –, tiveram grande participação objetiva nisso, pois de fato ajudaram a nutrir tais sentimentos.

A conjunção social de sofisticação da individualidade esvaziada e bestialidade desencadeada talvez pareça um tanto paradoxal ao leitor preso aos preconceitos do nosso tempo. Mas ela pode ser demonstrada sem esforço em toda a produção da decadência intelectual e literária. Tomo como exemplo Rainer Maria Rilke, um dos poetas mais delicados e dotados de fina sensibilidade do passado recente. O horrorizar-se com a brutalidade desalmada da vida capitalista é um traço fundamental da fisionomia literária e humana de Rilke. Em uma de suas cartas, ele coloca o comportamento das crianças diante da movimentação absurda dos adultos, seu retirar-se a um canto solitário e abandonado para fugir da azáfama disparatada, como postura exemplar do poeta em relação à realidade. E, de fato, os poemas de Rilke muitas vezes expressam esse sentimento de solidão com uma força de linguagem fascinante.

Olhemos um desses poemas mais de perto. Em *O livro das imagens*[30], Rilke traça o perfil do rei sueco Carlos XII como a corporificação lendária dessa melancolia solitária em meio ao bulício de uma vida beligerante. É solitário que o rei aureolado pela lenda passa sua juventude, sozinho e cheio de tristeza, é solitário que ele cavalga em meio à batalha feroz, e somente no término dessa batalha há um lampejo de calidez em seus olhos. O motivo principal desse poema é o estado de espírito da melancolia solitária. O poeta

---

[30] Rainer Maria Rilke, *Das Buch der Bilder* (Berlim, Insel, 1906) [ed. port.: *O livro das imagens*, trad. Maria João Costa Pereira, Lisboa, Relógio D'Água, 2005]. (N. T.)

se identifica liricamente com ela e pede que mostremos nossa simpatia por tal sentimento. Mas como era essa melancolia fina e solitária na realidade? Rilke descreve momentos líricos da vida do seu herói:

E quando a tristeza o abatia,
Ele amansava uma menina,
Averiguava de quem era o anel que trazia,
E a quem o seu oferecer —
E: para caçar e matar seu noivo
Soltava os cachorros às centenas.[31]

Isso poderia muito bem ter sido ideia de Göring, mas não ocorreria a ninguém atribuir ao corpulento marechal tal encantadora melancolia ao estilo de Rilke. O que provoca mais indignação nesse poema não é a brutalidade bestial em si, mas o fato de o próprio autor, sem dar-se conta, movido por profunda simpatia pela melancolia solitária e pelo refinamento psíquico do seu protagonista, resvalar para dentro dessa bestialidade e nem sequer perceber que fala de modo bestial do que é bestial. Para ele é mero episódio, entretecido no tapete estilizado dos acontecimentos da vida que passam diante da alma do herói lendário sem tocá-la, sem tampouco atingir o poeta de alguma maneira. Segundo Rilke, apenas o estado de espírito melancólico do seu herói é real.

As explosões de raiva animalescas e cruéis do filisteu ordinário expressam essa mesma condição de vida e um sentimento de vida parecido com o desses versos. Acontece que, em tais momentos, os filisteus medianos encontram-se, em grande parte, humanamente acima de Rilke, pois são capazes de intuir que toda essa bestialidade acaba não se coadunando com a existência humana real. O culto irracionalista exclusivo ao refinamento esvaziado tornou o delicado poeta Rilke insensível a tal diferença.

III.

Tal curso do desenvolvimento ideológico é socialmente necessário, mas de modo nenhum em sentido fatalista para cada indivíduo isolado. A única a conhecer um tal fatalismo é a sociologia vulgar, não o marxismo. Neste, a relação entre indivíduo e classe é exposta em toda a complexidade da dialética da realidade. Podemos resumir essa concepção, em função do nosso problema

---

[31] Trata-se do poema "O rei Carlos XII da Suécia cavalga na Ucrânia", cap. 51 de *O livro das imagens*, cit. Tradução nossa. (N. T.)

atual, nos seguintes termos: quanto às limitações postas aos indivíduos pela existência das classes, o marxismo apenas mostra a impossibilidade dos indivíduos de uma classe etc. de "superá-las *en masse* [em massa] sem as abolir. O indivíduo singular pode casualmente ser capaz de fazê-lo"[32]. É claro que a palavra "casualmente" deve ser entendida aqui no sentido da dialética objetiva entre acaso e necessidade.

A relação complexa, desigual, não fatalista entre o ideólogo singular e o destino da sua classe evidencia-se exatamente no fato de a sociedade apresentar apenas na superfície aquela legalidade petrificada, cujo reflexo desfigurador perfaz a essência da ideologia do período da decadência. Na verdade, o desenvolvimento social é uma unidade viva e dinâmica das contradições, a produção e reprodução ininterruptas delas. Acresce-se a isso que somente na sociologia vulgar todo ideólogo, qualquer que seja a classe de onde provém, está encerrado de modo hermético e solipsista no ser e na consciência de sua classe; em contraposição, na realidade, ele sempre se confronta com a sociedade como um todo.

Essa unidade viva e dinâmica dos antagonismos no desenvolvimento da sociedade como um todo, essa unidade contraditória da sociedade como um todo é um traço básico da teoria marxista da sociedade. Marx diz:

> A classe possuidora e a classe do proletariado representam a mesma autoalienação humana. Mas a primeira das classes se sente bem e aprovada nesse estranhamento de si, sabe que a alienação é *seu próprio poder* e nela possui a *aparência* de uma existência humana; a segunda, por sua vez, sente-se aniquilada nesse estranhamento, vislumbra nela sua impotência e a realidade de uma existência desumana. Ela é, para fazer uso de uma expressão de Hegel, no interior da abjeção, a *revolta* contra essa abjeção, uma revolta que se vê impulsionada necessariamente pela contradição entre sua *natureza* humana e sua situação de vida, que é a negação franca e aberta, resoluta e ampla dessa mesma natureza.[33]

Quanto a isso, é sobremaneira importante para o nosso problema observar que o antagonismo aqui presente não é meramente entre burguesia e proletariado, mas ele se manifesta como contradição dentro de cada uma das duas classes. A burguesia possui apenas o aspecto de uma existência humana. Por conseguinte, deve surgir em cada indivíduo burguês um contraste vivo entre aparência e realidade, e depende amplamente dele próprio se ele deixa essa

---

[32] Karl Marx, *Grundrisse*, cit., p. 111. (N. T.)
[33] Karl Marx e Friedrich Engels, *A sagrada família* (trad. Marcelo Backes, São Paulo, Boitempo, 2003), p. 48 modif. (N. T.)

contradição aquietar-se por meio dos anestésicos ideológicos que sua classe lhe injeta de maneira ininterrupta ou se a incoerência permanece viva nele e o leva a rasgar completa ou ao menos parcialmente os revestimentos ilusórios da ideologia burguesa. É óbvio que na esmagadora maioria dos casos a consciência de classe burguesa levará a melhor. Mas nem aqui seu predomínio é automático, incontestado, de modo nenhum é sempre aceito passivamente.

Já mostramos que esse caráter aparente da existência humana se estende a todas as exteriorizações da vida [*Lebensäusserungen*] do burguês. Portanto, de modo nenhum sua sublevação contra esse aspecto precisa conter desde o início uma tendência – e, ainda por cima, consciente – de rompimento com a sua própria classe. Na própria vida esses levantes parciais dos indivíduos surgem de forma ininterrupta e maciça; mas, em especial sob as condições da decadência generalizada, é preciso que o indivíduo tenha muita força intelectual e moral para realmente levar a melhor nesse ponto, para de fato desmascarar como tal a aparência da existência humana. Pois todo o aparato da crítica romântico-apologética do capitalismo existe para desviar tais revoltas, para reconduzir aqueles intelectual e moralmente mais fracos dentre os sublevados ao aprisco das ovelhas brancas do capitalismo, passando pelo diversionismo de uma ideologia "muito radical". Em termos esquemáticos, poder-se-ia enumerar as seguintes possibilidades de desenvolvimento dos indivíduos da classe burguesa:

- em primeiro lugar, a submissão pura e simples do indivíduo à decadência apologética da ideologia da classe (sendo que aqui, naturalmente, não há diferenciação entre as formas diretas e indiretas, nobres e ordinárias da apologética);
- em segundo lugar, rompimento total dos indivíduos intelectual e moralmente superiores com sua classe. Como foi previsto pelo *Manifesto Comunista*, esse é um fenômeno social que se torna importante especialmente em tempos de crises revolucionárias;
- em terceiro lugar, o trágico fracasso de homens supertalentosos em virtude das contradições do desenvolvimento social, da exacerbação dos antagonismos de classe, que eles não conseguiram superar em termos intelectuais nem morais. De tempos passados, citamos o exemplo de Carlyle; em nossos dias, o destino de Gerhart Hauptmann evidencia esses mesmos traços sociais;

- em quarto lugar, o conflito dos ideólogos honestos com sua própria classe, ao experimentarem pessoalmente as grandes contradições da época, seguindo com valentia sua vivência e conferindo expressão destemida a ela. De acordo com as circunstâncias, esse choque, esse conflito com a classe burguesa pode permanecer inconsciente, latente, por longo tempo e de modo nenhum precisa terminar sempre com uma passagem consciente para o lado do proletariado. O significado da situação que surge aqui depende de quão profundamente o respectivo indivíduo vivencia e reflete sobre as contradições da época, até que ponto lhe é possível ir, com coerência, até as últimas consequências tanto interiormente quanto exteriormente. Trata-se, portanto, em grande medida, de um problema intelectual e moral.

É claro que não se trata de um problema puramente individual, de um lado, nem puramente intelectual e moral, de outro. Pois, abstraindo das infinitas possibilidades de variação oferecidas pela situação material e intelectual do indivíduo e das circunstâncias sob as quais precisa atuar em favor ou em desfavor desse desenvolvimento, também as possibilidades de cada um dos campos de atividade ideológicos são, nesse aspecto, muito diferenciadas.

O quadro mais desfavorável se encontra nas ciências sociais. É onde as tradições apologéticas têm mais força; onde a burguesia tem mais sensibilidade ideológica. De modo correspondente, é nesse campo que o rompimento rápido e radical com a classe é praticamente inevitável, uma vez ocorrida uma profunda apreensão intelectual das reais contradições da vida. Todo trabalho honesto e autenticamente científico nas ciências sociais, que vai além da coleta e do agrupamento de material novo, de maneira incontornável vai de encontro a essas barreiras. A defesa franca de um consequente materialismo filosófico, o reconhecimento da teoria do mais-valor na economia com todas as suas decorrências, uma concepção de história que vê a luta de classes como força motriz do desenvolvimento e o capitalismo como forma social passageira etc. levam a uma ruptura imediata e radical com a burguesia. Dado que aqui o princípio da escolha moral é tão extraordinariamente severo, não é de se admirar que os representantes talentosos da ideologia burguesa também capitulem diante das diferentes tradições da apologética e se limitem a uma originalidade exterior na expressão intelectual, a uma simples acumulação de material.

Bem mais complicada é a situação das ciências naturais. A burguesia é forçada – sob pena de ruína – a continuar desenvolvendo a técnica e, assim, também as ciências naturais, ou ao menos conceder ao desenvolvimento das ciências naturais puras um espaço de manobra relativamente amplo. Assim, tais ciências ganharam grande impulso no período da decadência. Em toda parte, os problemas da dialética real na natureza vieram à tona e as molduras rijas da concepção de mundo metafísica mecanicista foram crescentemente destruídas. As mais importantes descobertas teóricas são feitas de maneira ininterrupta. Mas as condições do período da decadência impõem dificuldades extraordinárias e tornam quase impossível avançar desses fatos recém--descobertos e teorias das ciências naturais em direção à sua generalização filosófica, à efetiva clarificação filosófica dos conceitos fundamentais. O terrorismo filosófico da atual burguesia intimida o materialismo espontâneo de cientistas naturais renomados, forçando-os a ponderar e articular de modo oscilante, vacilante e diplomaticamente contido as conclusões materialistas de suas descobertas. Em contrapartida, o predomínio da filosofia da decadência provoca uma conversão dos problemas dialéticos que surgem constantemente em relativismo e idealismo filosóficos reacionários. Lenin explorou exaustivamente essa problemática em seu *Materialismo e empiriocriticismo*.

Aqui, é importante para nós a situação geral ideológico-cultural do período da decadência. Nesse tocante, é preciso ressaltar dois fenômenos correlacionados que lançam uma luz intensa sobre o antagonismo em relação à época precedente:

- em primeiro lugar, o fato de que a filosofia não promove, mas inibe o real desenvolvimento das ciências naturais, principalmente a clarificação do seu método e de seus conceitos fundamentais. Em contrapartida, basta lembrar o período anterior à decadência, quando, de Nicolau de Cusa a Hegel, de Galilei aos grandes cientistas naturais da primeira metade do século XIX, filosofia e ciência natural se enriqueciam de maneira recíproca e ininterrupta, generalizações filosóficas sumamente importantes provieram de cientistas naturais, e filósofos relevantes promoveram o desenvolvimento da matemática e das ciências naturais na consecução direta de suas análises metodológicas;
- em segundo lugar, um contraste gritante torna-se visível no efeito cultural e ideológico amplo das teorias popularizadas das ciências naturais. No período de ascensão, as grandes descobertas da ciência natural, de Copérnico a Darwin, constituíram momentos importantes da revolução geral de

efeitos sociais da consciência das massas. Hoje, nos países capitalistas, os principais avanços da ciência natural moderna quase sempre têm validade apenas depois de passar pelo filtro da filosofia reacionária. Eles são popularizados, penetram na consciência das massas, na medida em que sofrem uma distorção idealista-relativista. Relativismo, combate ao pensamento causal, substituição da causalidade pela probabilidade estática, "desaparecimento" da matéria – tudo isso é usado em larguíssima escala para disseminar um relativismo niilista, uma mística obscurantista.

Nesse desenvolvimento, arte e literatura assumem uma posição peculiar, privilegiada de muitas maneiras. Todavia, não se pode ignorar que também para elas a época foi desfavorável. Pois o contraste com o período anterior, já referido, tem consequências bastante inconvenientes para o progresso dos artistas e escritores. Basta pensar no forte impulso que Goethe e Balzac receberam do surgimento da teoria da evolução e, em contrapartida, nas influências devastadoras que Nietzsche, Freud ou Spengler exercem sobre os autores do nosso tempo.

Contudo, em si e para si, o espaço de manobra – dentro do qual a mais intrépida sinceridade artística não leva a um rompimento completo e franco com sua própria classe, à necessidade da passagem para o proletariado – é incomparavelmente maior do que nas ciências sociais. A literatura é, no plano imediato, a representação de homens singulares e destinos singulares, que tocam as relações sociais de sua época somente em última análise e, em especial, não precisam necessariamente estar em conexão direta com o antagonismo "burguesia-proletariado".

Aqui, ganha validade a perspectiva marxiana anteriormente ressaltada, a saber, o problema das contradições internas no ser da burguesia, que criam um espaço de manobra amplo e fecundo para o desenvolvimento dos escritores e da literatura. Pois, enquanto essas contradições não tiverem se aprofundado nem se tornado manifestas, enquanto não aflorarem de modo visível e inequívoco para todos a ponto de impossibilitar uma reinterpretação, uma distorção social, uma explicação niveladora por parte da burguesia, sempre existirá a tentativa de aproveitar essas obras literárias para os propósitos burgueses. Mencionamos aqui repetidamente o mecanismo complexo da apologética indireta e até da apologética que se disfarça sob verniz pseudorrevolucionário. Ora, faz parte de tal mecanismo o esforço para tirar proveito para esses propósitos de todas as obscuridades sociais que surgem quando os escritores deixam de ir até as últimas consequências em termos de visão de mundo. Foi o que fez com Liev Tolstói – para citar um grande exemplo disso – a burguesia da Rússia após a primeira revolução. Essa política ideológica da burguesia, que, no entanto, tornou-se perigosa e até fatal para muitos autores intelectual ou moralmente mais fracos, fez surgir, por assim dizer, "intermundos" epicuristas na sociedade da decadência capitalista que possibilitaram o desenvolvimento de escritores significativos, viabilizaram seu proceder realista contra a corrente do desenvolvimento e da decadência gerais, bem como do antirrealismo dominante.

No entanto, o reconhecimento desse espaço de manobra específico para o desenvolvimento de realistas importantes no período da decadência geral não pode ser mal-entendido, no sentido de que aquela determinação anterior da literatura – a de que, no plano imediato, esta representa somente homens singulares e destinos humanos singulares, e as grandes contradições sociais aparecem nela apenas em última análise – implique uma abstenção geral da tomada de posição frente aos antagonismos sociais centrais da época por parte de tais realistas. Muito pelo contrário. Quanto mais esses escritores avançaram no conhecimento da realidade social, tanto mais energicamente visualizaram ideológica e literariamente os problemas centrais. Zola talvez tenha sido aquele que expressou esse sentimento da maneira mais marcante: "Agora, toda vez que me aprofundo em um tema, deparo com o socialismo". Mas é de variadas formas (de acordo com as individualidades, circunstâncias sociais, lutas de classes concretas) que autores como Tolstói e Ibsen, Anatole France e Romain Rolland, Shaw e Barbusse, Thomas e Heinrich Mann se confrontam com o complexo dessas contradições centrais.

IV.

A dialética complexa, não fatalista, da necessidade da decadência ideológica indica, portanto, uma saída individual – embora difícil – para os grandes realistas oriundos da classe burguesa.

Isso permite ver que tampouco se trata aqui de uma formulação radicalmente nova da questão, mas apenas da intensificação e exacerbação dos problemas que também determinaram no desenvolvimento anterior o destino da literatura. Em suma: trata-se da "vitória do realismo", que Engels definiu de maneira tão marcante em sua análise de Balzac como o triunfo da configuração realista, do reflexo literariamente correto e profundo da realidade, sobre os preconceitos individuais e de classe balzaquianos[34]. E quando Marx, em *A sagrada família*, submete Eugène Sue a uma crítica aniquiladora em toda linha[35], ele não esquece de indicar que a configuração da personagem Fleur de Marie, na primeira parte do romance, é efetivamente realista.

> Em toda sua terna delicadeza, Fleur de Marie não demora a dar provas de valor, energia, otimismo e caráter flexível, qualidades que apenas podem ser explicadas pelo desdobramento de sua natureza humana dentro de uma situação *desumanizada*. [...] Até aqui vemos Fleur de Marie em sua figura originária [...]. Eugène Sue se elevou acima do horizonte de sua própria concepção de mundo. Ele bateu à cara dos preconceitos da burguesia.[36]

O que interessa, portanto, é investigar mais detidamente as condições específicas da "vitória do realismo" no período da decadência.

Tal vitória não é um milagre, mas o resultado necessário de um processo dialético complexo, da inter-relação frutífera do escritor com a realidade. Todavia, com o início do período da decadência ideológica essa inter-relação se torna cada vez mais difícil, e seu estabelecimento apresenta exigências crescentes à personalidade intelectual e moral do escritor singular. É claro que quem se rende à apologética a ponto de participar, de modo mais ou menos consciente, da adequação da realidade em conformidade com as necessidades da classe dominante perde-se como escritor, mesmo que, no caso de autores talentosos e instintivamente realistas, esse processo muitas vezes seja lento, conflituoso e contraditório.

De uma investigação mais detida e mais profunda carece a situação daqueles escritores que não consumam a capitulação diante da apologética e que, portanto, almejam expressar em suas obras sua própria visão de mundo, sem se preocupar com o aplauso ou a repulsa que receberão. Contudo, uma concepção tão formal, abstrata, kantiana da honestidade literária está longe de ser suficiente para explicar o problema. Uma honestidade subjetiva de fato constitui pressuposto incontornável para a vitória do realismo, mas resulta somente na possibilidade abstrata desta, ainda não em sua possibilidade concreta.

---

[34] Ver a carta de Engels a Margaret Harkness em 1º de abril de 1888. Disponível em português em: <www.vermelho.org.br/noticia/153628-1>. Acesso em: 30 jul. 2016. (N. T.)
[35] Karl Marx e Friedrich Engels, *A sagrada família*, cit., p. 185 e seg. (N. T.)
[36] Ibidem, p. 191 e 194. (N. T.)

Tampouco basta a simples referência à visão de mundo. Sabemos que a relação entre tal perspectiva e o trabalho literário é extraordinariamente complexa. Há casos em que uma visão de mundo política e socialmente reacionária não é capaz de impedir a gênese das maiores obras-primas do realismo, e há casos em que exatamente a posição política progressista de um escritor burguês assume formas que obstaculizam a configuração do seu realismo. Em suma, o que importa aqui é ver se a elaboração da realidade resumida na imagem de mundo do escritor lhe abre um caminho para a consideração imparcial ou ergue uma barreira entre ele e a realidade, inibindo sua dedicação plena à riqueza da vida social.

Está claro que toda a visão de mundo do período da decadência, por ficar colada à superfície irrefletida, por tender para a evasão diante dos grandes problemas da vida social, devido ao seu turvo ecletismo exagerado, presta-se bem para dificultar o acesso dos escritores à análise sem preconceitos e profunda da realidade. A quantidade e a qualidade dos preconceitos a ser superados pelo autor, sem dúvida, crescem com a evolução geral da decadência ideológica. O efeito inibidor dessas aspirações ideológicas ainda é reforçado pelo fato de que a estética do período da decadência evidencia com intensidade cada vez maior tendências antirrealistas enquanto essência da arte e também, desse modo, influencia de forma desfavorável e enganadora o desenvolvimento dos escritores.

Portanto, sob tais circunstâncias social e ideologicamente desfavoráveis, a honestidade dos escritores deve ultrapassar de modo decisivo o plano formal-subjetivo, receber um conteúdo social e ideológico e, mediante a força desse conteúdo, orientar no sentido de não fechar-se, de estar aberta para a realidade, provocando uma confiança interior profunda na realidade assim percebida; só essa confiança poderá fazer surgir a coragem literária na reprodução do mundo visto dessa maneira.

Aqui o leitor será lembrado da epígrafe deste ensaio. Goethe expressou no *Fausto* uma ideia afim em um sentido mais profundo, abrangente e positivo: "Gênios, porém, aos quais nada limita, / Têm no infinito confiança infinita"[37].

No entanto, quando falamos de conteúdo e direção, essas expressões permanecem ainda demasiadamente abstratas. De modo algum se trata, nesse

---

[37] J. W. Goethe, *Fausto: segunda parte* (trad. Jenny Klabin Segall, São Paulo, Editora 34, 2011), p. 135. (N. T.)

caso, apenas de uma concepção correta do mundo nos termos das ciências sociais. Pois isso significaria pedir aos escritores que sua visão de mundo fosse o materialismo dialético. O que importa aqui é uma conexão dupla, estreitamente interligada, que se encontra em constante interação. A imagem ideal do mundo que o autor burguês do período da decadência acolhe em si baseia-se de modo preponderante em uma falsificação consciente ou involuntária da realidade e de suas relações. O realismo espontâneo de todo escritor desvelará e rasgará de maneira contínua essa imagem do mundo, já que ela entra em contradição com a realidade. Nesse tocante, não é decisivo saber até que ponto o escritor é intelectualmente capaz de tirar as conclusões necessárias e certas dessa contradição. O que importa, muito antes, é se, no caso de ocorrer tal conflito, ele dará preferência à realidade corretamente percebida e vivenciada ou à visão de mundo e preconceitos adquiridos.

Esse conflito está latente em cada percepção, em cada vivência da realidade. Os preconceitos do período da decadência desviam a atenção dos homens da apreensão dos fenômenos realmente importantes da época. Mesmo que estes tenham sido intensamente vivenciados, os preconceitos atuam na direção de um "aprofundamento" que induz ao erro, de um desvio do foco da investigação das causas reais mais profundas do fenômeno em questão. Assim surge em todo escritor de propensão realista de dado período uma luta constante contra os preconceitos da decadência ideológica. Mais precisamente, uma luta dupla: a luta pela superação desses preconceitos tanto na análise e avaliação da realidade quanto dentro da própria vida psíquica, em seu posicionamento diante das suas vivências interiores e dos processos psíquicos que se desenrolam nele mesmo. A dificuldade específica reside no fato de que, para a maioria dos escritores do nosso tempo, essa superação literária dos preconceitos intelectuais, sentimentais, morais do período da decadência se dá, via de regra, sob a preservação do aparato ideológico da decadência.

Os dois aspectos se encontram em interação ininterrupta. Contudo, enquanto a já descrita aparência psicológica da divisão capitalista do trabalho não for rompida pelo escritor, enquanto ele aceitar o antagonismo fetichizado do período da decadência, a saber, o antagonismo entre sentimento, vivência e entendimento, também em sua atividade criativa, sem apreender por meio da vivência literária e da criação humana a unidade oculta, conflituosa e contraditória de ambos, não poderá surgir nele a cultura dos sentimentos, sem a qual uma literatura realista realmente significativa é impossível.

Uma das grandes influências educativas de Maksim Górki é essa luta pela cultura da vida sentimental humana, na qual ele vislumbra com toda razão o requisito decisivo para uma nova floração literária. Enquanto atuou como escritor revolucionário no ambiente capitalista, ele polemizou ininterruptamente aquela barbarização da vida sentimental que provocou a decadência em todos os âmbitos da atividade humana, inclusive na literatura. E, após a vitória do socialismo na União Soviética, ele concentrou sua preocupação no exame do fato de que, nas massas progressistas do povo, o combate a essa barbárie do período da decadência se efetuava mais rápida e resolutamente do que entre os escritores; estes eram mais lentos em superar os resquícios ideológicos do capitalismo e seu período da decadência do que seus leitores – por essa razão, ficavam atrás deles em termos de cultura dos sentimentos, em termos de vida.

Em carta a Vsevolod Ivanov, Górki ressalta enfaticamente essa superioridade na cultura dos sentimentos entre a vanguarda da classe trabalhadora. E ele vê exatamente aí a base para um grande estímulo ao desenvolvimento literário futuro, quando o conteúdo dessa cultura tiver se disseminado e aprofundado de modo correspondente. Górki diz sobre esses trabalhadores:

> Seu sentimento do mundo, a emoção que precede o conhecimento do mundo próprio da lógica intelectual – os levará naturalmente à apropriação da lógica das ideias que residem na essência das coisas. Nossos escritores são pessoas pouco cultas ou incultas no que se refere ao sentimento, ainda que tenham lido os livros de Lenin. Eles têm familiaridade com as ideias, mas, no caso deles, as ideias pairam no vazio, não tendo base no sentimento. Esta é – a meu ver – a diferença entre o escritor e o leitor do nosso tempo. A partir dessa distinção, explico para mim mesmo todas as debilidades da nossa literatura atual.

Esse enunciado de Górki se reveste de importância e atualidade ainda maiores na realidade capitalista. Pois o escritor burguês não dispõe de uma visão de mundo idealmente correta nem se relaciona com um círculo de leitores cuja força vital sentimental e sociopolítica poderia fazê-lo evoluir e caminhar na direção da real cultura dos sentimentos. Na realidade capitalista, de modo geral, ele depende apenas de si mesmo. Ele tem de procurar e encontrar, por suas próprias forças, a saída da brenha dos preconceitos que o tolhem. (Fato muito significativo é que as configurações de grandes realistas encontram um círculo amplo e entusiástico de leitores também no período da decadência. Nas circunstâncias do mundo capitalista, porém, essa incidência ampla e popular das obras relevantes do realismo em nada altera o fato de que o escritor está por sua conta, deve buscar e encontrar um caminho até tal configuração, nadando contra a correnteza.)

Como todo apelo significativo a uma verdadeira cultura, o de Górki não traz nada radicalmente novo. Ele reforma as melhores tradições do desenvolvimento da humanidade sob as condições específicas da construção da cultura socialista. Pois o que aqui se chama de cultura dos sentimentos é algo que os velhos tempos progressistas possuíram – à sua maneira, dentro dos necessários limites sociais –, algo que no desenvolvimento burguês foi perdido somente no decorrer do período da decadência. Para evidenciar isso, citaremos aqui um enunciado de Vauvenargues sobre Boileau. A opção por essa passagem, dentre a quantidade infinita de declarações parecidas de escritores do passado, é determinada pelo fato de que a filosofia decadente em moda sempre difama o Iluminismo como a era do "entendimento" unilateral, da negligência da "vida sentimental", e apresenta especialmente Boileau como um "homem racional" árido e dogmático. Vauvenargues diz:

> Boileau prova, tanto por seu exemplo quanto por suas prescrições, que todas as belezas das boas obras se originam da expressão viva e da descrição do verdadeiro; mas essa expressão tão comovente é própria não tanto da reflexão, que está sujeita ao erro, quanto de um sentimento de natureza muito íntimo e muito confiável. Em Boileau, o entendimento não estava separado do sentimento; exatamente nisso consistiu seu instinto.

Essa unidade e integração de vida sentimental e vida racional do homem, essa interpenetração dos sentimentos com a cultura do entendimento, esse reemocionar-se das ideias supremas – o princípio comum ao iluminista Vauvenargues e ao humanista socialista Górki – foram perdidos e destruídos no período intermediário da decadência.

Advém daí o baixo nível intelectual da moderna literatura burguesa – não apenas no sentido das ideias registradas nas obras, mas também do nível espiritual dos homens figurados. Advém daí a crueza, a bestialidade animalesca na configuração da vida sentimental na literatura burguesa do período da decadência. Advém daí o prestígio em constante declínio da literatura burguesa moderna exatamente diante dos poucos homens sérios e cultos da época. Advém daí, todavia, também o êxito estrondoso e animador das poucas obras de fato realistas, baseadas em uma real cultura dos sentimentos e das ideias, produzidas pelo nosso tempo.

O diminuto prestígio social da literatura burguesa moderna deve-se essencialmente ao fato de que os homens que mantêm um vínculo profundo com a vida experimentam cada vez mais a sensação de estarem desperdiçando seu tempo quando se envolvem com essa literatura. A partir dela, eles não conseguem aprender nada novo, nada essencial; a literatura burguesa moderna somente apresenta, de um modo exigente quanto à forma, a mesma coisa que todo homem mediano de qualquer modo já sabe a respeito da vida.

O que é esse novo e essencial? O homem. Em sua crítica a Hegel, Marx diz: "Ser radical é agarrar as coisas pela raiz. Mas, para o ser humano, a raiz é o próprio ser humano"[38]. O imenso poder social da literatura consiste exatamente em que nela o homem aparece de modo imediato, com toda a riqueza de sua vida interior e exterior, de uma maneira tão concreta como em nenhum outro âmbito do reflexo da realidade objetiva. A literatura é capaz de conferir às contradições, às lutas e aos conflitos da vida social a mesma forma que eles assumem na alma, na vida do homem; é capaz de mostrar as conexões desses conflitos do modo como elas se concentram no homem real. Esse é um espaço vasto e significativo de descoberta e investigação da realidade. Nesse nível, a literatura – realmente intensa e realista – consegue fornecer vivências e conhecimentos bastante novos, inesperados e essenciais até para o mais profundo conhecedor dos nexos sociais. Marx frisa isso seguidamente no caso de Shakespeare e Balzac, Lenin, no caso de Tolstói e Górki.

O avanço decisivo na direção de tal conhecimento, de tal vivência literária do homem, consiste na vitória do realismo na literatura. É claro que todo escritor só poderá abrir-se para tal concepção do homem depois de ter superado em relação a si mesmo os preconceitos deturpadores que a ideologia do período da decadência dissemina em suas mais variadas formas sobre homem e mundo, sobre indivíduo e sociedade, sobre a vida interior e exterior da personalidade humana.

No entanto, não há como separar autoconhecimento e conhecimento do mundo. A superação da decadência no próprio homem é impossível sem o conhecimento e a vivência das conexões mais profundas da vida, sem a ruptura da superfície quebradiça e endurecida que, no capitalismo, recobre tais conexões, a unidade contraditória mais profunda, cuja fossilização é

---

[38] Karl Marx, *Crítica da filosofia do direito de Hegel* (trad. Rubens Enderle e Leonardo de Deus, São Paulo, Boitempo, 2005), p. 151 modif. (N. T.)

ideologicamente fixada pela ideologia do período da decadência e mistificada como algo definitivo. A profundidade da concepção literária, do acercamento realista à realidade – não importando como seja formulada intelectualmente a visão de mundo do escritor –, é sempre a paixão de não aceitar nada como resultado morto e acabado, pronto e sem vida, de decompor o mundo humano em uma inter-relação ativa dos próprios homens. Todo realismo efetivo significa, portanto, a ruptura com a fetichização e a mistificação. Quando os preconceitos da sociedade de classes são tão fortes em um escritor que essa dissolução literária da sociedade em relações inter-humanas fracassa, ele deixa de ser realista.

Contudo, exatamente nesse ponto, todo escritor – e, em especial, o escritor do período da decadência – deve começar por si mesmo, dado que a aparência confusa e fetichizante está aninhada em seus próprios sentimentos, vivências e pensamentos, provocando dentro de si a separação e autonomização rígidas entre eles. Não se trata aqui, porém, de uma simples "introspecção", nem de uma autodecomposição puramente interior, nem de uma crítica puramente "objetiva" da sociedade. Somente na interação ativa dessas duas linhas do autoexame pode ocorrer um avanço efetivo na direção das fontes da vida. Mostra-se aqui a veracidade do seguinte enunciado de Marx: "A efetiva riqueza espiritual do indivíduo depende inteiramente da riqueza de suas relações reais"[39].

A consequência desse lugar central do homem real na literatura, dessa sua essência "microcósmica", "antropológica", é que um efetivo e significativo realismo é possível no período geral de decadência literária, mas também pode acontecer uma súbita aceleração de todos os fenômenos de declínio da época. As duas coisas decorrem desse lugar de destaque que o homem real, o homem vivo, ocupa na literatura, derivam da imediaticidade da configuração do homem real. Pois quando tal imediaticidade se converte em ponto focal efetivo dos conflitos ativos de então surge algo grande, novo e essencial que só a literatura realista é capaz de expressar. Em contraposição, se a imediaticidade permanece presa na mistificação fetichizada e decadente da vida capitalista atual, ela se converte em trampolim para o afastamento vazio e pretensioso da literatura em relação à vida, para o esvaziamento do conteúdo da literatura: a literatura se converte em pátio para experimentos formalistas.

---

[39] Karl Marx e Friedrich Engels, *A ideologia alemã*, cit., p. 41. (N. T.)

V.

Dessa essência da literatura se origina o problema da moralidade de teor social do escritor realista, o significado artístico de sua honestidade, seu vigor e sua coragem.

Como vimos, isso significa, em primeiro lugar, a dissolução autocrítica da aparência capitalista na própria psique do escritor. Significa o exame das suas estimulações psíquicas e vivências na história de sua gênese e desenvolvimento em sua aplicação a uma práxis humana. Quando a literatura decadente passa a eliminar da estética literária, com intensidade crescente a ação, a fábula, por considerá-la "antiquada", isso é uma autodefesa das tendências decadentes. Pois a configuração de uma fábula, de uma ação efetiva, inevitavelmente leva a testar os sentimentos e vivências no mundo exterior, a ponderá-los em sua interação viva com a realidade social e a considerá-los leves ou pesados, autênticos ou inautênticos, ao passo que a introspecção psicológica ou surrealista dos decadentes (pouco importa se se trata de Bourget ou de Joyce) oferece à superficialidade da vida interior um espaço de manobra que nada pode limitar ou criticar. A consequência desse perigo que surge do falso subjetivismo, desse esbaldar-se irrefreado da interioridade do escritor, é que ele se encontra diante de um mundo de experimentação livre, no qual pode interferir de modo arbitrário e sem freios. Os personagens não adquirem vida autônoma, independente do escritor. Portanto, a dialética imanente dos seus destinos já não consegue levar o escritor para além de sua intenção, de seus preconceitos originários; já não consegue refutar esses preconceitos por meio da configuração corajosa da marcha efetiva do desenvolvimento na vida. E sabemos que a essência da apologética consiste exatamente nesse ajustamento [*Zurechtrücken*] da realidade. Quanto menos o escritor puder dominar arbitrariamente seus personagens e sua ação, tanto maiores serão as perspectivas de vitória do realismo.

Trata-se aqui de uma faceta muito complexa, muito dialética, da figuração [*Abbildung*] literária da realidade. A estética do Iluminismo simplificou em demasia essa conexão por meio de uma teoria do reflexo [*Abbildtheorie*] mecânica; todavia, a práxis de diversos escritores que enunciaram tais concepções ultrapassa em muito, literariamente, os limites dessa teoria. (Pensemos em Diderot.) Em contraposição, a filosofia alemã clássica ressaltou, com razão, a parte dialética do sujeito criativo, sempre apontando para o fato de que essa subjetividade criativa deve estar a todo tempo direcionada para a reprodução da essência da realidade. Como primeira teoria da arte do período da decadência aparece a "ironia" do romantismo alemão, na qual essa subjetividade criativa já foi absolutizada, na qual a subjetividade da obra de arte já degenerou para um jogo arbitrário com os personagens criados pelo próprio autor.

Na sua crítica a Eugène Sue, Marx reconheceu com clareza e censurou desde o início esse efeito apologético da interferência do escritor no mundo de seus personagens: "Em Eugène Sue, os personagens [...] veem-se obrigados a proclamar como se fosse *sua própria* reflexão, como se fosse o motivo consciente de seus atos, o que não é senão o propósito literário do autor, que os faz agir assim, e não de outro modo"[40].

Obviamente, os decadentes modernos nutrem um desprezo profundo pelos métodos apologéticos primários e relativamente francos de Sue. Eles e os seus defensores teóricos "apenas" esquecem que, pela essência da coisa, qualquer ajustamento da realidade – não importa se grosseiro ou sutil – significa o mesmo, e que o subjetivismo irrefreado e falso forçosamente abre a possibilidade desse ajustamento e até constitui uma tentação para ele. E os mecanismos do capitalismo logo tomam as providências para que essa resistência literária enfraquecida seja explorada em seu proveito.

O controle dos próprios sentimentos e vivências na colisão com a realidade objetiva da vida social influencia profundamente o escritor até mesmo na escolha do seu tema. Para a subjetividade irrefreada surge aqui a pura arbitrariedade: a subjetividade "onipotente" pode ser inserida em qualquer tema, e toda escolha temática decorre apenas de tal introdução arbitrária de vivências subjetivas em um tema que nada tem a ver com ele. (A filosofia subjetivista moderna – a substituição que ela faz da figuração da realidade pela "introjeção", a substituição dos nexos causais pelas inferências analógicas – reforça essa tendência mediante sua influência sobre a visão de mundo dos escritores.)

Para os realistas efetivos, em contraposição, o tema é também produzido e fornecido pelo próprio desenvolvimento histórico-social. Gottfried Keller expressa essa ideia de modo muito marcante e belo em carta a Hettner:

> A totalidade do tema poético se encontra em um ciclo contínuo curioso ou, muito antes, bastante natural. – Não existe nenhuma originalidade soberana individual

---

[40] Idem, *A sagrada família*, cit., p. 206. O destaque em itálico é do original e foi omitido no texto de Lukács. (N. T.)

nem novidade no sentido do gênio arbitrário e dos subjetivistas presunçosos. – Novo, no bom sentido, é apenas aquilo que provém da dialética do movimento cultural.[41]

Assim, uma subjetividade real do escritor, rica e evoluída em termos humanos e artísticos, surgirá apenas mediante tal apreciação do eu, mediante a ultrapassagem das limitações (estabelecidas por Mach) das vivências meramente subjetivas do eu. Isso pressupõe uma experiência de vida rica, uma verificação intensiva das suas próprias vivências em meio aos conflitos com as forças objetivas da vida social. Mas – repetimos – a pedra de toque poética da autenticidade e da profundidade de tal subjetividade literária só pode consistir no invento e concreção de uma ação real.

Essa subjetividade literária já é rica e desenvolvida porque o contraste com a vida desperta nela um amor verdadeiro pela vida e pelo homem. Quanto mais ampla e profundamente se desdobram as atrocidades do capitalismo em decadência, tanto mais contraditório, difícil e paradoxal é esse amor.

Mas esse problema também existe na história das sociedades de classes e especialmente em todo o período do capitalismo. Ele apenas chega a um ponto alto específico no momento da crise geral do sistema capitalista. Schiller já havia compreendido claramente que há dois tipos de postura do escritor diante da vida:

> Os poetas são, em toda parte, por sua definição, os preservadores da natureza. Quando não puderem mais sê-lo inteiramente e já tiverem experimentado em si mesmos a influência destrutiva de formas arbitrárias e artificiais ou, então, tiverem de lutar contra elas, eles atuarão como testemunhas e vingadores da natureza.[42]

Nos dois casos, trata-se de amor pela vida e pelo homem. Pensemos no período de terror da acumulação primitiva na Inglaterra. Em seu maravilhoso livro intitulado *Moll Flanders*[43], o grande realista Defoe descreve com realismo amplo e profundo a vida das pessoas que foram esmagadas pelas engrenagens daquele processo. Esse realismo é diretamente acalentado por seu imenso amor pelo homem; a inquebrantabilidade contraditória, mas, em última análise,

---

[41] Carta de Gottfried Keller a Hermann Theodor Hettner em 26 de junho de 1854. Em Gottfried Keller, *Gesammelte Briefe in vier Bände*, v. 1 (org. Carl Helbling, Berna, 1950-1954), p. 399 e seg. (N. T.)

[42] Friedrich Schiller, "Über naive und sentimentale Dichtung", em *Schillers sämtliche Werke in einem Bande* (Stuttgart/Tübingen, J. G. Gotta'scher, 1839), p. 1.196. (N. T.)

[43] Daniel Defoe, *Moll Flanders* (trad. Donaldson Garschagen, São Paulo, Cosac Naify, 2015). (N. T.)

heroica de sua protagonista só poderia surgir de um tal amor pela vida que não pode ser destruído por nenhum horror da sociedade. Aparentemente, Swift é o antípoda completo de Defoe, e muitos dos seus leitores também se queixam de sua insensibilidade e frieza, especialmente na terrível e desalentadora parte final de *Gulliver*[44]. No entanto, quando se lê essa obra-prima com atenção e empatia, é impossível ignorar quanto amor ardente pela vida, pelo homem, foi necessário para que Swift visualizasse a ruína interior e exterior dos homens causada pela acumulação primitiva: estes últimos, como animais nojentos e malcheirosos em contraposição aos cavalos sábios e bondosos da última seção, corporificação grandiosamente satírica da humanidade real.

Sem sentir pelo homem e pela vida tal amor que abarca necessariamente o ódio mais profundo contra a sociedade, as classes, os homens que o humilham e desfiguram, não surgirá hoje no mundo capitalista nenhum realismo verdadeiramente grande. Esse amor e o ódio que o complementa levam os escritores a descobrir a riqueza das relações da vida humana, a expor o mundo mortificado do capitalismo como uma luta ininterrupta contra tais poderes mortificadores. Por mais que a configuração mostre os homens que vivem atualmente como fragmentos e caricaturas miseráveis do homem, o escritor precisa ter vivenciado em si as possibilidades da existência humana real, seu redundar e sua riqueza, para poder ver e traçar as caricaturas como caricaturas, para vivenciar e deflagrar, a partir do estilhaçamento dos homens em fragmentos, uma disposição para a luta contra o mundo que produz isso a cada dia e a cada hora.

Em contraposição, os escritores que não viram nem vivenciaram esse processo, que descrevem o mundo acabado do capitalismo da maneira como lhes aparece no plano imediato – mesmo que o façam em tom de rejeição sociopolítica –, capitulam, *exatamente na condição de escritores*, diante do "fatalismo" desse desenvolvimento. O modo de configuração da literatura do período da decadência – a configuração de resultados acabados da deformação capitalista do homem, tendo como ingrediente adicional um estado de ânimo elegíaco ou indignado – nada mais é, portanto, que a fixação literária da superfície acrescida de comentários que não tocam nem podem tocar a essência

---

[44] Jonathan Swift, *Travels into Several Remote Nations of the World. In Four Parts. By Lemuel Gulliver, First a Surgeon, and then a Captain of Several Ships* (Londres, Benjamin Motte, 1726) [ed. bras.: *Viagens de Gulliver*, trad. Paulo Henriques Britto, São Paulo, Penguin/Companhia das Letras, 2010]. (N. T.)

da questão. Apesar da extraordinária diversidade externa dos temas e modos de processamento, encontramos na justaposição de objetividade falsa – por ser sem vida – e subjetividade falsa – por ser vazia – a velha determinação marxiana da ideologia da decadência: imediaticidade e escolástica.

VI.

No primeiro momento, a equiparação de imediaticidade e escolástica talvez soe paradoxal para alguns. Em todos os aspectos, porém, é preciso ater-se não a critérios formalistas, mas a parâmetros que iluminem a essência da questão. Ora, por esta última, a escolástica constitui na ideologia do período da decadência um sistema de pensamento extraordinariamente complexo, que opera com determinações muito intrincadas e argutamente urdidas, carentes apenas de um pormenor: elas não se referem à questão em si. A argúcia sentimental e o refinamento vivencial na exposição literária impressionista da realidade compartilham todas essas "vantagens" e carências da escolástica na teoria. Ela acompanha e envolve homens e acontecimentos, sem estar interiormente ligada às reviravoltas decisivas dos seus destinos nem aclarar seus problemas objetivos essenciais, mas, pelo contrário, confundindo-os e obscurecendo-os na mesma proporção em que se torna mais diferenciada e complicada.

Partindo do ponto de vista da estética geral da literatura, havíamos colocado no centro a configuração do homem. Agora podemos acrescentar a título de complemento que esse modo de configuração constitui espontaneamente, a partir de sua própria lógica, um desmascaramento da inumanidade do capitalismo que se torna tanto mais enérgico quanto mais se desdobra e generaliza essa falta de humanidade no curso da crise geral do sistema. O escritor que confere forma a homens reais de modo nenhum precisa ter plena consciência – aliás, não precisa ter nenhuma consciência – de que uma configuração de homens reais em conflitos sociais reais é o início de uma rebelião contra o sistema dominante. Comparações são sempre um pouco enviesadas. E por isso o leitor deve fazer por si mesmo as necessárias ressalvas ao que diremos a seguir.

Muitas vezes já foi dito que em toda greve espreita a hidra da revolução. Lenin combate energicamente as concepções que anunciaram, nesse ponto, o surgimento espontâneo e necessário da revolução a partir de quaisquer greves. Ele enfatiza a necessidade de conscientizar, de generalizar, oferecendo-lhes bases ideológicas, a insatisfação e a indignação dos trabalhadores que se expressam nas greves de modo espontâneo. Contudo, mesmo que tenha contestado, com razão, a conexão linear e obrigatória, Lenin obviamente não nega que, nas greves, manifesta-se uma parcela importante das circunstâncias objetivas e subjetivas que, se levadas adiante de forma consciente e alçadas a um nível ideologicamente superior, convertem os trabalhadores em revolucionários efetivos. De modo igualmente complexo e dialético, o escritor que dá forma a homens reais em confrontos reais se coloca espontaneamente e, na maioria dos casos, inconscientemente em contradição com a sociedade capitalista, desmascarando, a partir de um ponto de vista determinado (ainda que, frequentemente, de modo inconsciente e espontâneo), a inumanidade desse sistema. Quando acompanhamos a evolução de realistas importantes como Anatole France ou Thomas Mann, observamos de modo instrutivo o processo desigual e contraditório de tomada de consciência dessa rebelião espontânea contra o capitalismo decorrente das necessidades impostas pela configuração literária.

Em uma visão superficial, colidem aqui apenas as exigências da efetiva arte literária com a hostilidade geral do sistema capitalista à arte, repetidamente ressaltada por Marx. No entanto, como acontece sempre e em toda parte, também esse antagonismo entre as imposições de harmonia e beleza artísticas, de um lado, e a feiura generalizada da era capitalista, de outro, pode derivar dos grandes problemas de conteúdo da luta das massas.

Durante o desenvolvimento da teoria e práxis literárias do período da decadência, vemos como, do lado burguês, a configuração dos homens reais em meio a conflitos reais vai sendo gradualmente enfraquecida, até que se adapta ao nível de existência humana ainda suportável para a crescente inumanidade do capitalismo. Em termos mais precisos: a teoria do período da decadência não exige da arte a configuração da existência humana real no capitalismo, mas, pelo contrário, a da aparência de existência referida por Marx em uma passagem que citamos anteriormente. Ela exige dos escritores a configuração dessa aparência como único existir possível e real dos homens.

Na medida em que os grandes realistas, independentemente da sua visão de mundo e do material que utilizam, conferem forma à dialética real de aparência e ser da existência humana e desmascaram a aparência enquanto tal por meio do ser ao qual deram forma, eles se opõem espontaneamente ao sistema capitalista, à ideologia do seu período de decadência.

Essa questão é simples e evidente quando se analisa a literatura oficial, ou seja, a literatura reconhecida *de facto* ou pela crítica estética do período da decadência. Sobre a base da adaptação direta à ideologia capitalista, surge em tal literatura uma "harmonia" hipócrita, um raciocinar configurativo que elimina as contradições reais do sistema capitalista. De certa maneira, escritores do tipo de Gustav Freytag dão forma à "humanidade" correspondente aos conflitos no capitalismo real do mesmo modo que a economia vulgar de cunho apologético corresponde às suas contradições econômicas. E, sem mais comentários, fica evidente que, no decurso do processo, essa adaptação leva à produção de uma literatura de entretenimento crescentemente hipócrita, que alcança níveis cada vez mais baixos na configuração do homem levando à assim chamada literatura para as grandes massas.

Mais complexo e menos evidente, mas exatamente por isso mesmo mais importante, é a manifestação desse processo nos escritores talentosos, subjetivamente honestos, do período da decadência. No caso deles, o ater-se à superfície, a falta de uma crítica *configurativa* à inumanidade capitalista, adquire as mais variadas formulações sedutoras, nas quais, na maioria das vezes, os envolvidos acreditam com sinceridade; tais formulações induzem os escritores a ficar presos à superfície – dali por diante, de modo consciente, convictos de ser especialmente "revolucionários" em termos literários ou até políticos e sociais –, a desistir dessa revolta literária mais real e profunda contra a inumanidade capitalista. Podemos apontar aqui somente para algumas das principais tendências dessas ideologias da diversão em relação ao combate literário ao sistema capitalista.

Uma das teorias mais importantes e influentes foi a concepção de que a literatura seria uma espécie de ciência. Ela surgiu sob o influxo do positivismo, paralelamente – e não por acaso – ao surgimento da sociologia moderna, metodologicamente separada da economia. Tal noção "científica" da vida social, que entendia o homem como um produto mecânico do meio ambiente e da hereditariedade, eliminava da literatura, por meio do seu mecanicismo, justamente os conflitos mais profundos da vida humana. Ela os desprezava como conflitos romanticamente exagerados, restritos ao indivíduo, que rebaixam a dignidade objetiva da literatura alçada à condição de ciência. (Pensemos nas observações críticas de Taine e, especialmente, de Zola sobre Balzac.) A configuração real do homem é substituída por uma penca de pormenores superficiais. O lugar das grandes erupções da psique humana contra as facetas inumanas do desenvolvimento social passa a ser ocupado por longas descrições do aspecto animalesco-elementar no homem; o lugar da grandeza ou fraqueza humana nos conflitos com a sociedade, por longas descrições de atrocidades exteriores.

No decurso do desenvolvimento ulterior do período da decadência, essa falsa objetividade da "cientificidade" que mortifica a literatura se repete em níveis cada vez mais altos. O naturalismo alemão já mostra um rebaixamento descomunal do nível criativo e do efetivo espírito de revolta em comparação com Flaubert e Zola. E o renascimento da "objetividade científica" no pós--guerra, na "nova objetividade" [*neue Sachlichkeit*], já usa com bastante frequência essa condição objetiva para fins apologéticos mais ou menos escancarados: em geral, a objetividade é uma atenuação clara e evidente do caráter conflituoso da vida humana, uma capitulação pouco dissimulada diante da inumanidade do capitalismo do pós-guerra.

Obviamente, na literatura e na teoria literária, tal objetividade mortificada sofre muitos reveses. Contudo, na medida em que a objetividade abstrata é confrontada com uma subjetividade igualmente abstrata, o resultado é o mesmo – com claves invertidas. Quer se trate apenas dos poderes fetichizados da vida exterior, quer se trate exclusivamente da psique – em ambos os casos, os conflitos da vida humana real são eliminados da obra literária. As correntes contrárias à "cientificidade" da literatura de fato apelam para a vida dinâmica da interioridade humana, mas abstraem as relações sociais dos homens, que caracterizam como "superficiais" em oposição abstrata ao naturalismo, rejeitando e fetichizando em correspondência, de um modo francamente místico, as assim chamadas "forças eternas" da existência. Dessa forma, surge, por seu turno, um reflexo desfigurado e abstratamente superficial na vida humana, pois falta a luta real dos homens com a sociedade, na sociedade; faltam as determinações objetivas da vida humana, mediante as quais a psique começa a obter e desdobrar sua riqueza interior; todos os pressupostos de uma configuração de fato profunda do homem são afastados – de maneira artisticamente consciente e intencional.

Também aqui podemos lançar luz sobre essa situação apenas por meio de algumas breves indicações. Nos primeiros dramas de Maeterlinck, por exemplo, outrora muito impactantes, a morte foi extirpada artificialmente de todas as relações sociais concretas, de todos os conflitos individuais da vida, para dar-lhe uma forma bastante "imaculada" como "problema eterno" da vida humana. O que se conseguiu com isso? O temor animal diante do simples fato da morte, às vezes descrito de modo tecnicamente cativante – portanto, uma abstração pura do ponto de vista literário. Em contraposição, observemos um grande realista como Tolstói, que também via a morte como um problema central. Ele, porém, seguidamente a configura em conexão com a vida individual e social de homens bem determinados. Por essa razão, na sua obra, a morte aparece sempre de outra forma, rica e complexa – a despeito do temor animal diante da morte, diante de sua hora, em muitos casos ela desempenha um papel importante. Remeto à morte de Nicolau Lévin em *Anna Karênina*[45], à de André Bolkonski em *Guerra e paz*[46] e à de Iván Ilitch em *A morte de Iván Ilitch*[47]. Em todos esses casos, a morte aparece como um mero momento dentro de um contexto individual e social muito rico. Além disso, a morte adquire para Tolstói profunda importância crítico-social: ela desmascara a vida individual e social do indivíduo em questão. Quanto mais significativa tiver sido a própria vida, quanto mais harmônica tiver sido sua ligação com uma existência sócio-humana, tanto menos terror a morte infundirá. O horror diante da morte abstrata, fetichizado por Maeterlinck, surge em Tolstói como o autojulgamento trágico dos homens que, na sociedade de classes, estavam condenados a uma maneira de viver indigna e sem sentido, que mortificava o espírito humanitário já em vida.

Por fim, temos de nos ocupar brevemente com um preconceito literário em geral disseminado sobre a configuração real do homem. Um grande número de escritores e também de leitores diz que a forma ampla da configuração desenvolta do homem feita pelos realistas clássicos não se coaduna com o "ritmo de vida moderno". Esse preconceito tem tão pouco fundamento concreto quanto o da impossibilidade de ultrapassar a especialização da divisão capitalista do trabalho, do qual já falamos ao tratar de Max Weber.

O "ritmo de vida moderno" como critério da configuração produz em muitos escritores atuais (também em alguns soviéticos) um nível de apreensão e exposição dos homens que corresponde mais ou menos à observação da personalidade humana que se costuma alcançar com conhecimentos obtidos durante uma viagem de trem. Essa tendência é alicerçada em termos teóricos de muitas formas. Ela é reforçada pelas orientações filosóficas subjetivistas da época que dissolvem tudo o que é objetivo em percepções e negam tanto a objetividade do mundo exterior quanto a personalidade humana. "O eu é irremível" (Mach), e Nietzsche, enquanto teórico consequente da decadência

---

[45] Leon Tolstoi, *Anna Karênina* (trad. Sérgio Lozar, Belo Horizonte, Itatiaia, 2007), p. 353-64. (N. T.)
[46] Idem, *Guerra e paz* (trad. Oscar Mendes, Belo Horizonte, Itatiaia, 2008), p. 743-6. (N. T.)
[47] Idem, *A morte de Iván Ilitch e outras histórias* (trad. Tatiana Belinky, São Paulo, Pauliceia, 1991), p. 113-81. (N. T.)

e digno precursor de Mach, vê a configuração poética dos homens, a criação de personagens, como algo pura e simplesmente superficial: "E o poeta corresponde a esta nossa atitude *muito imperfeita* para com o homem na medida em que faz (e neste sentido 'cria') esboços de gente tão superficiais quanto o nosso conhecimento das pessoas. [...] A arte procede da natural *ignorância* do homem sobre o seu interior (corpo e caráter) [...]"[48].

Mas o que é esse famoso "ritmo da vida"? Justamente a inumanidade do capitalismo, que deseja reduzir as relações dos homens à exploração recíproca, a lograr e não ser logrado; em correspondência com ela, o capitalismo desenvolve nos envolvidos, nesse nível superficial abstrato, em que todo o humano é eliminado, uma perspicácia praticista, um conhecimento humano vulgarmente utilitarista, cuja essência consiste exatamente no completo ignorar de tudo que é humano.

Obviamente, muitos escritores que criam suas formas sobre a base desse "ritmo da vida" e de suas consequências artísticas (por exemplo, Dos Passos) conscientemente desejam o exato oposto. Eles julgam ser adversários francos e encarniçados do sistema capitalista. Mas, em termos literários, essa intenção sociopolítica de oposição só se manifesta na superfície, a saber, somente na abstrata tendência político-social. Nesses casos, surge um utilitarismo revolucionário abstrato no plano literário: a configuração do homem, a manifestação visível de sua peculiaridade individual, é reduzida às suas funções abstratas na luta de classes do mesmo modo que fazem os escritores que capitulam de modo direto e bastante normal ou os que capitulam de modo indireto e anarquista diante do mundo capitalista, que reduzem a configuração do homem à sua função na "luta pela existência" própria do capitalismo. A inumanidade desse sistema aparece na configuração a partir de tal "ritmo de vida" como um *a priori* fatalista da nossa época.

É indiferente para a essência da questão se esse modo de exposição é puramente ascético, renunciando a pormenores, ou se aparece adornado com minúcias (naturalistas, surrealistas). Pois aqui foi apagada definitivamente a contradição dialética real da vida social dos homens, decisiva para a configuração literária dos homens e formulada por Marx certa vez no sentido de que os indivíduos pertencem à sua classe "apenas como indivíduos médios"[49] e que, portanto, sua

---

[48] F. W. Nietzsche, "Menschliches Allzumenschliches. Ein Buch für freie Geister", em *Werke in drei Bänden*, v. 1 (Munique, Holzinger, 1954), p. 552-3 [ed. bras.: *Humano, demasiado humano*, trad. Paulo César de Souza, São Paulo, Companhia das Letras, 2005, p. 113-4]. (N. T.)

[49] Karl Marx e Friedrich Engels, *A ideologia alemã*, cit., p. 66. (N. T.)

vida individual está ligada à sua classe de modo contraditório. A partir dessas contradições, os grandes realistas desenrolam e iluminam os conflitos objetivos da sociedade na existência humana concreta. Aquilo que na vida é o resultado de lutas complexas – a verdadeira relação do indivíduo com sua classe e, mediada por esta, com a sociedade – surge como resultado patente, do qual desapareceram todas as determinações sociais – assim como ocorre no tratamento da vida econômica pelos economistas vulgares – e que, por essa razão, é abstrato, vazio e irrefletido. A superfície abstrata da realidade capitalista experimenta nessa configuração um triunfo literário – mesmo que os escritores singulares acreditem ser os adversários mais convictos do capitalismo no plano político.

Dissemos que os pormenores não são decisivos à essência da questão. Às vezes, porém, desempenham um papel que não deixa de ter sua importância. Pois, quando a redução do homem ao utilitarismo da inumanidade capitalista, ao modo fenomênico da superfície capitalista, não é exposta de modo patente, ascético e abstratamente franco, mas em forma poética, com frequência surge algo muito pior. Marx disse sobre a economia de Adam Müller: "Seu conteúdo consiste em preconceitos cotidianos, extraídos da aparência mais superficial das coisas. Esse conteúdo falso e trivial deve, então, ser 'elevado' e poetizado por meio de um modo de expressão mistificador"[50]. Pois todo "poetizar" dessa espécie, que na maioria das vezes é um irracionalismo sofisticado, um apelo ao "natural" (ao aspecto animalesco, à bestialidade), intensifica ainda mais o caráter decadente desse gênero de literatura. Acresce-se a essa tendência decadente geral – objetivamente – uma idealização, um aprofundamento, uma poetização dessa decadência e, por essa via, sua apologética, embora muitas vezes involuntária.

A aceitação literariamente ascética desse modo de expressão como idêntico à realidade já é uma renúncia à luta literária contra a inumanidade capitalista. A essa capitulação soma-se uma operação cosmética que mesmo involuntária, mesmo moderna, sublinha o seu aspecto desarmônico.

VII.

A crítica marxiana da decadência ideológica concentrou-se em evidenciar, por trás das fraseologias e da superfície pomposa, o real filistinismo. Assim, Marx

---

[50] Karl Marx, *O capital: crítica da economia política*, Livro III: *O processo total da produção capitalista* (trad. Rubens Enderle, São Paulo, Boitempo, no prelo).

caracteriza a essência de Stirner como "unidade de sentimentalismo e *renommage*" [fanfarrice][51] e é desta forma que ele descreve a filosofia desse autor: "A filosofia da revolta, que há pouco nos foi exposta em antíteses precárias e flores retóricas murchas, em última instância nada mais é que uma apologia grandiloquente da economia do *parvenu* [emergente]"[52].

Mais tarde, Lenin também faz, em termos políticos, a caracterização profunda e correta das tendências anarquistas e assemelhadas, dizendo que são modos de expressão do pequeno-burguês asselvajado pelas crises do capitalismo.

Filistinismo significa incorrer em fraseologias, embriagar-se com elas, em vez de proceder a uma comparação corajosa das convicções subjetivas com a realidade objetiva. A fraseologia é uma expressão política, científica ou literária que não reflete o movimento real, que nem sequer busca conhecê-lo e expressá-lo, e que, por essa razão, mesmo que ocasionalmente entre em contato com a realidade, afasta-se cada vez mais da movimentação da curva em direção à tangente.

Quando aplicada à literatura, essa determinação do conteúdo da fraseologia precisa ser especialmente ressaltada, porque, do ponto de vista do conteúdo, o balbuciar impressionista de cunho naturalista, o silenciar maeterlinckiano, a não articulação dadaísta e a objetividade ascética da *"Neue Sachlichkeit"* também são fraseologias, uma vez examinados em sua relação com a realidade. E assim como esse conteúdo real faz da fraseologia aquilo que ela é, o ideólogo se torna um filisteu ou um superador do filistinismo por sua conduta efetiva diante da realidade. O aspecto determinante é esse movimento real, e não o traje, nem a máscara, nem o nível intelectual examinado isoladamente, nem o acúmulo de saber, nem a "maestria" formal.

O filistinismo só pode ser superado interiormente por meio de uma compreensão efetiva dos grandes conflitos e crises do desenvolvimento social. O filisteu depara com os embates sem compreendê-los, mesmo quando implicado por eles, mesmo quando neles mergulha com entusiasmo. Uma vez trazida à memória a tarefa central da literatura anteriormente determinada – a configuração do homem real –, isso significa, para a práxis do escritor: que ele deve saber o que é ou não é verdadeiro, o que é objetivo, o que é subjetivo, o que é ou não é importante, o que é grande, o que é pequeno, o que é humano, o que é inumano, o que é trágico, o que é ridículo.

---

[51] Karl Marx e Friedrich Engels, *A ideologia alemã*, cit., p. 290. (N. T.)
[52] Ibidem, p. 369. (N. T.)

Esse conhecimento é um reflexo das conexões dialéticas da realidade objetiva. Problemas referentes a critérios, a valorações, afloram de modo ininterrupto também na ideologia do período da decadência. Mas eles são sempre fundamentalmente de caráter subjetivo. O que se quer é "revalorar" a realidade a partir do sujeito (Nietzsche).

Marx identificou e criticou o deslocamento do conhecimento dessas conexões reais para o plano subjetivo em relação à Revolução de 1848 como um sintoma da capitulação objetiva diante das forças reacionárias da história. A decadência ideológica nasce quando não se toma ciência das tendências do movimento progressivo objetivo da vida e quando elas são ignoradas de modo mais ou menos consciente, sendo introduzidos na realidade, em seu lugar, desejos subjetivos como forças motrizes desta. Exatamente porque o movimento objetivo da história contradiz a ideologia burguesa, até mesmo a inserção "mais radical", "mais profunda", de tais fatores puramente subjetivos será convertida de modo objetivamente necessário em suporte à burguesia reacionária.

Marx já criticara, por ocasião do debate sobre a Polônia no Parlamento de Frankfurt, os mais variados modos de manifestação da traição à revolução democrática em torno dessa questão. A crítica aos apologistas vulgares da fragmentação polonesa não é importante para nós neste ponto. Mais significativo é o fato de que dois escritores bastante conhecidos da época, politicamente de esquerda, Arnold Ruge e Wilhelm Jordan, vieram a público com uma teoria que, partindo do conhecimento "profundo" da tragédia da Polônia, levou a uma justificação da política alemã reacionária e antidemocrática. Jordan e Ruge dizem que a noção da necessidade trágica do desaparecimento da Polônia deve despertar em nós uma intensa empatia pelo povo polonês, mas que é exatamente essa noção que proíbe a intervenção no curso trágico da história. Portanto, a concepção da tragédia do povo polonês significa, em última análise, uma sanção do *status quo*, a repartição da Polônia entre as três potências mais reacionárias da Europa de então[53].

---

[53] Sobre esse tema, ver o conjunto de nove artigos escritos por Friedrich Engels para a *Nova Gazeta Renana* durante os meses de agosto e setembro de 1848, com o título "Die Polendebatte in Frankfurt" [O debate sobre a Polônia em Frankfurt]. Disponível em: <www.mlwerke.de/me/me05/me05_319.htm>. Acesso em: 1º ago. 2016. Ver também artigo escrito por Engels para o jornal *Der Volksstaat* (n. 34, 24 mar. 1875) a respeito das comemorações ocorridas em Londres pela Revolução Polonesa de 1863. Disponível em: <www.mlwerke.de/me/me18/me18_572.htm>. Acesso em: 1º ago. 2016. (N. T.)

Obviamente, o desmascaramento por Marx do caráter filisteu dessa concepção parte da análise dos fatos reais. Tais fatos são: à época da partilha da Polônia, os antagonismos internos da democracia nobiliária polonesa, a formação da grande nobreza, levaram necessariamente à ruína daquela nação. Desde 1815, porém, o domínio da aristocracia estava tão ultrapassado e minado quanto a democracia nobiliária estivera em 1772. Desse modo, a mesma necessidade histórica que naquela época acarretou a ruína da democracia nobiliária e, com ela, da Polônia coloca na ordem do dia a revolução democrática, a revolução camponesa e, com ela, o restabelecimento da nação polonesa.

A concepção "profunda" da tragédia por parte de Ruge e Jordan constitui, portanto, uma traição aos interesses das democracias alemã e internacional de 1848, uma capitulação diante dos interesses das autocracias prussiana, austríaca e russa. Sua "profundidade" é uma fraseologia, pois nada tem a ver com o desenvolvimento histórico objetivo; seus proclamadores são filisteus, uma vez que tomam a fraseologia como realidade, permanecem alheios ao curso do desenvolvimento e estão perdidos nele, servem – inconsciente e involuntariamente – aos interesses do reacionarismo europeu.

Essa crítica de Marx é especialmente relevante para nós porque aqui, no quadro de um debate político, o autor toca o cerne das tendências decadentes da tragédia, a saber, a propensão de substituir representação objetiva do conflito histórico-universal pela noção subjetiva que o herói trágico tem da necessidade trágica de sua ruína. Os mais importantes vultos da passagem de uma concepção do trágico à outra expressam essa tendência de modo cada vez mais resoluto. Ela constitui um fator significativo do "aperfeiçoamento" da teoria hegeliana do trágico por F. T. Vischer; desempenha um papel cada vez mais decisivo na produção de Grillparzer depois de 1848 ("*Ein Bruderzwist im Hause Habsburg*" [Discórdia entre irmãos na casa dos Habsburgos]), bem como na de Hebbel ("*Agnes Bernauerin*" [Agnes de Bernau], "*Gyges und sein Ring*" [Gyges e seu anel]). Decaída dessa altura intelectual e poética, tal concepção do trágico torna-se cada vez mais um elemento essencial da ausência de ação e de conflito do psicologismo no drama moderno.

Já expusemos o quanto é decisiva para os autores a avaliação correta dos personagens e de seus conflitos; isso representa o exato oposto de uma análise subjetivista. A grande segurança dos escritores do passado na configuração de seus homens, na exposição de suas relações e na explicitação dos seus embates baseia-se no fato de que, a partir de um conhecimento profundo da realidade, obtiveram critérios verdadeira e socialmente objetivos.

Naturalmente, esses critérios trazem em si a marca da época, da própria situação social, na qual foram descobertos e processados em termos literários. Como todo conhecimento humano, eles contêm, portanto, um elemento de relatividade. Mas só a ciência da decadência moderna, que sempre ignora a dialética do absoluto e do relativo, não percebe, por causa de tal elemento, o núcleo objetivo, absoluto, nessas descobertas corretas e profundas de critérios de avaliação dos homens, de suas ações e de seus destinos. A sociologia vulgar torna esse relativismo mais grosseiro e o leva ao extremo mediante uma "análise de classes" pseudomarxista. Nesse tipo de sociologia, tudo é explicado pela classe em termos mecanicistas e fatalistas; isso dá origem, no âmbito dela, a uma uniformização relativista consumada. Tudo é igualmente necessário, inclusive a mais abjeta apologética do capitalismo em declínio. É uma apologética da apologética.

O moderno sentimento vital relativista protesta contra a objetividade de tais critérios de valor, e o faz também da perspectiva da complexidade da vida. Diz-se que os fenômenos da vida são tão intrincados e contraditórios que, diante deles, a aplicação de qualquer critério é necessariamente grosseira e agride as reais sutilezas e transições. Em um primeiro momento, isso parece plausível, mas é fundamentalmente falso. Os grandes escritores antigos conheceram as complexidades dos personagens e das situações, suas contradições e suas intrincadas transições na vida real bem melhor do que os relativistas de hoje. Dom Quixote, Falstaff e Tobias Shandy são personagens intrincados, contraditórios, envolvem-se em situações muito complicadas e contraditórias, e a impressão que temos deles transita seguidamente do cômico ao sublime, ao comovente. No entanto, Cervantes, Shakespeare e também Sterne sabem exatamente quando, onde e em que medida seus heróis são ridículos ou trágicos, amáveis ou deploráveis. E, em total contraposição à concepção dos relativistas modernos, é por isso que esses escritores conseguem expor as transições mais sutis de modo plástico e claro, com todas as nuanças que iluminam e enriquecem o essencial, precisamente porque veem e avaliam de forma objetivamente correta o justo significado de cada sentimento, de cada ato.

Essa segurança – bem como a maleabilidade e a elasticidade necessariamente associadas a ela – na configuração se perde na decadência, em seu subjetivismo e relativismo. É nesse ponto que se inicia a luta aguerrida, ainda que nem sempre vitoriosa, dos grandes realistas contra as condições ideológicas desfavoráveis do período da decadência. Esse conflito é extraordinariamente complexo, mas justamente mediante sua análise é possível chegar à concepção correta e não esquemática da conexão entre visão de mundo e produção literária, é possível chegar a ver as possibilidades e os perigos da "vitória do realismo" no período da decadência da literatura de modo ainda mais concreto do que foram elaborados até agora por nós.

Tomemos o caso de um escritor tão notável como Henrik Ibsen. Na peça *O pato selvagem*, que ele próprio percebeu como algo bastante novo em sua produção, Ibsen chegou até o limiar de uma comédia grandiosamente típica da autodissolução dos ideais burgueses, do desmascaramento do mecanismo da hipocrisia e do autoengano na sociedade capitalista em declínio. Perto do fim da peça, encontra-se um diálogo importante entre os representantes dos dois pontos de vista opostos: entre Gregers Werle, o Dom Quixote das velhas aspirações burguesas e das "exigências ideais", e o cínico Relling, que defende a hipocrisia e o autoengano dos homens enquanto necessários para suas vidas. Nesse diálogo, Relling se reporta ao fato de ter persuadido Molvik, ex-candidato ao estudo da teologia, de ser "demoníaco".

> Gregers: Então ele não é demoníaco?
> Relling: Mas que diabo quer você que signifique isto: "um demoníaco"? É uma pilhéria que inventei para manter-lhe a vida. Do contrário, há muitos anos que o meu infeliz amigo estaria entregue ao desespero e desprezaria a si mesmo. [...]
> Relling: Ouça, senhor Werle filho, por favor não empregue esse termo elevado "ideal", quando para isso temos na linguagem usual a excelente expressão "mentira".
> Gregers: Acredita então que haja algum parentesco entre esses dois termos?
> Relling: Pouco mais ou menos o mesmo que há entre os termos "tifo" e "febre pútrida".
> Gregers: Doutor Relling! Não descansarei enquanto não arrancar Hjalmar das suas garras.
> Relling: Nesse caso, será tanto pior para ele. Se o senhor tirar a mentira vital de um homem comum, tira-lhe ao mesmo tempo a felicidade.[54]

Tem-se aqui um desmascaramento corajoso e profundo do filistinismo capitalista em suas diversas nuanças. (Não são poucos os escritores modernos

---

[54] Henrik Ibsen, *O pato selvagem* (trad. Vidal de Oliveira, Rio de Janeiro, Globo, 1984), p. 287-8. Ver também *O pato selvagem* (trad. Gil Costa Santos e Ragnhild Marthine Bø), em *Peças Escolhidas 2* (Lisboa, Cotovia, 2006). (N. T.)

de atitude demoníaca que evocam em nós a verdade cínica de Relling!) Se nesse ponto tivesse sido capaz de ir até as últimas consequências em termos ideológicos e artísticos, Ibsen teria sido o maior comediógrafo da sua época, um sucessor digno dos clássicos da comédia. Onde se situa a linha divisória? Antes de escrever O *pato selvagem*, Ibsen fustigou com força a hipocrisia na sociedade burguesa e diversas vezes indicou que os ideais nutridos pela burguesia em seu período ascendente se transformaram em mentira hipócrita, que os ideais proclamados e a práxis burguesa já não têm nada a ver uns com os outros. De acordo com isso, ele configura os conflitos trágicos a partir da colisão entre ideal e realidade. Embora essa formulação do problema seja um tanto estreita para o desmascaramento das contradições mais profundas da sociedade burguesa, emergem, especialmente em *Casa de bonecas*[55] e *Espectros*[56], contradições trágicas realmente grandes e insolúveis de amor, casamento e família na sociedade burguesa. Aqui, a práxis poética de Ibsen vai além da sua formulação ideológica do problema: o fato de Nora e a senhora Alving levarem seus ideais tragicamente a sério é o pivô exclusivo do conflito trágico tão somente aos olhos do autor; na configuração da obra, essa seriedade moral é apenas o estopim da ação. A energia moral e a coerência dessas mulheres são tamanhas que seu agir rompe a crosta da família burguesa, desmascara a hipocrisia profundamente infiltrada nela, faz aflorar tragicamente suas contradições humanas e sociais. Nesses casos, a configuração de Ibsen é mais ampla e objetiva do que sua própria visão de mundo.

Em O *pato selvagem*, o autor se encontra no limiar da criação de um Dom Quixote moderno, de um Dom Quixote burguês de feição filisteia. Gregers Werle representa de modo tão convincente quanto desesperançado os ideais do período heroico do desenvolvimento burguês em meio ao filistinismo capitalista, da mesmo maneira que Dom Quixote representou honesta e desesperançadamente, no âmbito da sociedade burguesa em surgimento, os ideais da cavalaria desaparecida. Suas "exigências ideais", dirigidas a pequeno-burgueses degradados da sociedade capitalista, acabam caindo no ridículo tais quais, a seu tempo, os ideais cavalheirescos de Dom Quixote. O aspecto ridículo é intensificado por Ibsen e aprofundado em uma comicidade realmente grandiosa.

---

[55] Idem, *Casa de bonecas* (trad. Maria Cristina Guimarães Cupertino, São Paulo, Veredas, 2007). Ver também *Casa de bonecas* (trad. Karl Erik Schollhammer e Aderbal Freire-Filho), em *Peças escolhidas 3* (Lisboa, Cotovia, 2008). (N. T.)

[56] Idem, *Espectros* (trad. Susana Janic), em *Peças escolhidas 3*, cit. (N. T.)

Aquilo que Gregers exige do casamento real, a saber, transparência e sinceridade irrestritas, é realizado aqui por seu pai, um velho grão-capitalista fraudulento – motivo pelo qual rompera com ele –, e pela habilidosa prostituta e carreirista senhora Sörby. A "exigência ideal", ou seja, a veracidade e sinceridade recíprocas como base do casamento, é cinicamente realizada por esses dois vigaristas tarimbados como fundamento da continuidade tranquila da vida que levavam. Portanto, não só os antigos ideais são rebaixados por não poderem ser concretizados, por degenerarem em mentira e hipocrisia na vida de homens degradados, mas evidencia-se também que os grão-cidadãos cínicos podem aproveitar-se deles para seus fins egoístas brutais. Nesse mundo de cinismo e hipocrisia, o idealismo burguês naufraga do mesmo modo tragicômico que os ideais cavalheirescos nas aventuras tragicômicas do cavaleiro da triste figura. Ibsen estava na iminência de conformar a grande comédia da sua época.

Contudo, ele só chegou perto disso; ele não chegou lá. Marx diz sobre a função histórica da grande comédia:

> A última fase de uma formação histórico-mundana é a *comédia*. Os deuses gregos, já mortalmente feridos na tragédia de Ésquilo, *Prometeu acorrentado*, tiveram de suportar uma segunda morte, uma morte cômica, nos diálogos de Luciano. Por que a história assume tal curso? A fim de que a humanidade se afaste *alegremente* do seu passado.[57]

Essa foi a tarefa histórica das comédias sobre Falstaff e de *As bodas de Fígaro*. Tal despedida alegre do passado não foi concedida a Ibsen. Disso já padece *O pato selvagem*. O personagem Gregers Werle não possui a comicidade arrebatadora nem a sublimidade perturbadora de Dom Quixote. Por quê? Porque Cervantes tinha total clareza tanto do fato de que os ideais do seu herói haviam sido superados pela história universal, jogados na esterqueira por ela, quanto da pureza humana, da honestidade subjetiva e da heroicidade de Dom Quixote. Ele reconheceu e pesou corretamente as duas coisas. Ibsen, em contrapartida, apesar de sua própria crítica profunda e reveladora, agarra-se convulsivamente aos conteúdos da proclamação de Gregers Werle. Ele quer resgatar não só a pureza e honestidade subjetivas deste, mas também o teor de sua aspiração. Sua própria configuração traz à tona as mais terríveis contradições dialéticas, as mais grandiosas situações cômicas. Mas ele não é capaz de usá-las

---

[57] Karl Marx, "Crítica da filosofia do direito de Hegel – Introdução", em *Crítica da filosofia do direito de Hegel*, cit., p. 148-9. (N. T.)

até o fundo em termos literários, porque avalia seu protagonista incorretamente, em parte superestimando-o, em parte subestimando-o, em parte exaltando-o além da conta, em parte humilhando-o de maneira injusta.

Na sequência de sua atividade criadora, após o crepúsculo dos deuses de seus ideais – que O *pato selvagem* apresenta de modo objetivo, apesar das falhas apontadas –, Ibsen passa a empenhar-se na concepção de protagonistas que correspondem às exigências de Gregers Werle sem sucumbir à crítica de Relling. Ele acaba incorrendo em um falso aristocratismo. Ele tenta criar homens distintos da média, busca o homem novo, que se ergue acima das antigas contradições, mas é forçado – em estreita conexão com sua incapacidade de criticar o conteúdo e a posição histórica real ocupada pelos ideais de Gregers Werle – a configurar esse homem novo a partir do material velho, conferindo-lhe apenas uma eminência e sobrelevação artificiais.

Ibsen é um escritor demasiado realista, coerente e corajoso para deixar de ver e de incluir na configuração de seus novos protagonistas o lado vil, abjeto e até ridículo de Rosmer, Hedda Gabler e Solness. Apesar disso, ele se obriga a apresentá-los como heróis trágicos, que despontam acima da média. Desse modo, a dicotomia dos critérios humanos oriunda de O *pato selvagem* é ininterruptamente intensificada. Esses personagens são ao mesmo tempo ainda mais superestimados e subestimados pelo poeta. Tal justaposição indiferenciada e não esclarecida de avaliações que se excluem obriga Ibsen a criar personagens que estão incessantemente se colocando na ponta dos pés para parecerem mais altos do que de fato são, cuja "sublimidade trágica", além disso, é incrementada artificial e inorganicamente por meio de um aparato e de uma animação simbolistas, personagens cuja grandeza penosamente produzida e, por isso, jamais realmente convincente é tratada a todo tempo com escárnio mordaz pelo próprio escritor.

Não é nenhum acaso que Ibsen tenha inaugurado seu simbolismo declarado justamente em O *pato selvagem*. Esse simbolismo é o recurso artístico para conciliar, pelo menos aparentemente, o inconciliável, para encobrir de maneira artificial a contradição que não foi resolvida nem compreendida na vida, mas sim percebida de modo desvirtuado e reproduzida com distorção ainda maior. Exatamente no caso de um realista tão notável quanto Ibsen vê-se que o simbolismo não representou nenhuma superação das contradições artísticas das aspirações realistas no fim do século XIX, mas foi a expressão literária do fato de que os poetas não conseguiram dar conta delas, nem no plano humano, nem no plano ideológico e artístico; eles se refugiaram no simbolismo, enredaram-se no simbolismo. O simbolismo não é em absoluto solução das contradições desse realismo, significando, pelo contrário, a perenização dessas contradições em um nível artisticamente inferior, mais distanciado da apreensão da realidade.

Essa transição trágica de Ibsen de um realismo todavia sempre mesclado com elementos naturalistas da vacuidade contraditória dos símbolos é extraordinariamente instrutiva para nossas investigações. Pois ela mostra que, por sua essência, esses processos pouca coisa têm da natureza puramente artística. Eles constituem crises da visão de mundo dos escritores. E a expressão literária dessas crises é justamente a perda do critério configurativo a ser aplicado aos homens, às suas ações e aos seus destinos, àquilo que esses homens propõem em termos sociais e morais, ao que seu destino significa na realidade da vida social, a como são efetivamente constituídas suas relações com outros homens.

Em Ibsen, ainda vemos a seriedade trágica dessa crise da visão de mundo. E isso não só em virtude de seu grande talento e honestidade literária, mas da importância histórico-social objetiva dos problemas com que se debateu, dos quais ele não conseguiu dar conta em termos trágicos relativos à crise. Na evolução subsequente da literatura do período da decadência, ocupa o primeiro plano com crescente clareza o pequeno-burguês asselvajado, que infla seu filistinismo como heroísmo excentricamente solitário, sua capitulação diante de qualquer crendice reacionária moderna como trágico destino "cósmico" ["*kosmichen*"].

Não se creia que estamos exagerando. No entanto, querer detalhar o desenvolvimento do drama pós-ibseniano nesse sentido extrapolaria o quadro deste ensaio. Limitemo-nos a um exemplo característico. Como se sabe, nas décadas anteriores à guerra, August Strindberg desempenhou um papel de liderança na dramaturgia internacional e de muitas formas foi posto bastante acima de Ibsen. Seus dramas tardios foram muito importantes para o surgimento e a consolidação do simbolismo dramático, bem como para sua evolução rumo ao expressionismo.

Quero citar um breve trecho de um dos dramas mais famosos e "profundos" dessa fase de Strindberg. Na primeira parte da trilogia *Rumo a Damasco*[58], os protagonistas, o Desconhecido e a Dama, encontram-se em um cruzamento

---
[58] Johan August Strindberg, *Rumo a Damasco* (trad. Elizabeth Ribeiro Azevedo, São Paulo, Cone Sul, 1997). (N. T.)

viário. Imediatamente se apaixonam um pelo outro. O Desconhecido pretendia ir à agência do correio retirar uma carta; mas não o faz por pensar que tal correspondência só poderia conter algo ruim. Eles põem o pé na estrada e vivenciam coisas terríveis. Limitemo-nos aqui a um aspecto, a saber, que a falta de dinheiro do Desconhecido desempenha um papel importante, incessantemente frisado por Strindberg, na série de humilhações pelas quais ele e sua amada têm de passar. Na última cena da primeira parte, eles se reencontram, depois de muitas aventuras, na mesma esquina. Desenrola-se então o seguinte diálogo, depois que a Dama lembra seu namorado da carta ainda por retirar:

> A Dama: Entre lá e acredite que é uma carta boa.
> O Desconhecido (em tom irônico): Boa?
> A Dama: Acredite, imagine que é!
> O Desconhecido (entrando na agência): Tentarei!
> A Dama espera na calçada.
> O Desconhecido sai da agência dos correios com uma carta.
> A Dama: Então?
> O Desconhecido: Estou envergonhado! – Era dinheiro!
> A Dama: Viu só! – E todos esses sofrimentos, todas essas lágrimas – por nada...[59]

Escancara-se nessa cena diante dos nossos olhos o que realmente representa a profundidade falsa da literatura moderna, da literatura da decadência. A grandeza tão louvada do Strindberg tardio consistiria supostamente no fato de que ele teria configurado de maneira comovente as "forças misteriosas" da vida humana. Como o próprio leitor pode ver, porém, o conteúdo real dessas "forças misteriosas" nada mais é que uma "objetivação" inflada e, portanto, mentirosa da superstição filisteia.

Obviamente, também tal superstição tem suas raízes sociais: a insegurança da vida no capitalismo, para a qual Lenin apontou reiteradamente como fonte da preservação e da nova produção de ideologias religiosas no capitalismo. Contudo, o modo de configuração pretencioso – muitas vezes antirrealista por essência – do Strindberg tardio não põe a descoberto essa fonte real das vivências figuradas. Pelo contrário, ele serve apenas para emprestar a essas vivências não derivadas, não explicadas e não aclaradas uma sacralidade objetivamente inventada de profundidade, de mistério. O autor nada faz, além de objetivar e aprofundar em termos literários as representações normais do

---
[59] Tradução nossa. (N. T.)

filisteu, diante das quais ele se posiciona, em essência, de modo inteiramente acrítico, a suscitar a impressão de que forças misteriosas reais corresponderiam ao temor supersticioso do filisteu. Por essa via, ele chega a um nível espiritual de apreensão da realidade que é objetivamente ainda mais profundo do que o do filisteu supersticioso, o qual, em geral, acredita bem menos nessa objetividade mistificada de suas concepções do que o famoso escritor "vanguardista".

Ao fazer isso, Strindberg ainda é, por sua personalidade como um todo, por seu talento literário, muito superior aos dramaturgos da decadência que se tornaram famosos na mesma época e depois dela, a saber, Wedekind, Kaiser, Hasenclever.

O exemplo de Strindberg mostra claramente o quanto se perdeu, na decadência, toda e qualquer medida para o peso e a importância social objetivos dos homens e de seus destinos. A ruína geral das formas literárias nesse período não é um processo imanentemente artístico nem uma luta contra as "tradições", como imaginam os escritores e artistas decadentes, mas a consequência socialmente necessária, objetiva e inevitável dessa ausência de crítica por parte do escritor (enquanto escritor) aos fenômenos superficiais do capitalismo, de sua capitulação acrítica diante dessa superfície, de sua identificação acrítica de aparência (distorcida) e ser.

Repetimos: o conhecimento literário de tal medida é a base de qualquer composição literária. Toda ação é um comprovar ou um fracassar real de pessoas concreta e socialmente determinadas, em situações concretas, socialmente determinadas. Toda ordenação composicional é um reflexo literariamente intensificado e concentrado das relações sociais, humano-morais de personalidades entre si. Apenas a exatidão objetiva e a certeza subjetiva dessa medida podem franquear ao escritor a via que leva à riqueza da vida.

A riqueza interior de um personagem literário surge da riqueza de suas relações interiores e exteriores, da dialética entre a superfície da vida e as forças objetivas e psíquicas atuantes em um nível mais profundo. Quanto mais autêntico, isto é, quanto mais correspondente à realidade for esse critério da medida no escritor, tanto mais fundo ele poderá escavar, tanto mais ricas serão as determinações, tanto mais dinâmica será a vida que ele despertará e trará à luz do dia. Porque, quanto mais genuíno for esse parâmetro, tanto mais ele desvelará as grandes contradições internas do desenvolvimento social, tanto mais organicamente o escritor relacionará os grandes conflitos sociais ao destino singular de um homem. O puro relativismo empobrece o homem, o autor e seus personagens. O que enriquece é a unidade dialeticamente conhecida e suprassumida do absoluto e do relativo, é a relatividade identificada de forma correta como momento de um processo. Aqui reside a razão ideológica pela qual a literatura da decadência não criou nenhum personagem duradouro, realmente típico.

A fecundidade dos conflitos configurados surge igualmente da verdade objetiva e dessa certeza subjetiva do critério de medida. Somente quando o escritor sabe e vivencia com exatidão e certeza o que é essencial e o que é secundário, ele saberá expressar literariamente o essencial, a configurar, a partir de um destino privado, o destino típico de uma classe, de uma geração e até de toda uma época. Com a perda desse critério literário, perde-se a inter-relação viva entre privado e social, entre individual e típico. Torna-se impossível para o social abstratamente apreendido tomar corpo em homens vivos, permanecendo pobre, árido, abstrato, não literário. Em contrapartida, na literatura decadente, as bagatelas mais desinteressantes do mundo filisteu, de antemão anormalmente de caráter privado, são infladas como "destinos cômicos[60]". Nos dois extremos, reinam as mesmas pobreza e anemia literária. Por outro lado, quando esse critério está presente, um acontecimento aparentemente insignificante pode desdobrar-se, nas mãos de um grande escritor, em uma riqueza inesgotável de determinações humanas e sociais. Também nesse ponto comprova-se a seguinte verdade: o relativismo empobrece, a dialética viva enriquece.

É assim que o grande realismo naufraga no período da decadência. É desse modo que surge, ao lado do antirrealismo e do pseudorrealismo abertamente apologéticos da literatura patrocinada pela burguesia reacionária, uma longa cadeia de tendências que, de modo muito "radical", "vanguardista", estão por princípio empenhadas em liquidar o realismo até mesmo em seus fundamentos. Qualquer que tenha sido a intenção dos representantes dessas tendências, em termos objetivos elas ajudaram a burguesia em sua luta contra o realismo autêntico. Tal função social objetiva é própria de toda a literatura do período da decadência, desde o naturalismo até o surrealismo.

---

[60] No original, "komisch", cuja tradução para o português significa "cômico". No entanto, a leitura mais provável é "kosmisch", "cósmico", uma vez que a contraposição "privado-cósmico" faz mais sentido no contexto do parágrafo. Além disso, duas páginas antes o autor escreve, quase nos mesmos termos, sobre inflar toda a crendice reacionária como destino trágico "cósmico". (N. T.)

É preciso repetir com a maior frequência e incisividade possíveis: a propensão para a decadência da literatura não é um *fatum* [fatalidade] para o escritor individual, mas um problema social bastante normal. Todavia, quanto mais avançada a decadência ideológica geral, tanto maiores são as exigências intelectuais e morais postas ao escritor, caso ele não queira capitular diante da decadência, caso ele deseje abrir caminho para o realismo autêntico. É uma trilha estreita, ladeada de perigos de toda ordem e de precipícios trágicos. Tanto maior, pois, deve ser o apreço pela importância dos escritores que, nessa época desfavorável, conseguiram, ainda assim, alcançar com grandes dificuldades o realismo autêntico.

[1938]

Tribuno do povo ou burocrata?

> *A literatura só se corrompe à medida que as pessoas se tornam mais corruptas.*
> J. W. Goethe[1]

I. O significado geral da formulação leniniana do problema

A obra *Que fazer?*, de Lenin, serviu para desmascarar a filosofia oportunista dos "economicistas", influente na época de sua publicação (1902)[2]. Estes protestavam contra a unidade teórica e organizacional do movimento revolucionário russo; na opinião deles, a única coisa que importava era a luta dos trabalhadores em prol dos seus interesses econômicos imediatos, sua atuação espontânea contra as represálias dos donos de fábricas. Restringiam o papel do revolucionário consciente à ajuda que ele podia dar às lutas locais, imediatas, dos trabalhadores. Reconhecer os choques singulares entre as classes como parte da tarefa histórica geral do proletariado, esclarecer por meio da propaganda política os momentos singulares da luta à luz da teoria socialista, unir os movimentos singulares de resistência em um único movimento político

---

[1] J. W. Goethe, "Maximen und Reflexionen", em *Berliner Ausgabe. Kunsttheoretische Schriften und Übersetzungen*, v. 18 (Berlim, Holzinger, 1960), p. 627. (N. T.)

[2] V. I. U. Lenin, "Was tun? Brennende Fragen unserer Bewegung", em *Werke*, v. 5 (Berlim, Dietz, 1955), p. 355-549 [ed. bras.: *Que fazer? Problemas candentes do nosso movimento*, trad. Marcelo Braz, São Paulo, Expressão Popular, 2010]. (N. T.)

revolucionário visando à derrubada do capitalismo e à vitória do socialismo – isto era, aos olhos dos "economicistas", uma "violação" das massas de trabalhadores, que abrigaria o risco de isolar das massas a intelectualidade revolucionária. Os "economicistas" asseguravam que o movimento espontâneo sempre produziria a consciência por meio de seu simples crescimento.

Lenin desmantelou essa "teoria" oportunista e mostrou que o "economicismo" retira o proletariado da luta política e, por sua essência, exorta os trabalhadores a desistirem da derrubada do capitalismo e se contentarem com a melhoria momentânea da situação de alguns segmentos da classe trabalhadora. Ele próprio, ao contrário, via a destituição da autocracia – que, na Rússia, oferecia a mais confiável proteção aos capitalistas – como a primeira tarefa da revolução. Segundo Lenin, o combate à unidade organizacional e a exaltação à espontaneidade convertiam os "economicistas" em marca-passos da influência burguesa sobre a classe trabalhadora.

Na elaboração das bases ideológicas do partido marxista, do desmascaramento da essência burguesa da "teoria" reformista, Lenin confronta dois tipos de ideólogos: o tribuno revolucionário e o burocrata. Ele constata que tanto no Ocidente capitalista do seu tempo quanto na Rússia economicamente atrasada predomina o tipo do secretário tradeunionista [sindicalista], do burocrata. A "teoria" do oportunismo – a internacional e a russa da mesma forma – está firmemente empenhada em perenizar esse atraso e degeneração. O livro de Lenin é dirigido contra essa dupla tendência que, sob as condições da Rússia czarista, teve um único efeito. Pois o desenvolvimento espontâneo de um movimento incipiente dos trabalhadores em um país capitalista atrasado depara e combina-se com os sintomas de putrefação da era imperialista: com a "teoria" de Bernstein, com a práxis de Millerand, com toda a difusão do oportunismo internacional. Portanto, a polêmica obra de Lenin, que aniquila teoricamente essas tendências em seu cerne, caracteriza não só um ponto de mutação no movimento operário russo, mas constitui um marco na história global da ideia revolucionária: a primeira reação fundamental ao oportunismo em escala internacional.

O significado da confrontação entre tribuno do povo e burocrata sindical como tipos para os quais tendem as duas orientações do movimento operário em luta recíproca – a saber, de um lado, o movimento dos trabalhadores, o movimento revolucionário marxista, de outro, o oportunismo – transcende em muito o motivo temporal e nacional que a desencadeou. Lenin diz:

E não ser a demais insistir [...] que o social-democrata não deve ter por ideal o secretário de uma *trade union*, mas o *tribuno do povo* que saiba reagir contra toda manifestação de arbitrariedade e de opressão, onde quer que se produza, qualquer que seja a classe ou camada social atingida; que saiba reunir todas essas declarações em um quadro completo da arbitrariedade policial e da espoliação capitalista, que saiba aproveitar a menor ocasião para expor *diante de todos* as suas convicções socialistas e as suas reivindicações democráticas, para explicar a *todos* e a cada um o alcance histórico-mundial da luta de libertação do proletariado.[3]

As cores concretas desse quadro foram tomadas da realidade russa contemporânea. Mas o retrato do tipo possui uma generalidade tão certeira que ainda é perfeitamente válido para o nosso tempo.

Em virtude da essência objetiva dessa questão, é claro que as investigações de Lenin sempre eram forçadas a transcender o campo da classe operária e de suas organizações. O tratamento superficial vulgarizante do marxismo, que ganhou expressão política no oportunismo de direita e de "esquerda", isolou idealmente a vida do proletariado em relação ao movimento global da sociedade. E esse tratamento superficial ainda se gabava, de forma demagógica, de ser "autenticamente proletário", de manter o movimento dos trabalhadores longe de influências estranhas. A argumentação de Lenin esclarece o verdadeiro estado de coisas, a vinculação múltipla e indissolúvel do destino da classe operária com a vida de toda a sociedade. Por um lado, o proletariado não conseguirá se libertar sem liquidar a opressão e espoliação de classes e camadas da sociedade. Por outro lado, a vida e o desenvolvimento da classe operária refletem as aspirações sociais e econômicas que se revestem de real importância para o avanço da sociedade, inclusive as tendências negativas que tolhem o desenvolvimento e, no imperialismo, até mesmo as tendências parasitárias. Na sua crítica ao imperialismo, Lenin afirma repetidas vezes que não se deve conceber o parasitismo desse período de maneira estreita e rasa, mas como tendência universal; enquanto tal, ele se manifestaria também no movimento operário. Em decorrência do caráter cada vez mais reacionário do capitalismo, da corrupção da "aristocracia operária", da desmoralização geral da vida política e da limitação da democracia, surge nas organizações reformistas dos trabalhadores uma propensão para o burocratismo, para separar-se das massas, para desvincular-se da vida.

---
[3] Ibidem, p. 437 [ed. bras.: ibidem, p. 146-7 modif.]. (N. T.)

Para o capitalismo, a burocracia é propriamente um fenômeno necessário, um resultado obrigatório da luta de classes. A burocracia foi uma das principais armas da burguesia na luta contra o sistema feudal; ela se torna tanto mais indispensável quanto mais a burguesia precisa afirmar seu poder sobre o proletariado e quanto mais seus interesses entram em franca contradição com os das massas trabalhadoras. O burocratismo é, em consequência, um dos modos fenomênicos fundamentais da sociedade capitalista.

Para o que aqui nos importa, a faceta cultural dessa questão ocupa o primeiro plano. Já nos são conhecidos os traços gerais dos dois tipos antagônicos presentes no movimento operário, um dos quais Lenin definiu – com base em um profundo exame da sociedade capitalista e das condições para a libertação do proletariado – como ideal a ser buscado, e o outro, como negatividade a ser superada. Examinemos brevemente em que consistem as características essenciais dessa negatividade, para compreender como necessária sua universalidade social no capitalismo.

A análise de Lenin aborda a questão com profundidade ao vincular burocratismo a espontaneidade. Fala-se desta última quando o objeto do interesse e da atividade é imediato – mais precisamente, quando é apenas imediato. A imediaticidade da relação com o objeto de fato é o ponto de partida óbvio de toda atividade humana. Mas a peculiaridade do fenômeno que agora examinamos consiste no fato de que a "teoria" da espontaneidade – a exaltação ideológica do burocratismo – exige um ater-se a esse objeto imediato e desqualifica como inautêntico e falso qualquer movimento para além dele, no qual se expressa justamente a teoria autêntica (a teoria sem aspas). O "economicismo", a tendência desse período para a burocratização do movimento operário, mascara esse ater-se na imediaticidade, essa exaltação da espontaneidade como "puramente proletária"; ele reduz a atividade militante dos trabalhadores à rejeição da espoliação econômica imediata na fábrica, aos antagonismos imediatos de interesses entre fabricantes e empregados. Esse ponto de vista "puramente proletário" deixa todos os grandes campos de batalha pela transformação democrática da sociedade nas mãos da burguesia liberal, desistindo – de fato, mas não nas fraseologias – de sua reconfiguração socialista.

A essa imediaticidade objetiva do objeto necessariamente corresponde a redução da atividade do sujeito à espontaneidade da conduta. Tudo o que vai além desta, tudo o que repousa sobre o conhecimento dos nexos objetivos e das leis dinâmicas da sociedade como um todo, é rejeitado "por princípio" como "não proletário", como "elemento estranho". A rudimentaridade da reação espontânea a situações imediatas é confrontada com o saber teórico da totalidade que é uma forma superior da subjetividade, uma relação mais adequada com a realidade.

Somente o desdobramento pleno do imperialismo revelou toda a profundidade da crítica leniniana à teoria da espontaneidade. Pois apenas da perspectiva desse desenvolvimento é possível compreender de fato os fundamentos sociais e teóricos reais do oportunismo internacional. Enquanto "ortodoxos" como Kautsky tentavam expor os antagonismos em relação a Bernstein como questões táticas isoladas, Lenin via com total clareza já naquele tempo que as ideias de Bernstein implicavam a renúncia decisiva à luta para conquistar o socialismo e, inclusive, à realização de todas as exigências democrático-revolucionárias; implicavam uma adaptação do movimento operário revolucionário ao que a burguesia liberal julgava conveniente.

Essa liquidação do marxismo se desenrola no ambiente imperialista. Dado que a burguesia deixou de ser portadora do progresso social, crescem em sua ideologia a descrença na cognoscibilidade da realidade objetiva, o desprezo por qualquer teoria, o aviltamento do entendimento e da razão. De acordo com isso, o apelo à espontaneidade e à exaltação da mera imediaticidade como foro de última instância no processo de compreensão da realidade é uma das principais aspirações culturais e ideológicas do período imperialista. O gênero burguês da espontaneidade, a fixação na imediaticidade, decorre necessariamente da divisão capitalista do trabalho. Seu produto ideológico, por sua vez, corresponde de modo integral aos interesses estreitos e egoístas da classe burguesa. O funcionamento sem distúrbios do domínio da burguesia é facilitado pela fragmentação das massas populares, por sua ideologia corporativa, segundo a qual cada um deve contentar-se com o trabalho individual que lhe foi atribuído pela divisão social no capitalismo e anuir conscientemente às formas e possibilidades de pensar e aos modos de sentir que surgem espontaneamente dessa divisão do trabalho.

Quanto mais reacionária se torna a burguesia, tanto mais intensamente vem à tona esse aspecto ideológico. Enquanto as tendências democrático-revolucionárias tiveram amplos suportes na burguesia e pequena-burguesia, na inteligência burguesa, essa espontaneidade objetiva da ideologia da divisão capitalista do trabalho – espontaneidade promovida pelos mais estreitos interesses burgueses de classe – foi seguidamente rompida. O parasitismo reacionário do período imperialista converte-a na corrente dominante na sociedade burguesa – a ponto de impregnar o movimento político e a ideologia do proletariado.

Vê-se com facilidade por que a burguesia está interessada em tais concepções. Confiar na espontaneidade significa apagar do pensamento as conexões multilaterais do desenvolvimento social, que estão objetivamente presentes e ativas em todo fenômeno da vida. Por essa razão, defendê-la representa desistir do conhecimento das leis do movimento da sociedade capitalista, das leis que evidenciam as contradições insolúveis dessa sociedade e a necessidade da superação revolucionária das mesmas. Quanto mais firmemente as manifestações – tanto do pensamento quanto do sentimento – dos homens ficarem encerradas no mísero cárcere abstrato da espontaneidade, tanto maior será a segurança da classe dominante. É natural que isso atinja com mais força o movimento operário, mas vale também para todos os âmbitos da vida cultural.

Com certeza, muitas reações espontâneas ao capitalismo são do tipo originário da rebeldia e, mesmo não abandonando o nível da espontaneidade, com frequência mantêm subjetivamente sua intenção oposicionista ou insubordinada. Em termos objetivos, contudo, essas manifestações que permanecem espontâneas confluem, na maioria das vezes, no caudal das aspirações de conservação do regime dominante. O espírito de rebeldia precisa alçar-se a uma determinada consciência das conexões objetivas para que possa voltar-se no ato – e não só na intenção – contra o sistema de opressão e exploração.

O tribuno do povo, em Lenin, é o proclamador dessa consciência revolucionária. Se quisermos entendê-lo corretamente enquanto tipo, não deveremos nos ater às características exteriores do tribunado. Oratória brilhante e loquacidade retoricamente arrebatadora não bastam para exercer tal função; os autênticos tribunos da Revolução Francesa não foram oradores fascinantes como Mirabeau ou Vergniaud, nem mesmo como Danton, mas o sóbrio Marat e o taciturno Robespierre.

O que alça o homem à condição de tribuno é o grau de consciência com que reconhece – de acordo com o respectivo estágio histórico do desenvolvimento – as determinações objetivas da dinâmica social em sua totalidade e a determinação com que são defendidas as necessidades mais profundas de libertação do povo trabalhador (estes são dois lados da mesma moeda). Como tribuno da revolução, Lenin assume a luta contra a espontaneidade. Ele realiza a superação [*Aufhebung*] da imediaticidade até obter a consciência clara do movimento da totalidade – impelido por um amor intenso e envolvente pelo povo oprimido, que preenche todo o conhecimento com o *páthos* da indignação e da revolta visando à libertação – com base no saber adequado que só a dialética materialista, o marxismo, pode possibilitar. Nunca antes fora proclamada de maneira tão veemente a superioridade da razão que almeja a universalidade [*Allseitigkeit*] do conhecimento diante da mera imediaticidade.

Mas essa veemência traz suprassumida dentro de si todas as transições dialéticas da realidade. A separação metafísica entre espontaneidade e consciência é uma fraqueza ideológica generalizada do período da decadência burguesa. Ela não se expressa apenas nos que capitulam diante da espontaneidade, mas também na maioria dos rebentos tardios do Iluminismo, que defendem a consciência, mas não superaram essa separação rígida, própria da decadência, e, por isso, repetem a teoria decadente, porém com claves invertidas. Lenin percebe também aqui a unidade dialética da vida. Ele rejeita a espontaneidade como ideal, como limitação, mas a reconhece enquanto exteriorização da vida, enquanto parte, momento corretamente entendido do movimento global. Ele tira lições do movimento grevista russo e constata o caráter relativo de espontaneidade e consciência, a conversão ininterrupta de uma na outra. "Isso nos mostra que, no fundo, o 'elemento espontâneo' não é mais do que a forma embrionária da consciência da finalidade [*Zielbewusstheit*]."[4]

Desse modo, pela primeira vez na história do pensamento social, foi determinada a interação real dessas duas categorias. E é essa afinidade estreita, mantendo-se a separação mais acurada possível, que lança uma luz adequada sobre a concepção leniniana das relações existentes entre consciência e espontaneidade. Nesta como "forma embrionária da consciência da finalidade", expressa-se a prioridade do ser em relação àquela, o surgimento necessário do reflexo adequado da realidade a partir do movimento da própria realidade. Mas tal movimento não é automático. O desdobramento da consciência até a apreensão real do mundo e das tarefas do homem para sua reconfiguração não tem como efetuar-se por si mesmo, não ocorre sem trabalho consciente, não se processa sem tomar consciência do mundo exterior e de si. Para isso é indispensável que ocorra a ruptura com a espontaneidade. Pois somente esse

---

[4] Ibidem, p. 385 [ed. bras.: ibidem, p. 88]. No original de Lenin, a expressão "forma embrionária" está em destaque e, em vez do termo composto "*Zielbewusstheit*" (consciência da finalidade), o autor usa o termo simples "*Bewusstheit*" (consciência). (N. T.)

rompimento permite identificar a totalidade das forças atuantes na sociedade, sua direção, sua legalidade, as possibilidades de exercer influência sobre elas, e só assim esse conhecimento pode converter-se em propriedade espiritual dos que lutam por uma realidade melhor.

É preciso ter muita clareza quanto a esses dois aspectos da relação entre espontaneidade e consciência para apreciar corretamente a formulação leniniana de que a consciência revolucionária é introduzida "de fora" no proletariado. O sentido correto dessa – como o próprio Lenin diz – "fórmula rude" é tão simples quanto profundo e significativo:

> A consciência política de classe não pode ser levada ao trabalhador *senão do exterior*, isto é, de fora da luta econômica, de fora da esfera das relações entre trabalhadores e patrões. A única esfera de onde se poderá extrair esse saber é a das relações de *todas* as classes e camadas com o Estado e o governo, a esfera das relações de todas as classes entre si.[5]

O embrião da espontaneidade só se transforma em fruto efetivo por meio do trabalho consciente; a classe em si se converte em classe para si. O tribuno desperta essa consciência. A universalidade do seu conhecimento acelera o crescimento do embrião até a florescência: ele antecipa o desenvolvimento, promovendo-o e impulsionando-o. Os exaltadores da espontaneidade, em contraposição, seus perpetuadores irrefletidos e sentimentais, têm de limitar-se ao registro posterior de fatos consumados: eles se restringem, segundo Lenin, a "seguir o movimento marchando em sua retaguarda"[6]. Sua atividade não passa de um registrar árido, infrutífero e burocrático – por mais extasiado, "revolucionário" ou "proletário" que seja o tom assumido. Burocrático no senso mais geral, no pior sentido do termo: como freio do desenvolvimento vivo. Pois a espontaneidade, que não é capaz de alcançar nenhuma conclusão, desemboca – submetida a essa falsa fixação na consciência e elevada a princípio único – em distorcidas direções que produzem degenerações. O movimento espontâneo do proletariado adquire um conteúdo burguês: sua fixação teórica não é apolítica, mas político-reacionária.

---

[5] Ibidem, p. 436 [ed. bras.: ibidem, p. 145 modif.]. (N. T.)

[6] Ibidem, p. 408 [ed. bras.: ibidem, p. 115]. "*Chvost*" (cauda) é um termo-chave no contexto desse escrito de Lenin por dar origem ao conceito "chvostismo", que passou a designar o pensamento de retaguarda, o "reboquismo". Ver György Lukács, *Reboquismo e dialética* (trad. Nélio Schneider, São Paulo, Boitempo, 2015). (N. T.)

II. Burocratismo como forma fundamental de desenvolvimento da cultura capitalista

Mas o que tudo isso tem a ver com o destino da literatura? É evidente que a análise e o contraste dos dois tipos, feitos por Lenin, possuem um alcance extraordinário para a cultura, que sua importância vai muito além da situação contingente que os desencadeou e da esfera do movimento dos trabalhadores. Ora, isso significa que esse contraste se estende aos problemas mais profundos da literatura. Talvez alguém nos replique nestes termos: concedendo que o contraste entre tribuno e burocrata derive da divisão social do trabalho e das lutas de classe do capitalismo; concedendo que a sujeição de todos os setores da ideologia à circulação de mercadorias e que o tornar-se mercadoria de todos os produtos ideológicos sejam fatos de conhecimento geral desde o *Manifesto Comunista* – decorreria disso que o contraste indicado por Lenin é aplicável sem mais nem menos aos problemas últimos e essenciais da literatura da nossa época?

Obviamente, a possibilidade dessa aplicação ampliada está implicada na confrontação leniniana. As análises de Lenin sempre visam às questões fundamentais da cultura social e apreendem as tendências gerais e decisivas. A genialidade histórica desse autor na compreensão do "elo próximo da corrente" nunca é praticista nem relativista. Isso quer dizer que ela não se restringe à mera especificidade do momento investigado nem se detém na simples particularidade da classe para a qual se volta o interesse imediato de Lenin. Pelo contrário, ele vê a unidade da sociedade como desenvolvimento histórico dialético e contraditório.

No entanto, já em Hegel e ainda mais em Marx e Lenin, a unidade dialética é a unidade de unidade e diversidade. Na aplicação ampliada dessas ideias de Lenin, é preciso ressaltar logo de início esse fator da diversidade. Em termos concretos, isso significa que o problema da consciência se apresenta para a classe operária de modo diferente do que para todas as outras classes da sociedade capitalista e todas as classes revolucionárias anteriores na história. As relações entre a espontaneidade da consciência da classe proletária e até do instinto de classe, por um lado, e o socialismo, por outro, são algo específico que não pode ser transposto nem para outras classes, nem para outros períodos históricos.

Contudo, de modo nenhum decorre disso que o contraste entre espontaneidade e consciência – e, assim, o contraste entre burocrata e tribuno – *mutatis mutandis* – não seja um fenômeno histórico-social geral. Só é preciso levar em conta em que medida essa consciência abriga em si os traços característicos da "falsa consciência" ressaltados por Engels. Especialmente na análise sobre a arte, em que, como Engels mostrou, a apreensão adequada da realidade em sua integralidade e em seu movimento pelos grandes realistas também é possível, apesar da falsa consciência (vitória do realismo), tal aplicação da constatação de Lenin é perfeitamente indicada, devendo-se ter sempre em vista, no entanto, a diferença apontada. Essa limitação, porém, não significa que devemos nos intimidar com a aparência – socialmente necessária – de diversidade de fenômenos sociais singulares.

Aparentemente existe um antagonismo excludente entre o burocrata criticado por Lenin e todo fenômeno literário autêntico. Há, sem dúvida, uma literatura industrializada que se tornou pura mercadoria, produzida com rotina burocrática, com a qual não precisamos gastar nenhuma palavra neste contexto, visto que os fatos são por demais simples e evidentes. Ao contrário, na literatura propriamente dita, o tipo humano, social e artístico do verdadeiro escritor parece ser diametralmente oposto ao do burocrata: de um lado, objetivismo sem alma, subjetividade humana sem vida, puro domínio das relações coisais que se tornaram inteiramente formais e vazias; de outro lado, o culto cada vez mais intenso ao eu, à vivência registrada de maneira crescentemente pura, ao objeto intuído por meio da imediaticidade subjetiva não alterada pela reflexão, por mais consciente que seja o trabalho puramente artístico para alcançar tal espontaneidade.

Neste ponto, contudo, subitamente o leitor atento de *Que fazer?* se detém. Ele se recorda da primorosa passagem em que Lenin demonstra que o terrorista e o burocrata *tradeunionista* têm a mesma origem espiritual, a saber, a veneração da mera espontaneidade. Na realidade, a diferença entre o tipo representado por Oscar Wilde e o Karenin de Tolstói seria mesmo muito maior do que aquela entre Ivan Kaliaiev[7], o romântico e entusiasta plantador de bombas, "o poeta", como o chamavam seus companheiros, e um burocrata ao mesmo tempo empedernido e ladino como Leipart[8]? Se em um caso é possível

---

[7] Ivan Platonovitch Kaliaiev (1877-1905) foi um poeta russo, membro do Partido Revolucionário Socialista, que se notabilizou pela participação no assassinato do grão-duque Sergei Alexandrovich. Kaliaiev foi preso na cena do crime, condenado por assassinato e enforcado. (N. T.)

[8] Theodor Leipart (1867-1947), famoso sindicalista alemão na época da ascensão de Hitler ao poder. Para entender a referência de Lukács, é preciso saber que, no fim de 1932, a continuidade do regime constitucional na Alemanha passava pela desativação do Partido Nacional-Socialista

a conjunção polarizada de tipos frontalmente antagônicos, por que não no outro? Examinemos essa oposição mais de perto.

Nesse processo, não se deve vulgarizar nem simplificar a divisão capitalista do trabalho, nem mesmo seus reflexos subjetivos nos pensamentos, sentimentos etc. dos homens. A concepção de Plekhanov de que sobre o fundamento da economia surgiria uma "psicologia"[9], que, por sua vez, lançaria a base para as estruturas ideológicas, possui uma linearidade que põe em risco a pesquisa real. Pois, em última análise, o sentido social objetivo das reações imediatas (e conceitualmente fixadas no nível da imediaticidade) dos homens pode ser o mesmo, embora, em sua imediaticidade psicológica, essas reações se situem em polos opostos.

Lenin essencialmente ampliou e aprofundou a linha marxiana da luta em duas frentes. E a consolidação dessa teoria – que na confrontação e justaposição de economistas e terroristas em *Que fazer?* já atingira uma forma muito desenvolvida – baseia-se justamente no fato de que o desvio do marxismo tanto para a direita quanto para a "esquerda" é, em sentido político, igualmente oportunismo, porque em ambos os casos se verifica do mesmo modo a influência do ambiente burguês sobre o movimento operário.

Em lugar nenhum Lenin negligencia a diversidade no interior dessa unidade. A psicologia dos polos extremos correlacionados não só pode ser extraordinariamente diferenciada, como também as camadas específicas da sociedade burguesa, que, dependendo das circunstâncias concretas, constituem a base social própria de tal corrente, tampouco precisam ser sempre as mesmas nos dois polos. Contudo, a elaboração de sua especificidade não suprime a unidade; ela apenas sublinha os fatores histórico-sociais decisivos da respectiva situação histórica concreta em que essa unidade aparece.

Alemão (NSDAP) pela força militar. Kurt von Schleicher, o chanceler recém-empossado, encontrou-se com Leipart, secretário-geral dos sindicatos socialistas, para negociar uma curta trégua, apenas o tempo necessário para que o Exército prendesse os líderes nazistas, em cumprimento de mandados judiciais já expedidos. O plano era liquidar o partido nazista como ameaça à jovem democracia alemã, e ambos sabiam que haveria resistência e, consequentemente, derramamento de sangue. Leipart pediu alguns dias para pensar e, depois, negou-se a colaborar, alegando que sua consciência moral não lhe permitia concordar com um plano que implicava a morte de alemães. Semanas mais tarde, em 30 de janeiro de 1933, Hitler se tornou chanceler da Alemanha e, como se sabe, na sequência, o banho de sangue assumiu dimensões mundiais. Por muito tempo discutiu-se sobre as consequências da decisão de Leipart de, baseado em escrúpulos morais, não apoiar o plano do chanceler Kurt von Schleicher de livrar a Alemanha (e a Europa) dos nazistas por meio da força militar. (N. T.)

[9] Ver Georgi Plekhanov, *Os princípios fundamentais do marxismo* (trad. Sônia Rangel, São Paulo, Hucitec, 1978), p. 62. (N. T.)

Assim – retornando ao nosso exemplo –, o economicismo é caracterizado por Lenin como a "espontaneidade" do "movimento puramente operário", ao passo que, no terrorismo, verifica-se a "espontaneidade da mais inflamada indignação dos intelectuais que não sabem ou não têm possibilidade de articular o trabalho revolucionário e o movimento dos trabalhadores como um todo"[10]. Dessa forma, surge necessariamente uma psicologia totalmente diversa e até mesmo antagônica que, contudo, de modo nenhum suprime a igualdade da espontaneidade nos dois tipos que contrastam de forma tão nítida, a igualdade das suas causas e efeitos sociais.

Tampouco é possível simplificar as coisas na análise do burocratismo como fenômeno cultural de cunho geral no capitalismo. O contraste entre anarquia e mecanicismo que caracteriza a economia capitalista se expressa de maneira multifacetada, intrincada. A contradição fundamental entre produção social e apropriação privada é conhecida. Ela determina o caráter específico da divisão capitalista do trabalho, mais exatamente o contraste entre a divisão do trabalho na fábrica singular e na sociedade em seu conjunto. As mesmas forças econômicas que produzem nesta uma anarquia, geram naquela o mais rigoroso planejamento e a mais severa autoridade, razão pela qual Marx pôde enunciar praticamente como lei que essas duas divisões do trabalho são regidas por uma relação inversa.

Essa contradição faz com que a repercussão espontânea da empresa capitalista sobre os homens seja multifacetada e ramificada. É por isso que, na espontaneidade, na relação meramente imediata com o objeto imediato, precisam estar contidas tanto a anarquia do todo (que permanece desconhecida) quanto a imanência rigorosa, encerrada em si, autoritária, mecânica, da empresa singular (cujas conexões objetivas com o todo permanecem igualmente desconhecidas). A mistura dos dois componentes é sempre diferente, mas ambos podem ser constatados quase sem exceção.

Ora, quando se analisa o burocrata capitalista em sentido estrito, inicialmente verifica-se nele esse aspecto mecanicista e automatizado como característica essencial. Mesmo o burocrata mais elevado é mecanizado em alto grau – do pequeno funcionário (atendente de correio, caixa etc.), nem se fala. Max Weber disse certa vez que o capitalismo concebe o direito como um autômato[11],

---

[10] V. I. U. Lenin, "Was tun?", cit., p. 432 [ed. bras.: *Que fazer?*, cit., p. 141 modif.]. (N. T.)
[11] Ver Max Weber, *Parlamentarismo e governo* (São Paulo, Abril Cultural, 1974), p. 24. (N. T.)

no qual se joga o "caso legal" por um buraco e, prontamente, ele cospe a "solução" pelo outro, estando claro que essa "solução" teria de ser algo previsível em termos racionais. Portanto: aparentemente, o maior antagonismo possível em relação à espontaneidade.

Apesar disso, justamente nesse ponto apenas um romantismo raso e míope é capaz de negar a espontaneidade. Na sua tentativa de caracterização do burocrata, Max Weber faz mais ou menos a seguinte descrição de sua maior ambição: quando ele tem de executar uma ordem que contradiz suas convicções, ele se empenha para fazê-lo da melhor forma possível, ou seja, *lege artis*, com todos os refinamentos da arte protocolar. O protocolo, que, para ele, em si e para si surgiu desligado das conexões sociais globais, adquire uma existência ainda mais isolada que parece operar de maneira autônoma. A execução se converte em uma tarefa "artística" de cunho formal.

Assim, o ofício de teor capitalista assume uma "imanência" que é de fato determinada objetivamente pelo conjunto da sociedade, pela economia e pela luta de classes, mas cujo caráter verdadeiro aparece totalmente apagado no que se refere às suas repercussões espontâneas sobre os participantes singulares. A entrega sem ressalvas à espontaneidade de tal "imanência", isto é, a imediaticidade completa na conduta do sujeito em relação ao objeto de sua atividade e, desse modo, à conservação do isolamento, do enclausuramento do ofício singular em sua "imanência" e separação dos movimentos do todo, assegura o funcionamento correto no sentido capitalista e perfaz o burocrata ideal da sociedade capitalista.

No interior desse quadro, naturalmente podem surgir os mais diferentes subtipos: desde os burocratas bastante inconscientes, que trabalham como "engrenagens" da grande máquina e são dedicados à espontaneidade das empresas com toda a sua alma (isto é, sem alma alguma), até os "artistas" e "moralistas" do burocratismo.

"Caráter artístico" representa aqui nada menos que um paradoxo formal. Pensemos, por exemplo, no espirituoso diplomata Bilibin, cuja maneira de trabalhar Tolstói descreve em *Guerra e paz*: "Qualquer que fosse sua tarefa, fazia-a sempre bem. O que o interessava era o 'como' e não o 'porquê' das coisas. Importava-lhe pouco o fundo da arte diplomática, mas sentia um prazer extremo em compor com arte, justeza e elegância uma nota, uma circular, um memorandum"[12].

---

[12] Liev Tolstói, *Guerra e paz* (trad. Oscar Mendes, Belo Horizonte, Itatiaia, 2008), p. 137. (N. T.)

Associado a esse "caráter artístico", que já beira as teorias e condutas do *l'art pour l'art*, encontra-se o *páthos* moral do burocratismo. Também nesse ponto temos de nos limitar a um exemplo característico. Até mesmo Kant confere ocasionalmente à divisa *"fiat iustitia, pereat mundus"* [faça-se justiça, mesmo que pereça o mundo], que em si e para si já é burocrática, a seguinte formulação que descamba para o burocratismo grotesco e escurril: "Mesmo que uma sociedade civil tivesse de ser dissolvida pelo assentimento de todos os seus membros [...], o último assassino restante na prisão teria, primeiro, de ser executado, de modo que a cada um sucedesse o merecido por suas ações [...]"[13].

Todavia, a estreiteza burocrática de tais concepções kantianas não deixou de ser atacada pela literatura burguesa. Sob a influência ideológica da Revolução Francesa, Hegel submeteu o formalismo da moral e da filosofia do direito de Kant a uma análise aniquiladora. Os pormenores dessa crítica não são importantes para nós neste contexto; bem mais relevantes são suas condições históricas. Pois a Revolução Francesa (e, em parte, ainda o período napoleônico) deslocou os interesses gerais, nacionais e do povo tão resolutamente para o primeiro plano que as relações burocráticas entre os homens e suas atividades, incluindo até mesmo as do aparato estatal, foram temporária e parcialmente revogadas.

Não é supérfluo trazer isso à memória, pois mostra que – também na sociedade burguesa –, por um lado, o burocratismo é um conceito muito mais abrangente do que o do funcionalismo público, mas, por outro lado, que nem todo funcionário público assume forçosamente uma conduta burocrática em sua atividade. Balzac, o grande historiador da sociedade francesa, fornece-nos alguns exemplos marcantes da maneira de trabalhar de funcionários públicos napoleônicos, a saber, a forma entusiástica capaz de apreender a causa, o conteúdo, o todo. É fato que o Brideau de Balzac morre jovem: ele tomba no campo de batalha do trabalho. É fato que a sua Rabourdin[14] experimenta uma derrocada tragicômica no período da Restauração, ao tentar estabelecer o conteúdo e a organização de um ministério conforme os interesses públicos essenciais, e não de acordo com a espontaneidade da atividade burocrática. É fato que a sociedade burguesa só transcende essa espontaneidade "normal"

---

[13] Immanuel Kant, *A metafísica dos costumes* (2. ed. rev., trad. Edson Bini, Bauru, Edipro, 2008), p. 176 modif. (N. T.)

[14] Joseph Brideau e Célestine Rabourdin são personagens de *Comédia humana*, de Honoré de Balzac. (N. T.)

em grandes períodos revolucionários; e, nesses períodos, apenas em casos excepcionais – todavia não isolados, mas sintomáticos.

No entanto, exatamente esses casos extraordinários mostram a insuperabilidade do burocratismo na sociedade capitalista. As forças econômicas objetivas de sua divisão do trabalho o produzem e reproduzem de modo ininterrupto, tanto em escala maciça quanto na forma de virtuosismos individuais de diversos tipos; interesses de classe específicos da burguesia promovem esse desenvolvimento com todos os meios que lhe são possíveis.

Nessa análise, a coincidência de interesses da classe burguesa e do espírito burocrático tampouco pode ser pensada em termos vulgares, simplórios e lineares. Quando descreve a gênese do jurista profissional a partir da divisão capitalista do trabalho, Engels ressalta que, nesse caso, inaugura-se um setor "que, não obstante toda a sua dependência geral em relação à produção e ao comércio, possui também uma capacidade particular de reagir a esses setores"[15]. Em casos isolados, essa capacidade particular de reação, a espontaneidade "imanente" desse setor (e também de outros, surgidos por razões similares), pode levar inclusive a conflitos acirrados; o burocrata subjetivamente honesto – que "aprofunda ideologicamente" a espontaneidade do seu setor, ou seja, sua conduta espontânea em relação a ele, e que, com *páthos* moral, faz dela o conteúdo de sua vida – poderá violar com muita facilidade, no caso isolado, os interesses de classe da burguesia. No entanto, como quer que tais conflitos sejam travados, de modo trágico, cômico, tragicômico ou inócuo – seu emergir, indispensável por natureza, mas igualmente esporádico por necessidade natural, nada muda no fato fundamental de que o burocratismo baseado na divisão capitalista do trabalho, caracterizado pela espontaneidade "imanente" de seus setores particulares singulares, constitui a proteção mais segura dos interesses globais da burguesia. O conflito no caso singular serve apenas de pano de fundo para a convergência geral.

A consolidação da espontaneidade no burocratismo é apenas o ponto alto marcante de seu efeito geral de conservação social, de estabilização da sociedade, que é a habituação. Lenin a considera um fator social tão importante que lhe atribui – ainda que em sentido bastante modificado e com conteúdos diametralmente opostos – um papel relevante também no processo da gênese

---

[15] Carta de Engels a Konrad Schmidt em 27 de outubro de 1890. Em Karl Marx e Friedrich Engels, *Werke*, v. 37 (Berlim, Dietz, 1975), p. 491. Ver tradução de Rodnei Nascimento em G. Lukács, *História e consciência de classe* (São Paulo, Martins Fontes, 2003), p. 228. (N. T.)

do socialismo. No capitalismo, o funcionamento normal da sociedade requer uma habituação de todos os homens aos lugares indicados a eles pela espontaneidade da divisão do trabalho; aos deveres que brotam espontaneamente desses postos assumidos na divisão social do trabalho; ao fato de que o grande curso do processo social global anda por vias próprias, independentemente de sua vontade e desejos, de que eles podem contemplar esse curso apenas como espectadores, *a posteriori*, e de que a decisão sobre seu rumo não está em suas mãos. Marx, Engels e Lenin demonstraram repetidamente que a aparência da decisão autônoma do povo nas democracias capitalistas não passa mesmo de uma aparência que faz parte do sistema dessa habituação ao funcionamento normal do capitalismo. Somente as épocas de efetivas revoluções democráticas populares constituem exceção. Pensemos na nitidez com que Engels (na crítica do programa de Erfurt) distingue o período anterior a 1798 da época posterior a essa data e denomina a Terceira República de império sem imperador[16].

No capitalismo, a habituação equivale, portanto, a um embotamento geral. Os homens passam a conceber a espontaneidade capitalista como natural e normal, e aprendem a reagir às suas exteriorizações como se reage a tempestades ou ao calor exagerado, isto é, como a acontecimentos da natureza, que podem perfeitamente ser desagradáveis ou causar eventual irritação, mas que devem ser aceitos como são; do mesmo modo se dá a habituação à inumanidade capitalista. Ela é tremendamente importante para o aspecto ideológico da estabilidade do capitalismo, pois impede tanto o surgimento de uma revolta duradoura e fundamental contra a injustiça e a inumanidade quanto um entusiasmo por grandes sublevações humanas que vão além da simples postura de espectador e da mera sensação emotiva, nas quais sempre está implicada – consciente ou inconscientemente – uma tendência para a revolta contra o sistema capitalista.

Essa habituação produz uma relação espontânea e mecanicista entre as pessoas da sociedade capitalista e os fenômenos vitais, uma relação que os registra burocraticamente. Nem o bem nem o mal interrompem de modo decisivo a "operação" dessa maneira de viver que funciona de forma tranquila. Os escritores de fato grandes se revoltam incessantemente contra esse

---

[16] Friedrich Engels, "Zur Kritik des sozialdemokratischen Programmentwurfs 1891", em Karl Marx e Friedrich Engels, *Werke*, v. 22 (Berlim, Dietz, 1972), p. 236. (N. T.)

embotamento. Assim, em *Dombey e filho*[17], Dickens oferece uma descrição bastante notável dessa situação. O funcionário público Morlin nada percebeu da mudança radical que se operou no caráter de um homem com o qual compartilhou diariamente o mesmo escritório. Sentindo-se envergonhado por causa disso, ele deixa escapar esta confissão amarga e verdadeira:

> Nós, porém, continuamos a viver dia após dia do nosso jeito regular e tradicional e não percebemos essas mudanças ou não conseguimos acompanhá-las. [...] O ócio de que dispomos não é suficiente para observá-las. Não temos coragem. Essas coisas não são ensinadas em escolas nem em universidades, e não sabemos como lidar com elas. Em suma, somos tão danadamente metódicos. [...] Asseguro-lhe [...] que tenho todas as razões para crer que o trote diário e comum da vida, sempre igual um dia após o outro, é capaz de nos reconciliar com tudo. Não vemos nada, não ouvimos nada, não sabemos de nada – isto é líquido e certo. Aceitamos tudo como se fosse natural e assim prosseguimos até fazer tudo que fazemos, o bem, o mal, o indiferente, por puro hábito.

A amargura justificada de Dickens pinta um quadro sombrio em tons de cinza. E, no fim das contas, essa também é a verdade sobre a habituação capitalista. No entanto, sua práxis cotidiana de modo nenhum exclui a sensação, a excitação vazia, o êxtase estéril. De fato, assim como a embriaguez de aguardente do trabalhador desesperado da vida e a embriaguez de champanhe do rico ocioso e enfadado se dissolvem nesse gris da falta de sentido da vida capitalista, também se desfazem nele os êxtases e as sensações da vida política, pública e privada, da literatura e da arte.

Goethe faz uma descrição plástica dessa conexão em relação a uma etapa do desenvolvimento em que o elemento filisteu presente na burguesia alemã ainda era dominante. No *Fausto*, ele põe na boca de um filisteu as seguintes palavras:

> Não sei de nada melhor que, nos domingos e feriados,
> Desfiar conversas sobre guerras e porfia,
> Enquanto lá longe, nos grotões da Turquia,
> Os povos se digladiam em combates acirrados,
> Parado junto à janela, esvaziar uma tacinha...[18]

---

[17] Charles Dickens, *Dombey and Son* (Londres, Bradbury & Evans, 1848) [ed. bras.: *Dombey e filho*, São Paulo, Paulinas, 1967]. (N. T.)

[18] J. W. Goethe, "Diante da porta da cidade", em *Fausto: primeira parte da tragédia*. Tradução nossa. Ver *Fausto: segunda parte* (trad. Jenny Klabin Segall, São Paulo, Editora 34, 2011), p. 90; e *Fausto/Werther* (trad. Alberto Maximiliano, São Paulo, Nova Cultural, 2002), p. 43. (N. T.)

Desde então, estilo e técnica da excitação modificaram-se radicalmente no capitalismo. Mas sua função social no processo da habituação permaneceu: os filisteus, as pessoas que, petrificadas em burocratas de sua própria vida, aceitaram durante anos como "naturais" os milhões de vítimas da Primeira Guerra Mundial imperialista – inclusive quando seus filhos e irmãos figuravam entre elas; as excitações provocadas pelos boletins diários apenas consolidaram a habituação.

A melhor forma de aclarar essa conexão é mediante um contraexemplo. Uma crise de Estado se instaurou na França, quando o destino de um indivíduo, a saber, o do injustamente condenado capitão Dreyfus, não mais pareceu, primeiro, a uma vanguarda intelectual e, depois, a amplas massas, um fato a ser registrado como "habitual", normal e natural. Pois agitação [*Aufrütteln*] e excitação são opostos mutuamente excludentes, embora suas manifestações exteriores possam por vezes assemelhar-se. Mas aquela se volta contra a habituação burocrática à espontaneidade capitalista, apelando a uma busca pela tomada de consciência do processo global, enquanto esta, passado o êxtase estéril, reconduz ao cotidiano da habituação, apoiando e reforçando a espontaneidade capitalista por meio da distração propiciada por ela.

III. Tragédia e tragicomédia do artista no capitalismo

Habituação adornada com sensação, embotamento tornado palatável pelo êxtase: é isso que os interesses de classe da burguesia exigem da literatura e da arte. O escritor como especialista na arte de criar suspense, interesse, arrebatamento e tranquilização é produto da divisão capitalista do trabalho. Os interesses de classe da burguesia aceleram e reforçam esse processo.

Contudo, de modo nenhum esse processo ocorre sem encontrar resistência – por mais forte que seja a repercussão dos fatores socioeconômicos objetivos determinantes. Engels mostrou que a grandeza dos homens da Renascença, como Leonardo e Michelangelo, baseava-se justamente no fato de eles ainda não estarem submetidos à divisão capitalista do trabalho[19]. Essa vantagem de atuar em um capitalismo ainda pouco desenvolvido vai sendo perdida, ano a ano, pelos ideólogos da época Moderna por força de uma necessidade objetiva.

---

[19] Friedrich Engels, "Dialektik der Natur", em Karl Marx e Friedrich Engels, *Werke*, v. 20 (Berlim, Dietz, 1962), p. 312 [ed. bras.: *Dialética da natureza*, 4. ed., Rio de Janeiro, Paz e Terra, 1985, p. 16]. (N. T.)

Mas os grandes homens da época pós-renascentista sentem que a preservação do desdobramento universal de sua personalidade, sua ligação com a vida do povo tecida por muitos fios, sua atuação nos mais diferentes setores da sociedade, em suma, sua não capitulação diante das exigências da divisão capitalista do trabalho é de interesse vital da cultura. Da mesma forma que as revoluções populares autênticas, sobretudo a de 1793-1794, conquistaram as finalidades da democracia burguesa contra a vontade da burguesia, também vem se dando, nos últimos séculos, o progresso ideológico em luta incessante contra as condições objetivas e os requisitos subjetivos da dominação da burguesia.

Swift e Voltaire, Diderot e Rousseau, Lessing e Goethe puseram a salvo da torrente avassaladora da barbárie burguesa ilhas esplêndidas da cultura humana. No entanto, não é possível deter o processo social. Também esses esforços geniais e heroicos e esses êxitos individuais continuarão a ser casos isolados. O capitalismo economicamente vitorioso supera cada vez mais a resistência dos autênticos portadores da cultura. Na mesma proporção em que a economia das mercadorias se generaliza, todos os bens de cultura também se transformam em mercadorias, e seus produtores, em especialistas submetidos à divisão capitalista do trabalho.

À primeira vista, o desenvolvimento da conversão em mercadoria [*Zur-Waren-Werdens*] – apesar dos traços comuns já evidenciados – parece constituir o exato oposto do caminho até o burocratismo anteriormente esboçado. Pois observamos neste uma abstração crescente em relação à vivência, um enxugamento cada vez maior em uma rotina formal-ideal (apesar ou exatamente por causa da espontaneidade); observamos naquele desenvolvimento, em contraposição, uma exclusividade gradualmente acentuada do vivenciar, uma rejeição cada vez maior de tudo o que vai além da vivência. O escritor torna-se um especialista do vivenciar, um virtuoso da imediaticidade, um arquivista da alma.

Todavia, há no desenvolvimento da arte moderna aspirações que atenuam essa polaridade abrupta. A partir do naturalismo emergem seguidamente tendências que desejam converter a literatura em "ciência" e eliminar a subjetividade poética. Bem significativo é o modo como os fundadores do naturalismo alemão criticam Zola por sua subjetividade, tentam corrigi-lo e superá-lo mediante a eliminação dela. A "Nova Objetividade" [*neue Sachlichkeit*], a literatura de "montagem" e a literatura de "fatos", por sua vez, nutre profundo desprezo pelo subjetivismo de caráter vivencial dos naturalistas mais antigos e, em termos objetivos, ainda vai além destes no rumo da simples fixação de fatos empíricos brutos e seu comentário arquivista árido. Desse modo, as piores qualidades das "ciências particulares" do período da decadência ideológica são glorificadas como traços do caráter do escritor moderno: um empirismo rastejante, uma especialização burocrática, o estranhamento e a desvinculação completos em relação aos contextos vivos do todo.

Mas isso não passa de uma corrente secundária. Ela é instrutiva porque mostra a conjunção polarizada entre o culto à vivência e a "ciência" burocratizada no interior da própria literatura. Contudo, mesmo sem esse auxílio se consegue reconhecer os efeitos fetichizantes da conversão geral da literatura em mercadoria inclusive no caso da subjetividade enfatizada e sobre-enfatizada. A vivência, a "nota pessoal", converteu-se no valor de uso incontornavelmente necessário para gerar a venalidade, o valor de troca das obras literárias.

Na literatura autocrítica do período da decadência – veremos adiante que determinada nuança da autocrítica constitui uma marca essencial dessa decadência – aflora reiteradamente a comparação com a prostituição. Sem levar em conta a base sentimental estéril, por ser praticamente ineficaz, do espírito de autoflagelação que aqui se expressa, sem sublinhar, portanto, o juízo de valor contido nessa comparação, pode-se dizer que ela é correta em termos econômicos: nos dois casos, trata-se da transformação em mercadoria da subjetividade última do homem.

Essa comparação também aparece na espirituosa peça de um único ato intitulada *Literatura*, de Arthur Schnitzler, sendo exposta pela ação de modo muito vívido e convincente. A ação gira em torno de um escritor e de uma escritora que viveram um caso amoroso. Obviamente, cada um deles se serve da experiência pessoal para escrever um romance; e, obviamente, ambos usam os "documentos autênticos", os "documentos vividos" do seu amor. Assim, os dois romances contêm – para surpresa e indignação recíprocas – a correspondência amorosa completa. O homem fica fora de si, indignado moralmente, pelo fato de a mulher ter passado a limpo cada uma das cartas de amor e por ter guardado o rascunho para uso futuro. A mulher, por sua vez, fica igualmente inconformada com o fato de seu parceiro ter feito cópia de suas missivas e igualmente de tê-las arquivado visando ao emprego literário.

Trata-se aqui, é certo, de um caso grotescamente extrapolado de prostituição da experiência vivida. Mas o grotesco sempre é apenas a exageração fantasiosa de algo que de fato existe na realidade. E nele tornam-se veridicamente visíveis as contradições internas presentes na base vivencial do escritor decadente.

Nesse processo, vêm para o primeiro plano, de modo extraordinariamente marcante, os traços que o esteta e o burocrata têm em comum. Lembremos *Anna Karênina*, de Tolstói. O burocrata Karênin percebe que a mulher estava começando a se apaixonar por Vrónski. Ele se prepara para fazer reparos a Anna e prescrever-lhe regras de comportamento. O autor descreve da seguinte maneira o processo que se passa no seu íntimo:

> E na cabeça de Aleksêi Aleksándrovitch elaborou-se com clareza tudo o que diria à mulher. Ponderando suas razões, lamentava ter de empregar tempo e energia mental, de modo tão despercebido, em questões domésticas; todavia, delineou-se-lhe na cabeça, clara e nitidamente como um relatório, a forma e a sequência do que diria.[20]

Nos dois casos, o atrofiamento humano tem as mesmas bases sociais: a perda do vínculo com o processo global da sociedade, a autonomização fetichizada do respectivo setor parcial da atividade, a entrega à espontaneidade petrificada na "concepção de mundo" gerada por necessidade natural a partir dessa autonomização. Também aqui o autômato mencionado por Max Weber reclama seus direitos, mas dessa vez, depois de introduzida a moeda, o que sai da caixa não são juízos nem decisões, mas vivências. A dança macabra da racionalidade do comércio de mercadorias adquire aqui uma nuança a mais de lugubridade. Surge um centro comercial das vivências puras e imediatas, um bazar das "coisas últimas", uma liquidação da personalidade humana a preços muito rebaixados.

Esse é o ato final cômico-grotesco. Mas as peças satíricas, do tipo que vimos no caso de Schnitzler, foram precedidas por todo um ciclo de tragédias autênticas. Já falamos da resistência que os representantes realmente grandes da literatura ofereceram às repercussões devastadoras da cultura resultantes da divisão capitalista do trabalho. A falta de perspectiva geral de êxito social dessa resistência não reside somente no fato de que a subsunção de toda a sociedade sob a divisão capitalista do trabalho acarretou, por muito tempo, um desenvolvimento até então inconcebível das forças produtivas, desenvolvimento que necessariamente não poderia ser impedido, dado seu caráter economicamente progressista, por mais funestas que possam ter sido suas repercussões sobre a cultura. Desse fato, por si só, deveria ter resultado apenas a maior raridade, a contundência decrescente daquela resistência. Contudo, o que ocorreu foi uma mudança qualitativa, de conteúdo.

---
[20] Liev Tolstói, *Anna Karênina* (trad. Sérgio Lozar, Belo Horizonte, Itatiaia, 2007), p. 111. (N. T.)

O motivo decisivamente novo é a mudança da relação entre o grande artista e a cultura do seu tempo, entre o artista, as bases sociais e a tendência de desenvolvimento dessa cultura – em suma: o posicionamento do artista diante da classe burguesa se tornou problemático. Com a instabilidade dessa base, a luta contra as consequências culturais da divisão capitalista do trabalho adquiriu um caráter diferente, renovado, desesperado e trágico. Pois a mudança da relação entre o artista e sua própria classe assume a forma fenomênica de uma mudança da relação entre arte e vida.

O que significa vislumbrar no grande escritor o tipo do tribuno em contraposição ao do burocrata? Não significa de modo algum, necessariamente e sempre, um posicionamento político imediato diante das questões atuais; nem, muito menos, necessariamente e sempre, a adesão a um dos partidos em luta nesse período, a proclamação poética de suas palavras de ordem – o que, exatamente, não se constata em muitos grandes escritores. Seu tribunado, seu "partidarismo" no sentido leniniano, expressa-se muitas vezes precisamente na rejeição das divisões partidárias existentes. É o que ocorre, por exemplo, quando essa recusa se baseia no fato de Lessing, na Alemanha, e Shelley, na Inglaterra, não reconhecerem nenhum dos partidos, movimentos ou grupos existentes como apropriados para representar a causa maior do povo, da nação e da liberdade, à qual dedicaram a obra de sua vida artística. O que importa é essa entrega, é sua profundidade intelectual e artística, é a intimidade de seu enraizamento nos desejos e nas esperanças reais, nas alegrias e nos sofrimentos reais do povo trabalhador.

Já estamos cientes da contradição entre os estreitos interesses de classe da burguesia e a cultura que surge sobre a base econômica e social do desenvolvimento das forças produtivas provocado pelo capitalismo. Quanto mais avança esse desenvolvimento, tanto mais aguda se torna a ruptura entre os interesses de classe da burguesia e as exigências vitais da cultura, mesmo de uma cultura burguesa. Suas bases sociais sempre estiveram prenhes de conflitos; agora ela ingressa no estágio da dilaceração trágica.

O ponto arquimédico sobre o qual os grandes escritores se apoiaram para tirar o mundo do seu eixo, a perspectiva a partir da qual seus reflexos [*Widerspiegelungen*] abrangentes, verazes, profunda e generosamente realistas da verdade da sociedade burguesa surgem como reflexos [*Spiegelbilder*] do desenvolvimento da humanidade, sempre teve algo de utópico. A sabedoria trágica, mediante a qual um Shakespeare foi capaz de criticar com justiça tanto o feudalismo decadente quanto as dores de parto do capitalismo, evidenciando naquele a pompa trágica, e neste, as forças demoníacas de sangue e imundície, está enraizada de maneira profunda na vida popular da sua época; ela é condicionada socialmente pelas contradições que entranham o processo da humanidade por vias escarpadas e intrincadas, por sofrimentos sem fim do povo, pelo esfacelamento de culturas inteiras, pela aniquilação de florescentes e vigorosos extratos populares. Porém, o ponto a partir do qual essas tragédias da humanidade foram apropriadamente exibidas e equilibradamente retratadas em seu resplendor e miséria possui um caráter utópico também em Shakespeare – caráter que, sendo verdadeiro enquanto anseio popular, autêntico enquanto tendência entusiástica para o espírito humanitário e a cultura, confere-lhe a irrealidade [*Irrealität*] da irrealizabilidade.

Esse ponto arquimédico pode ser ilusório da perspectiva sociopolítica; mas, posteriormente, ele ganha realidade mediante a configuração multifacetada e completa da vida, mediante um caráter popular mais autêntico. Ou melhor: ele é indispensável à configuração; visto a partir da configuração consumada, ele quase tem o efeito de uma construção auxiliar; medido no realismo da configuração, seu efeito é praticamente o de um corpo estranho. Essa dialética do verdadeiro e do falso, do realista e do utópico, do desvio pela ilusão (historicamente incontornável) para chegar à apreensão firme do historicamente autêntico e do moralmente perene – essa dialética que brota das contradições do próprio desenvolvimento social forma a base da "vitória do realismo" de Engels.

A conquista desses pontos arquimédicos se torna cada vez mais problemática no curso da história. Goethe, Walter Scott, Balzac, Tolstói devem sua imperecibilidade à semelhante dialética das contradições (cujas formas e conteúdos históricos e sociais concretos naturalmente são distintos em cada um dos autores); porém, já no caso deles, pode-se observar como essa base se torna problemática, como fica cada vez mais difícil resolver as contradições.

Esse desenvolvimento reverte no qualitativamente oposto: o ponto arquimédico deixa de proporcionar um panorama abrangente da vida social da humanidade como um todo; em seus traços utópicos, passam a predominar o vazio e a estranheza diante da vida; cada vez menos as contradições entre ponto de partida utópico e reprodução abrangente da realidade dão origem a uma "vitória do realismo"; a utopia, muitas vezes com suas tendências reacionárias colaterais, passa a ter uma interferência cada vez mais forte e perturbadora na própria configuração.

O segredo desses pontos arquimédicos é que, em escritores que alcançaram esse nível elevado, o amor inquebrantável pelo povo, o amor à vida, a confiança no progresso da humanidade e a íntima vinculação aos problemas de sua própria época não são anulados pela expressão intrépida e corajosa de todo o existente, pela mais aniquiladora das críticas à inumanidade da vida social. Em toda sociedade de classes, notar tudo e amar a vida é um paradoxo, uma contradição dialética, que, no entanto, por muito tempo foi capaz de exercer um efeito frutífero e criativo. Somente quando ela se aprofunda em uma alternativa excludente, surge o dilema trágico para os escritores, começa o período trágico da arte.

Pois somente a interação produtiva dos dois fatores contraditórios da afirmação e da negação impede que o trabalho artístico na obra, a formação do meio de expressão especificamente estético, degenere até mesmo sua consumação clássica na "especialização". Apenas o amor à vida é capaz de conferir à veracidade corajosa do artista amplitude, largueza e profundidade em tudo o que ausculta e reproduz. Quando surge uma situação social em que o artista é forçado a odiar e a desprezar a vida, na qual ele até mesmo começa a voltar-se para a vida com indiferença, estreita-se a verdade das melhores observações; superfície e essência da vida humana divergem; a primeira se esvazia e só pode ser reanimada por meio de ingredientes materiais estranhos [*stoff-fremde Zutaten*], enquanto a segunda se torna alheia à vida, trivial ou preenchida com profundidade meramente subjetiva, falsa. (Para evitar qualquer mal-entendido, enfatizamos que o ódio cheio de desprezo com que Chtchedrin ou Swift cumularam o regime social de sua época é de um gênero bastante diferente. Ambos foram capazes – de modos distintos, em conformidade com suas situações históricas – de amar a humanidade e a vida nesse ódio, exatamente por meio dele.)

E o outro lado é este: quando acontece tal afrouxamento, quando a sociedade extingue o amor à vida, a arte se torna autônoma em relação à vida de um modo funesto; arte e vida se separam e se confrontam de maneira hostil. A autonomia é a atmosfera indispensável para a existência da arte. No entanto, há autonomia e "autonomia". Uma é um momento da vida, o aumento de sua riqueza e a intensificação de sua unidade cheia de contradições; a outra é um enrijecer, um estéril fechamento em si mesma, um isolar-se do contexto global dinâmico.

Exatamente neste ponto é possível aquilatar de maneira correta a profundidade das determinações leninistas da relação entre espontaneidade e consciência, da primeira como forma embrionária da segunda. Sem uma autêntica e imediata comoção pela vida, tanto por sua superfície quanto por sua profundeza, sem a paixão espontânea da criação, não existe arte. Ora, para esta última trata-se concretamente do seguinte: de um lado (em relação à vivência imediata que o escritor tem da vida), é de se perguntar: embrião para quê? De outro lado (relativo à paixão poética igualmente espontânea pela beleza e perfeição da forma), a questão tem o seguinte teor: expressão de que é essa forma? Perfeição de que é essa beleza?

Para a reflexão moderna sobre a arte, a relação entre vivência da vida e visão da forma está oculta em uma obscuridade irracional-mística. Contudo, a objeção contra sua clarificação – a saber, que a teoria da arte e a história da arte não teriam condições de descobrir as razões pelas quais Leonardo da Vinci ficou encantado justamente com o modelo da Mona Lisa – não é mais sensata nem mais conclundente do que a exigência tola feita a Hegel pelo merecidamente esquecido professor Krug: se aquele tem a pretensão de propor um sistema da dialética, deveria, então, tentar "deduzir dialeticamente" a caneta do professor Krug[21].

De fato, nunca se pode suprimir o elemento da contingência em toda singularidade e particularidade, pois se trata de um elemento do processo real. A tarefa da teoria só pode ser, de um lado, revelar as legalidades gerais da dialética entre contingência e necessidade e, de outro, analisar concretamente seus modos fenomênicos concretos nos casos singulares. Trata-se aqui, portanto, das relações gerais entre a espontaneidade (tanto na vivência da vida quanto na visão da forma) e o trabalho artístico consciente (que também comporta o trabalho do artista em sua concepção de mundo). Dado que o reflexo da realidade está oculto – objetivamente, ou seja, independentemente da ideia que o artista tem dele – nas duas espontaneidades, bem como na continuação do desenvolvimento consciente e na elaboração dos embriões nelas contidos, depende das tendências da própria vida social convergir no ou divergir do artista.

O que significa o trabalho de formação para o artista que ainda consegue amar a vida, cuja ligação com seus semelhantes humanos ainda não se rompeu? A exposição que Tolstói faz do modo de trabalho do seu pintor Mikháilov em *Anna Karênina* lança uma clara luz sobre todo esse complexo. Mikháilov faz em seu quadro modificações e correções "puramente formais".

---

[21] G. W. F. Hegel, *Como o senso comum compreende a filosofia* (Rio de Janeiro, Paz e Terra, 1995). (N. T.)

Ao fazer, todavia, esses retoques, ele não modificava a figura, apenas eliminava o que a escondia. O artista como que tirava dela a mancha sob a qual não era vista inteiramente; cada novo traço apenas a mostrava em toda a sua enérgica força [...]. Em tudo o que pintara via defeitos que lhe feriam os olhos, resultado da imprudência com que tirava os véus [...].[22]

Tolstói passa a contrapor então essa relação entre o trabalho artístico e a vida à concepção moderna dominante, para a qual o talento representa "a capacidade inata, quase física, independente do espírito e do coração"[23].

O fato de Tolstói – que também faz contraposições desse tipo em seus escritos estéticos – chegar com frequência a conclusões erradas no embasamento intelectual e social da antítese não muda em absoluto a verdade fundamental do próprio contraste. Do mesmo modo, uma falta de consciência parecida (ou às vezes ainda maior) a respeito das bases sociais desse fenômeno não diminui o testemunho sobre esse fato por parte de outros artistas modernos que amam a verdade sem reservas.

Ao contrário: quanto mais imediata for a percepção que tais escritores têm do antagonismo hostil entre arte e vida, tanto maior será a plasticidade com que conseguem apontar nele o que tem validade geral na sociedade moderna – claro que somente se eles próprios não sucumbirem passivamente à imediaticidade dessa vivência, somente se puderem tomar consciência, em termos humanos e artísticos, da contradição nela contida. Vejamos um exemplo bem simples. Em seu interessante romance O *lírio vermelho*[24], Anatole France descreve o amor entre um artista e uma aristocrata. O que chama nossa atenção aqui é apenas um breve episódio. Certa vez, a mulher pergunta ao amado por que ele não esculpia seu busto. Ele responde: "Por quê? Porque sou um escultor medíocre. [...] Para criar uma figura que viva é preciso tomar o modelo como uma matéria vil, de onde se extrai a beleza, que se espreme, que se macera, para lhe tirar a essência"[25]. Nela, na pessoa que ele amava, tudo era essencial e, por isso, como artista, ele ficaria servilmente preso a detalhes e jamais chegaria a compor um conjunto.

---

[22] Liev Tolstói, *Anna Karênina*, cit., p. 339 e 343. (N. T.)
[23] Ibidem, p. 344. (N. T.)
[24] Anatole France, *Le Lys rouge* (Paris, Calmann Lévy, 1894) [ed. bras.: *O lírio vermelho*, trad. Marques Rebelo, Rio de Janeiro, Irmãos Pongetti, 1959]. (N. T.)
[25] Idem, *O lírio vermelho*, cit., p. 217. (N. T.)

Como experimento, tente-se, em pensamentos, fazer um Rafael ou um Ticiano compreender essa concepção, e imediatamente se verá a impossibilidade de encontrar uma linguagem comum entre o artista da Renascença e o artista da nossa época. Para aqueles, a autonomia relativa, a legalidade formal própria do processo artístico de criação ainda não haviam se desvinculado do contexto global da vida; subjetivamente, tal legalidade representava para eles, de fato, a intensificação máxima da sua sensação vital, do seu amor pela vida. Isso corresponde ao fato objetivo de que a obra de arte é um reflexo concentrado e intensificado da vida. Goethe, que sentiu vividamente e compôs com profundidade a tragédia do artista que se avizinhava de maneira ameaçadora no mundo do capitalismo, chegou a erigir um monumento imperecível a essa antiga unidade de arte e vida, por exemplo, em *Römische Elegien* [As elegias romanas][26].

A relação entre o grande artista e o modelo é somente um caso singular-sensível e plástico de uma relação modificada entre arte e vida. Em Flaubert e Baudelaire, todo esse complexo está no centro de sua estética do desespero, de uma filosofia da arte que se originou do ódio e do desprezo pela sociedade burguesa já constituída. Análogo é o caso de Henrik Ibsen: ao fim de uma longa vida preenchida pela luta contra a baixeza e o efeito humilhante dessa sociedade, uma luta que, em virtude do crescente desespero diante da situação sem saída, converteu-se em autocrítica à existência de escritor, esse poeta voltou a conferir à sua autoacusação a forma da tragédia do artista e do modelo. O que em Anatole France foi apenas um episódio – ainda que importante e significativo –, aqui se transforma em ponto central da tragédia: se o artista deseja ser sincero enquanto artista e fiel a si próprio, se quer chegar ao fim de sua trajetória como artista, ele precisa matar toda a vida em si e à sua volta. O despertar do espírito humanitário arrependido acontece, com terrível necessidade, tarde demais, pois para ser humano seria preciso renunciar à arte, ao viver de modo pleno a condição de artista. "*L'homme n'est rien, l'œuvre est tout*" [O homem nada é, a obra é tudo], proclamara Flaubert[27].

Esse "epílogo dramático" de Ibsen é a síntese trágica de um conflito que amadureceu no século XIX e que se tornou cada vez menos passível de solução.

---

[26] J. W. Goethe, "Römische Elegien", em Bernt von Heisener (org.), *Gesammelte Werke in sieben Bänden* (Gütersloh, Bertelsmann, s. d.). (N. T.)

[27] Carta de Gustave Flaubert a George Sand em dezembro de 1875. (N. T.)

Diderot e Goethe já o haviam experimentado. Em O *sobrinho de Rameau*[28], o jovem Rameau conta ao Diderot do diálogo a história de como um renegado judeu saqueia "com arte" um correligionário e, ao fazê-lo, entrega-o à câmara de tortura da Inquisição. Rameau admira essa "arte" e compõe sua narrativa do fato de tal maneira que aparece somente a relação nua e crua entre enganar e ser enganado como superioridade da energia e inteligência fortes sobre as mais fracas. O que ele narra aqui nada é além de uma novela moderna escrita segundo todas as regras do *l'art pour l'art*. (Pensemos em *Pen, pencil and poison* [Pena, pincel e veneno][29], de Oscar Wilde, e nos Karênins, Bilibins e consortes.) O Diderot do diálogo replica com uma indignação ainda ingênua: "Não sei o que me causa mais horror, se a vileza do renegado ou o tom com que o senhor fala disso!". Mas seria isso realmente tudo o que pensa o autor francês? Pois foi ele que criou o diálogo e, dentro dele, o personagem Rameau, e Hegel vê com razão a "consciência dilacerada" de Rameau como o espírito real, a dialética autêntica da realidade em contraposição à "inculta carência--de-pensamento" que no diálogo é representada pela "consciência honrada" (da figura de Diderot)[30].

É verdade que em O *sobrinho de Rameau* fala ainda um renegado, um *outcast*. Mas Goethe vê claramente – e representa tragicamente em *Torquato Tasso*[31] – que a paixão exclusiva pela arte tende a separar o artista de toda comunidade humana. E boa parte da obra de sua vida é dedicada à luta contra essa tendência. O próprio Tasso é um "Werther" intensificado; em todo o *Wilhelm Meister*[32] e até em *Fausto* está contida a tentativa de superar o destino de Tasso de tal maneira que a arte e a conduta autenticamente artística em relação a obra e vida sejam salvaguardadas apesar de tudo. Temos em Diderot, portanto, o tipo acabado do estranhamento entre arte e vida, mas, de início, só como exceção espirituosa, moralmente abjeta. E temos em

---

[28] Denis Diderot, *Le Neveu de Rameau ou La Satire seconde* (Paris, Plon, 1805) [ed. bras.: O *sobrinho de Rameau*, São Paulo, Perspectiva, 2006]. (N. T.)

[29] Oscar Wilde, *Pen, pencil and poison* (Londres, Chapman & Hall, 1889). (N. T.)

[30] G. W. F. Hegel, *Fenomenologia do espírito* (trad. Paulo Meneses, Petrópolis/Bragança Paulista, Vozes/Universidade São Francisco, 2002), p. 360-1. (N. T.)

[31] J. W. Goethe, *Torquato Tasso: um drama* (trad. João Barrento, Lisboa, Relógio D'Água, 1999). (N. T.)

[32] Idem, *Wilhelm Meisters Lehrjahre* (Berlim, J. F. Unger, 1795) [ed. bras.: *Os anos de aprendizado de Wilhelm Meister*, trad. Nicolino Simone Neto, São Paulo, Ensaio, 1994] e *Wilhelm Meisters Wanderjahre* (Stuttgart/Tübingen, Cotta'schen, 1821). (N. T.)

Goethe o processo trágico do estranhamento e a luta incessante por sua superação. As principais obras goethianas giram em torno da restauração do universalismo sob forte ameaça, da reconciliação ativa da personalidade multifacetada com a sociedade burguesa. Importante e característico nesse processo é que, em *Wilhelm Meister*, o caráter artístico (do mesmo modo que o caráter erudito em *Fausto*) se converte no momento suprassumido. Ampliando e aprofundando a questão, Goethe pergunta pela base social da tragédia de Tasso e encontra – nessa e para essa amplidão e profundidade, e, portanto, também para a obra da sua vida – uma solução reconciliadora que, no entanto, está eivada de resignação. Contudo, o aspecto trágico do destino de Tasso não é superado [*aufgehoben*] por essa solução; ele é, antes, confirmado e sublinhado.

Nesse tocante, é preciso constatar ainda que Goethe examinou esse conflito com um olhar muito mais atento do que o fizeram suas vítimas trágicas – Baudelaire, Flaubert ou Ibsen – em meados e no final do século XIX. Estes vivenciam a tragédia moderna do caráter artístico e a expressam na forma da confissão. Mas na maioria das vezes a tragédia moderna propriamente dita, a da arte, não chega ao conhecimento deles; apenas aqui e ali vislumbram vagamente seus contornos. Seu interesse pelo problema do estranhamento hostil da arte em relação à vida se concentra no destino humano do criador que termina por se encontrar na solidão. Eles dificilmente chegam a ver que, nesse processo, a própria arte experimenta uma grave crise.

Goethe, em contrapartida, mostra completa clareza a respeito desse aspecto da questão. Justamente por ainda ter condição de preservar a integridade dos desenvolvimentos de suas personalidades multifacetadas, mais do que conseguem os personagens trágicos posteriores, ele examina com sangue-frio as vítimas individuais do novo conflito que se avizinha; suas preocupações e esperanças se concentram em torno do destino da própria arte. Ele vê o processo objetivo do estranhamento. Ele sabe bem que o homem só tem acesso ao macrocosmo do mundo a partir do microcosmo de sua vida; que o grau de completude, a fidelidade e a vitalidade dos reflexos artísticos e científicos do macrocosmo dependem do modo como são constituídas, no plano imediato, as vivências microcósmicas e de como estas são trazidas à consciência em termos artísticos e científicos. Por isso, ele aborda a questão a partir de "fora" – o que, nesse caso, significa o seguinte: o ponto de vista escolhido por ele situa-se fora da relação imediata entre o artista e o material da vida que ele tem diante de si. Essa profundidade do seu ângulo de visão permite-lhe fazer prenúncios proféticos acerca do desenvolvimento posterior da arte. Entre outras coisas, ele diz:

> Cada existente é um análogo a todo existente: é por isso que a existência nos parece sempre separada e vinculada ao mesmo tempo. Quando nos atemos por demais à analogia, tudo acaba confluindo como idêntico: quando a evitamos, tudo se dispersa no infinito. Nos dois casos, a análise fica estagnada, ora por tornar-se supervivaz, ora por ficar amortecida.[33]

Esse prenúncio se cumpriu integralmente na virada do século XIX para o século XX. Os escritores mais significativos que mergulharam de maneira profunda na problemática da época tiveram de olhar o problema de Flaubert-Ibsen sob uma perspectiva goethiana – tragicamente aprofundada –, isto é, tiveram de alargar a tragédia do caráter artístico para a tragédia da própria arte. Por essa via, torna-se mais visível neles do que em seus predecessores – por trás dos motivos imediatos (por exemplo, tragédia do modelo), diante dos abstratos panos de fundo *à la* Flaubert – o núcleo humano-social da questão, a relação com a sociedade burguesa e sua cultura.

A grande revolta que impregna o ciclo de romances intitulado *Jean Christophe*[34] não critica "a vida", mas a sociedade burguesa da era do imperialismo. Rolland acerca-se da questão da arte – a exemplo de Goethe – a partir de "fora"; ele renova a acusação feita por Balzac em *Ilusões perdidas*[35] contra a conversão da arte em mercadoria e (com ela) a vivência artística; ele pinta a solidão do artista, em conexão com essa universalidade do mercado, como retirada necessária e expulsão igualmente necessária da sociedade. A vida que se tornou hostil à arte deixa de revelar de modo abstrato, e na mesma proporção a luta do artista por sua autopreservação exterior e interior se converte em tentativa valente, desesperada e resoluta de salvar a própria arte do naufrágio nas ondas do comércio capitalista de mercadorias.

---

[33] Idem, "Maximen und Reflexionen", em *Goethes Werke*, v. XII (12. ed., Munique, C. H. Beck, 1994), p. 368. (N. T.)

[34] Romain Rolland, *Jean Christophe*, 10 v. (Paris, Cahiers de la Quinzaine, 1904-1912) [ed. bras.: *Jean-Christophe*, v. I-V, 3. ed., trad. Vidal de Oliveira e Carlos Dante de Moraes, Porto Alegre, Globo, 1961]. (N. T.)

[35] Honoré de Balzac, *Ilusões perdidas* (trad. Leila de Aguiar Costa, São Paulo, Estação Liberdade, 2007). (N. T.)

Em um exame superficial, a famosa novela *Tonio Kröger*[36] parece mais limitada e menos combativa. Contudo, em essência, trava-se nela a mesma batalha. Também aqui o antagonismo hostil entre arte e vida é fato consumado. Mas Tonio Kröger, o herói trágico dessa importante obra, já sabe que nenhuma arte é possível sem amor à vida, e que tal amor e seu espírito burguês – bastante problemático – são uma e a mesma coisa. Uma e outro, em igual medida, são tragicamente desesperados nas condições sociais da Alemanha imperialista. A vida – a novela polemiza abertamente o demonismo estilizado da decadência – aparece a Kröger nas figuras de moças e rapazes simples e sem problemas. Excluído da comunhão singela destes, o escritor forma-se e evolui destruindo-se nesse anseio por vida e na sua irrealização. E sabe – e, com ele, o autor sabe melhor ainda – que esse anseio não satisfeito e renovado por tal não satisfação, que essa ferida mantida conscientemente aberta, é uma nova e peculiar forma de vinculação com a vida, com a vida do povo, apesar de todos os obstáculos e empecilhos colocados pelo capitalismo imperialista no caminho desse vínculo; ele sabe que a renovação e a preservação da vida da arte serão possíveis apenas se o artista não permitir que a espontaneidade social da solidão que lhe foi imposta e do antagonismo hostil entre arte e vida se manifeste nele e na sua obra de modo desimpedido.

Porém, essa novela de Mann e outras análogas são interessantes para nós ainda em outro sentido: devido aos seus personagens antitéticos. Esses tipos de artistas modernos, delineados com brilhantismo, encontram-se na mesma situação de Tonio Kröger, mas sem compartilhar do seu anseio autêntico por vida, por uma comunidade humana, e carecem da sua dor pela não satisfação desse anseio. Eles se refugiam altivamente em sua solidão, instalam-se com conforto na hostilidade à vida, como se fosse um ambiente naturalmente necessário, e deixam nascer dentro de si todas as sensações e ideias que brotam de maneira espontânea dessa situação e que são imediatamente adequadas a ela. Sua originalidade é que, desse modo, convertem-se em figuras cômicas. A comicidade da vida literária moderna, contudo, também foi retratada por outros; já lembramos aqui a comédia de Schnitzler. Exatamente nele, porém, a sátira atinge apenas a caricatura desse tipo, o seu mais árido expoente,

---

[36] Thomas Mann, *Tonio Kröger* (2. ed., trad. Eloísa Ferreira Araújo Silva, São Paulo, Nova Fronteira, 2000). (N. T.)

comercializado e burocratizado ao extremo. Schnitzler consegue conceber como trágico e sublime o verdadeiro tipo do esteta moderno. Nas novelas de Thomas Mann, em contraposição, a comicidade atinge o próprio tipo puro, sua "sublimidade", sua "tragicidade".

É o triunfo justificado até mesmo da vida mais ordinária e singela diante da esterilidade presunçosa. Nesse mister, a crítica não poupa sequer a parte que aqui sai vitoriosa: ela aclara de modo implacável e preciso sua vacuidade e falta de espírito, sua inumanidade e falta de cultura. Mas também o triunfo dessa vida no jogo tragicômico da sátira da arte moderna inaugura a perspectiva, o acesso àquela vida que, com razão e força efetiva, vence os conflitos do período da decadência e os tipos que este produz.

É preciso registrar essa diferença inclusive porque a autodilaceração crítica figura entre as características essenciais do estágio de desenvolvimento ora em pauta do nosso problema. O estranhamento da arte em relação à vida já avançou tanto, suas consequências devastadoras ficaram tão evidentes, que não é possível a nenhum escritor mais ou menos sério silenciar totalmente sobre eles. E isso tanto mais porque as grandes figuras trágicas de transição gozavam de máxima veneração nessa época, sendo até glorificadas como modelos, de modo que às vezes até era considerado de bom-tom desesperar-se com a solidão e o estranhamento em relação à vida. Aqui, portanto, a autodilaceração podia facilmente ser conciliada com a autocomplacência.

Contudo, também em casos dignos de serem levados mais a sério, o valor dessa autocrítica é problemático. Ela permanece infrutífera; ela se mantém no âmbito da espontaneidade imperialista e até a consolida, por emprestar ao escritor a auréola de uma aparente consciência, de uma aparente crítica. Em um relato ensaístico, Hugo von Hofmannsthal fornece o exemplo-padrão dessa falsa autocrítica. O relato tem a forma de uma carta escrita pelo lorde inglês Chandos a Bacon de Verulâmio, na qual detalha as condições curiosas de sua alma (da alma decadente do início do século XX). Ele conta que estaria progressivamente perdendo de vista a interconexão das coisas, que já não conseguiria suportar nenhuma abstração sintetizadora, que estaria se excluindo interiormente da comunhão com os homens e sucumbindo a um estado de indiferença apática. Somente ocorrências casuais e triviais – ratos envenenados, um regador embaixo de uma nogueira etc. – ainda seriam capazes de extasiá-lo e arrebatá-lo à sua morte espiritual. Nesses momentos, ele sente, para além de palavras e conceitos, um tremor sobrenatural, para, em seguida, mergulhar novamente no seu estado de torpor, até que lhe sobrevenha o próximo êxtase.

Hofmannsthal descreve seu lorde Chandos como alguém que está perecendo e que sabe disso. Mas esse saber não é sincero, pois fica em aberto se esses êxtases visam representar algo incomparavelmente mais elevado do que o modo normal de vivenciar e sentir da "vida habitual". De fato, uma verificação dos escritos críticos do autor permite encontrar arrebatamentos como os de Chandos descritos como impressões supremas que a arte em geral e a arte moderna em especial podem desencadear (as novelas de Wassermann, os quadros de Van Gogh). Graças a tal "crítica", portanto, o tipo do decadente é glorificado como o suprassumo do refinamento aprofundado.

"Supervivaz" e "amortecida": é assim que Goethe caracteriza a degeneração moderna da arte. Com certeza não violaremos a intenção da crítica goethiana se acrescentarmos que esses antagonismos polares se encontram simultaneamente presentes na arte da decadência e que se convertem um no outro de forma constante. Não há melhor caracterização para o lorde Chandos de Hofmannsthal e similares do que essas palavras de Goethe.

Desse modo, retornamos à nossa determinação anterior: ao êxtase e ao embotamento como marcas psíquicas gerais da habituação à mais terrível das inumanidades do capitalismo em declínio – àquilo que exigem da arte os interesses de classe da burguesia. O êxtase estéril não só é um fenômeno complementar à habituação obtusa, mas também reforça o que há de pior nela. E isso tanto mais quanto mais sublime e primoroso ele se apresentar, quanto mais crítico for seu comportamento. Assim, tal arte da decadência – não importa qual tenha sido a intenção de cada artista em particular – desemboca toda em um rio cujas águas devem proteger os castelos ameaçados do imperialismo diante da revolta dos trabalhadores. Nos embriões espontâneos, dos quais brota esse tipo de arte, pode às vezes até estar contida uma vontade sincera de exercer oposição. Mas o prender-se na espontaneidade, na sua glorificação teórica e crítica, não permite nenhum desenvolvimento, senão o da interação monótona e estéril de êxtase e embotamento.

Talento e perspicácia têm serventia limitada aqui. Poucos escritores desmascararam com tanta perspicácia quanto André Gide as "falsas moedas" por parte dos ideólogos modernos da decadência. Mas essa perspicácia não o impediu de juntar-se pessoalmente aos falsários.

IV. A atualidade da formulação do problema por Lenin

Com a vitória do socialismo chega ao fim o período trágico também para a arte. A separação hostil entre arte e vida cessa onde são abolidas a espoliação e a opressão do povo trabalhador, onde o povo organiza a vida social de acordo com seus próprios interesses econômicos e culturais e, portanto, de acordo com os interesses de todos, exceto os de um minúsculo punhado de espoliadores.

O êxito do socialismo estabelece a interação fecunda entre artista e vida em um nível até então nunca visto. Cessa o rompimento anormal de relações entre escritor e público: o escritor volta a conviver com os sentimentos mais profundos do povo, a ser companheiro de armas nas lutas mais importantes deste. As necessidades da sociedade em termos de arte despem-se de sua estranheza capitalista e hostilidade em relação a ela. Ao buscar a efetivação de finalidades próprias e reais da arte, o artista cumpre ao mesmo tempo missões sociais importantes. Na medida em que o progresso é expresso em suas obras, vida, arte e pensamento passam a constituir uma unidade orgânica profunda. Ao proclamar a resolubilidade real de todos os conflitos anteriores da vida social humana, ele não impõe ao material artístico, à forma literária, nenhuma exigência estranha, mas limita-se a tirar as conclusões de um modo realístico daquilo que acontece diuturnamente na realidade mesma.

Surge uma situação radicalmente nova também para a relação do artista com a vida (e, desse modo, com a arte).

Mas, em virtude disso, teriam perdido toda atualidade as experiências da história da arte no século passado e as lições que tentamos tirar dela com o auxílio das geniais reflexões de Lenin? Elas já seriam coisa do passado para nós? Elas só teriam ainda um interesse puramente histórico?

Acreditamos que não. Sobretudo, não esqueçamos que, em um primeiro momento, toda revolução social representa, para a ideologia que brota do seu chão, apenas uma possibilidade, uma mudança de rumo da sua atuação, do seu modo de operar, da intensidade do espaço de manobra das forças sociais. A transformação da possibilidade em realidade jamais é uma consequência automática das condições sociais, mas – sobre a base de sua transformação – o resultado da atividade consciente dos homens.

A autocrítica bolchevista, um traço básico do período leniniano-stalinista, baseia-se na comparação daquilo que foi realizado com aquilo que é objetivamente possível de acordo com a situação social. A incisividade e ausência de preconceitos dessa autocrítica são, por isso mesmo, um sinal de segurança e de solidez. Ela desvela falhas que, de qualquer modo, são produtos necessários do desenvolvimento anterior e que não só devem, mas podem ser superadas como resquícios de um mundo social que em parte já desapareceu, em parte está condenado a tal. A possibilidade do novo inerente às circunstâncias e forças sociais é, ao mesmo tempo, o parâmetro do que foi alcançado e o motor para alcançá-lo. Quanto mais incisiva é a autocrítica, tanto maior será a confiança e a legítima impaciência.

Essa dialética entre possibilidade e realidade determina, portanto, a avaliação da literatura soviética do ponto de vista do nosso problema. Por conseguinte, temos de voltar nossa atenção para aquilo que apresenta o fenômeno social do burocratismo na vida soviética. E, enquanto não pudermos dizer que a burocracia desapareceu da realidade social sem deixar vestígios, teremos a obrigação de examinar com muito cuidado e combater implacavelmente suas repercussões ideológicas sobre os mais diversos setores, incluindo os da literatura e da arte. – Naturalmente, na sociedade socialista, burocratismo significa algo bastante diferente do que na sociedade capitalista; naturalmente, os fenômenos literários correspondentes são também distintos. De fato, dado que as interações nos setores ideológicos são extraordinariamente complexas, temos de estar preparados de antemão para encontrar diferenças muito grandes. Mas, enquanto o fenômeno social do burocratismo existir de alguma maneira, suas repercussões e influências ideológicas tampouco deixarão de ser atuais. O burocratismo também está presente em nossa sociedade socialista. Lenin começou a luta contra ele já em 1918: e quem dissesse que tal embate já exterminou o inimigo por completo não estaria avaliando toda a complexidade da realidade. Basta lembrar a crítica feita por Stalin e Kaganovitch à burocracia no XVII Congresso do PCUS (B) [Partido Comunista da União Soviética (Bolchevista)]. Tanto Lenin quanto Stalin consideram a persistência da burocracia como um legado pernicioso do capitalismo e, ao mesmo tempo, do atraso econômico e cultural específico da Rússia pré-revolucionária. Portanto, a aniquilação do burocratismo faz parte do programa stalinista de liquidação dos resquícios econômicos e ideológicos da sociedade capitalista.

Essa luta e esse programa mostram claramente a diferença fundamental: no capitalismo, a burocracia é um componente importante e indispensável da sociedade, ao passo que, no socialismo, é um corpo estranho a ser eliminado. Na sociedade capitalista, a resistência ideológica contra o "espírito" da burocracia é um aspecto do fato geral de que tudo o que é culturalmente progressista e valioso só poderá se impor contra a corrente da espontaneidade burocrática específica. O caráter contraditório que emerge daí constitui uma marca da essência da sociedade capitalista, estando inseparavelmente ligada a ela.

Isso é muito diferente no socialismo. É certo que os resquícios capitalistas também exercem uma espontaneidade bastante funesta na sociedade socialista. E sua periculosidade ainda é incrementada pela influência do cerco capitalista à União Soviética, pela atividade metódica dos inimigos do socialismo. Não se pode ter uma concepção demasiado estreita desse perigo. Não se trata apenas da possibilidade de elementos duvidosos ou claudicantes serem corrompidos, seduzidos e recrutados. A simples existência do burocratismo em alguma instituição soviética, mesmo que os burocratas individuais sejam subjetivamente honestos, significa objetivamente uma ajuda para as forças inimigas. Por um lado, porque todo burocratismo produz objetivamente uma muralha atrás da qual os inimigos podem se esconder de modo cômodo e manobrar com facilidade. Por outro lado, porque o tratamento burocrático de toda questão – mesmo que ele não seja regido por uma má vontade consciente – inibe o desenvolvimento econômico e cultural do socialismo.

Em suas exposições contra a *"funktionalka"*[37], L. M. Kaganovitch apontou para o fato de que o capitalismo não tem conhecimento da organização da economia do país como um todo unitário. Ora, essa organização é uma questão central para a construção do socialismo. Como vimos, é característico do burocrata o fato de sua atividade não ter nenhuma conexão com a unidade dinâmica do todo. (Obviamente, trata-se aqui dos atos, e não das palavras. Com estas, o burocrata da União Soviética sempre irá se declarar um adepto entusiástico do caráter planejado de toda a economia.) Mesmo em caso de honestidade subjetiva, ele pratica atos que de modo algum servirão a essa organização unitária do todo, mas forçosamente produzirão desordem, desorganização, estranhamento dos interesses do povo.

A burocracia é um corpo estranho no socialismo. Isso significa, de início, que aqui ela só pode ter efeitos nocivos, ao passo que, no capitalismo, constitui algo útil (ainda que contraditório e relativo), em todo caso, algo indispensável. A isso corresponde que, no capitalismo, não apenas a espontaneidade da economia reproduz o burocratismo em estágios cada vez mais elevados, mas

---

[37] Funcionarismo: termo pejorativo que designa uma organização administrativa baseada na divisão excessiva de funções, atravancando o progresso do país. (N. T.)

também que a classe capitalista dominante, seu Estado e seu aparato ideológico fomentam de modo consciente sua disseminação e desdobramento. No socialismo, em contraposição, o desenvolvimento da própria economia, o despertar das massas para a vida cultural e a evolução crescente da democracia produzem um movimento contrário ao burocratismo – e o Estado, o Partido Comunista e as organizações sociais travam uma batalha consciente por sua liquidação.

A questão da reação espontânea e imediata das massas à realidade social deve igualmente ser examinada de um novo ponto de vista sob as condições do socialismo triunfante. É indubitável que a própria vida construída com base em princípios socialistas deve exercer uma influência natural e, mais precisamente, ampla e forte sobre as massas. É a esse ponto que se vincula o problema leniniano da habituação social.

Em suas observações sobre as condições econômicas da extinção do Estado na sociedade socialista, Lenin ressalta que,

> pela simples circunstância de que, desembaraçadas da escravidão capitalista, dos incontáveis horrores, da selvageria, da insânia, da ignomínia da exploração capitalista, as pessoas se habituarão pouco a pouco a observar as regras mais elementares da vida social, de todos conhecidas e repetidas, desde milênios, em todos os mandamentos, a observá-las sem violência, sem constrangimento, sem subordinação, sem esse aparelho especial de coação que se chama Estado.[38]

Lenin acentua que a expressão "extinção do Estado", de Marx e Engels, salienta exatamente o aspecto elementar do processo. "Só a habituação pode e, sem dúvida, há de produzir tal efeito", quando a vida social for de tal ordem que nela "não haja nada que provoque nelas [nas pessoas – G. L.] a indignação, o protesto, a revolta, nada que crie a necessidade da repressão"[39].

Certamente, não há como supervalorizar essa força educadora elementar da sociedade socialista. Mas as repercussões nocivas – oportunistas – ininterruptas de sua apreensão não dialética mostram o quanto a antiga teoria leniniana da relação entre a consciência, a atividade consciente e a espontaneidade adquire uma nova atualidade sob as condições do socialismo. Em uma concretização tão profunda quanto original dessa teoria, Stalin a aplica ao problema da extinção do Estado em seu discurso no XVII Congresso do PCUS (B). Ele

---
[38] V. I. J. Lenin, "Staat und Revolution", em *Werke*, v. 25 (Berlim, Dietz, 1974), p. 476. (N. T.)
[39] Idem. (N. T.)

mostra, de modo claro e convincente, que a concepção desse desenvolvimento como "processo espontâneo" leva à despreocupação, à passividade e ao desarmamento diante do inimigo. Os adeptos de tal teoria da espontaneidade, renovada "em termos socialistas", acreditam "que é possível pôr as armas de lado e dormir tranquilamente à espera do advento da sociedade sem classes". Stalin demonstra

> que não há como a sociedade sem classes vir como que por si só. É preciso lutar por ela e edificá-la com o esforço de todos os trabalhadores: por meio do fortalecimento dos órgãos da ditadura do proletariado, da ampliação da luta de classes, eliminação das classes, liquidação dos resquícios das classes capitalistas, em lutas contra os inimigos externos e internos.[40]

Vemos, portanto, que a relação dialética entre espontaneidade e consciência exposta por Lenin mantém sua validade também sob as circunstâncias essencialmente modificadas da sociedade socialista. Também nesta a espontaneidade é apenas a forma embrionária da consciência. E também nesta é preciso que se adicione a consciência socialista, a atividade do socialismo resoluto, para que a partir desse embrião nasça uma flor. "Por si só", mediante a simples espontaneidade, também podem surgir nela degeneração, confusão e extravio das possibilidades que, em si, estão contidas na espontaneidade da vida socialista.

De fato, o ambiente em que essa luta se desenrola mudou de forma radical: agora, a propensão para o socialismo já não está espontaneamente viva apenas na classe trabalhadora. Agora, a economia desenvolve em todos os estratos do povo trabalhador uma disposição para o socialismo, para ser reeducado no sentido socialista, para ser humanamente transformado – ela desenvolve uma "habituação" às condições de uma vida verdadeiramente humana. Ainda assim, também aqui a conversão dessas possibilidades em realidade deve passar através da consciência socialista.

Tudo isso mostra, com bastante clareza, a atualidade geral para os nossos dias da formulação do problema por Lenin. E é igualmente plausível que, sob as circunstâncias assim descritas, os âmbitos ideológicos no sentido estrito ainda não estejam livres de resquícios capitalistas e, portanto, tampouco do

---

[40] Joseph Stalin, "Rechenschaftsbericht an den XVII. Parteitag über die Arbeit des ZK der KPdSU(B). III Die Partei", em *Werke*, v. 13 (Berlim, 1955). Disponível em: <www.stalin-werke.de/band13/b13-058.html>. Acesso em: 7 ago. 2016. (N. T.)

burocratismo. Basta lembrar a avaliação da conjuntura na última resolução do Comitê Central do PCUS (B) sobre a configuração da propaganda do partido. Essa diretiva vislumbra um sério atraso de parte daqueles que se dedicam ao trabalho teórico, revelado

> em seu [dos teóricos – G. L.] medo de levantar corajosamente questões teóricas atuais, na disseminação de sutilezas e de sofismas verbais, na vulgarização e simplificação exagerada de alguns princípios do marxismo-leninismo, no atraso do pensamento teórico, na generalização teórica insuficiente das grandiosas experiências práticas que o partido acumulou em todos os âmbitos da construção socialista.

O que significa essa crítica, senão que uma parcela dos trabalhadores no *front* teórico se apresenta – no sentido de *Que fazer?*, de Lenin – não como tribunos do povo, mas como burocratas?

Essas constatações também se referem à literatura? Seria ridículo querer procurar tendências "burocráticas" no trabalho criativo do amplo estrato de escritores soviéticos de destaque. A literatura socialista como um todo é uma das mais fortes vanguardas da autêntica cultura socialista, da luta contra os resquícios do capitalismo. E, mesmo no caso dos escritores em relação aos quais se justificaria uma crítica no espírito da citação anteriormente apresentada por nós, não se pode transpor mecanicamente para a literatura – sem levar em conta as especificidades desta – a crítica que se refere a outros campos ideológicos. É claro que também nela há uma abundância de vestígios capitalistas; mas suas formas são peculiares e complexas, e suas características raramente aparecem de modo imediato e direto.

Sob as condições do socialismo, devemos procurar a origem da deficiência nos resquícios do capitalismo. Pensemos na discussão sobre formalismo e naturalismo realizada em 1936. É inquestionável que as duas orientações literárias são resquícios do capitalismo; de fato, quando não se simplifica e violenta a história da literatura nos termos da sociologia vulgar, é preciso dizer que são vestígios de seu declínio ideológico. Se elas, não obstante, tiveram em alguns momentos uma difusão relativamente grande na literatura soviética, isso indica que suas raízes sociais são aparentadas com aquelas que Lenin e Stalin apontaram no burocratismo. Esses estilos literários brotaram do chão da decadência capitalista, de uma ideologia que perdeu a vontade e a capacidade de apreender e reproduzir de acordo com a verdade o todo da sociedade em seu movimento. Todos os meios de expressão surgidos daí são sucedâneos que, por sua essência, permanecem necessariamente na superfície.

Ora, o socialismo é a superação de fato de todas as bases econômicas e sociais dessa decadência. Portanto, se o cerco ideológico promovido pelo capitalismo tiver o efeito de fazer com que formas de expressão da decadência burguesa sejam assumidas pela literatura do socialismo, as razões para tal se encontram primeiramente nos resquícios do anterior atraso cultural geral, herdado do czarismo. Uma parcela dos nossos escritores assumiu as "conquistas" literárias do Ocidente imperialista do mesmo modo que provincianos semicultos costumam imitar cegamente até a mais cerebrina das "modas" da metrópole. Tanto o modo desse assumir quanto seu efeito – presente em alguns lugares – sinalizam que o atraso da cultura literária das massas ainda não foi superado por completo, sendo indicativas disso – segundo as palavras de Lenin no início da década de 1920 – a burocratização dos nossos aparatos, a falta de instrução das massas populares daquela época no que tange à democracia, sua falta de capacidade para de fato governar e administrar seus próprios assuntos.

Mas a afinidade com o burocratismo torna-se ainda mais evidente quando examinamos o aspecto estético da questão. Vimos que a indiferença para com o conteúdo e o contexto constitui um traço essencial da relação burocrática com a vida. O burocrata vive num mundo de formas "regido por leis próprias", por cuja espontaneidade ele se deixa conduzir.

Já foi exposto aqui e em outras ocasiões, pelo autor destas linhas, o quanto são problemáticos os meios de expressão da decadência burguesa. Ainda assim, até certo ponto eles são condizentes com as sensações bastante estreitas, limitadas, atrofiadas e, com frequência, mentirosas que lhes deram origem. No entanto, apenas um escritor que cultiva uma relação profundamente burocratizada, interiormente indiferente, exclusivamente direcionada para o aspecto exterior da forma, tanto com as formas quanto com os conteúdos da nova vida, pode querer configurar a gênese da nova sociedade socialista, o nascimento do novo homem socialista, com os meios de expressão decadentes.

Por essa razão, quando surgem na literatura soviética, o formalismo e o naturalismo ocupam uma posição ainda mais baixa que a de seus modelos burgueses. Porque toda forma artística concreta é a forma de um determinado conteúdo. Seu caráter depende, por um lado, da amplitude e da profundidade com que a realidade objetiva é refletida em determinado período e, por outro lado, dos sentimentos, pensamentos e vivências que lhe deram origem como meio de expressão. Os preconceitos modernos relativos a uma pretensa autonomia das formas de expressão em relação a essas bases vivenciais e concepções de mundo (que são bases de natureza profundamente social) – são mesmo preconceitos, tanto onde são proclamados com objetividade pseudocientífica quanto onde servem para afirmar certos meios de expressão literários – como os do naturalismo, do impressionismo e do expressionismo – enquanto "formas eternas" da subjetividade humana em geral.

Essa autoilusão dos literatos modernos nada tem a ver com a objetividade real das formas artísticas, que comporta justamente a necessidade de transformações históricas das formas de expressão concretas. Desse ponto de vista, toda forma determinada aparece em íntima ligação dialética com as mudanças dos conteúdos histórico-sociais que levaram à sua criação como meio de expressão correspondente. A objetividade autêntica das formas artísticas baseia-se na sua correspondência com o conteúdo, no reflexo profundo, abrangente e correto dos traços gerais regularmente recorrentes da própria realidade objetiva.

A decadência moderna é problemática exatamente porque não possui a vontade nem a capacidade para tal reflexo profundo e abrangente da realidade. Quando, dentro do quadro geral dessa problemática, produz-se ainda assim algo humanamente comovente, cativante e com valor artístico autêntico, a origem disso está na correspondência entre forma de expressão e base vivencial. Nesse sentido, às vezes há algo de tocante na perplexidade trêmula diante da inumanidade incompreendida do capitalismo tardio, encontrável em algumas obras naturalistas, que às vezes corporificam de modo comovente exatamente essa perplexidade pela compunção trivialmente cotidiana de sua linguagem, pela banal falta de ação da composição, pelo espírito humanitário embotado e atrofiado de suas personagens. A revolta que explode às cegas e a esmo contra fatos especialmente brutais dessa inumanidade também pode adquirir de maneira eventual um *páthos* que faz com que o fato nu e cru, ou seja, o "documento" não elaborado artisticamente, sem vínculo com a totalidade, o movimento e a legalidade, contendo apenas, de modo abstrato, os destinos humanos, pareça suficiente para desmascarar o absurdo do capitalismo. E até mesmo de "montagens" que surgiram de um profundo pessimismo diante do caráter dilacerado e desconexo da existência, diante do amontoado de cacos heterogêneos, que é como o escritor experimenta a vida no imperialismo, pode assomar de modo emocionante um sentimento de patético desespero.

É preciso, porém, rejeitar incisivamente a pretensão dessas correntes de produzir sobre tais bases uma imagem real do mundo e, portanto, obras de arte autênticas. Quando, não obstante, criam algum efeito, elas o fazem – sem o saber nem o querer – como documentos da destruição de todo espírito humanitário pelo capitalismo, que em agonia dissemina a peste da corrupção. No entanto, essa justiça extrema com os produtos da decadência literária exige a recusa mais resoluta possível de sua influência sobre a literatura do socialismo. Não se podem usar esses modos de expressão do declínio para configurar o surgimento de um mundo e novos homens; com a poesia do desespero – pobre, débil e problemática –, que extrai autenticidade subjetiva apenas das profundezas do desespero, não há como entoar o hino do novo nascimento da humanidade e do espírito humanitário. Nos casos em que isso é tentado, primeiramente, ficamos estupefatos com a incultura bárbara e atrasada que se manifesta nessa incongruência grosseira entre conteúdo e forma. Contudo, quando se põe essa perplexidade em conceitos, constata-se apenas um burocratismo duplo, um artístico e um humano. Os naturalistas e formalistas da literatura soviética assumem – seguindo acriticamente a espontaneidade de uma existência de literatos que se tornou anormal no socialismo – essas formas a partir da literatura ocidental sem levar em consideração suas bases vivenciais. Eles formulam a concepção da "maestria" como "domínio da técnica", independentemente da realidade, do conteúdo, da visão de mundo – segundo o texto já citado de Tolstói, como "capacidade inata, quase física, independente do espírito e do coração". Quanto maior o virtuosismo com que essa capacidade toma forma, tanto mais burocrática se torna a relação entre esses escritores e as formas literárias. Eles se convertem em Bilibins da literatura.

A atitude burocrática em face do conteúdo é um fenômeno que transcende o grupo dos seguidores do naturalismo e do formalismo. Os imitadores da decadência ocidental estão batendo em retirada. Houve um tempo em que eles se dedicavam quase exclusivamente a transpor "problemas" psicológicos da decadência burguesa para dentro da realidade soviética. O desenvolvimento do socialismo fez desaparecer esse tipo de "literatura". (Recaídas isoladas não contam.) Contudo, os artistas que não superaram interiormente por completo os resquícios da decadência encontraram novas formas de antirrealismo. Uma delas é o "otimismo" formal, vazio, burocrático, que se corporifica em obras singulares que, à primeira vista, parecem socialistas, mas na realidade são sem vida, sem ideias, ineficazes e inúteis tanto do ponto de vista estético quanto do ponto de vista propagandístico.

O otimismo sem aspas, que domina a obra da vida dos grandes mestres e tribunos do socialismo, brota do conhecimento abrangente da dialética de todo o desenvolvimento da humanidade. Ainda em meio aos horrores do mundo capitalista, eles previram a vitória final irresistível da humanidade emancipada, e essa antevisão, fundada sobre um saber profundo, ilumina as descrições sombrias do inferno capitalista feitas por Marx e Engels da Inglaterra, e Lenin e Stalin da Rússia czarista. Nos discursos e escritos destes últimos, esse otimismo sem aspas fez brilhar a luz da esperança em um desfecho favorável, mesmo nos momentos mais difíceis da República Soviética gravemente ameaçada. No entanto, o mesmo otimismo permite a Lenin e Stalin identificar o socialismo como arma, objeto e finalidade de uma luta séria, de um processo difícil, cercado de perigos de nascimento do novo. A análise destemida das ameaças externas e internas, o descobrimento corajoso do que inibe e atrapalha, o conhecimento exaustivo das contradições dialéticas, que conduzem à libertação definitiva da humanidade por vias acidentadas – este é o otimismo dos tribunos da revolução socialista.

Essa também é a via criativa de seu maior tribuno literário, Maksim Górki, bem como a de seus sucessores dignos e talentosos na literatura soviética. O "otimismo" burocrático, em contraposição, elimina o processo com suas contradições e dificuldades. Para ele, só existem resultados que, sem exceção, representam vitórias obtidas sem luta nem esforço. Para ele, não existem a resistência do inimigo externo nem a resistência no interior das próprios homens, que detêm e, em alguns casos, malogram o nascimento do homem socialista. Essas resistências são levadas ao palco apenas como um fantoche, e toda vez o arlequim do "otimismo" burocrático dá fim nele com um golpe de clava bem aplicado.

O mundo dos protocolos tampouco oferece resistências reais ao burocrata; tudo se regula com lisura e sem atrito pelos trilhos comprovados dos precedentes e dos parágrafos legais sempre ao alcance da mão.

A luta contra tendências ainda existentes de tal burocratização da arte só poderá ser travada com êxito "de fora", isto é, fora da relação imediata do artista com seu respectivo material. Pois suas raízes residem no ser social de artistas singulares, nos resquícios da divisão capitalista do trabalho, que, como vimos, produziu a separação entre o artista e a vida da sociedade, a falsa "especialização do caráter artístico". Essa divisão do trabalho foi destruída desde a base pela vitória do socialismo – mas isso não significa que seus vestígios no ser e na consciência tenham sido liquidados em toda parte e de forma cabal.

A construção do socialismo em um só país demanda esforços gigantescos. A apropriação de todas as facetas da cultura, a conquista de todos os seus campos não é processo fácil nem linear. Ele, necessariamente, tem de passar pelo desvio da especialização. Mas, exatamente, a tarefa é estabelecer uma conexão viva entre toda real conquista de um campo parcial e o desenvolvimento da sociedade como um todo. Pois onde essa conexão se rompe ou se petrifica surge, necessariamente, a deformação burocrática própria da especialização. Marx diz o seguinte sobre a posição do artista no comunismo:

> A concentração exclusiva do talento artístico em alguns indivíduos e, com isso, a sua permanente asfixia em meio às grandes massas é consequência da divisão do trabalho. [...] Sob uma organização comunista da sociedade, desaparece, de todo modo, [...] a subsunção do indivíduo a esta arte determinada, em que ele é exclusivamente pintor, escultor etc. [...] Em uma sociedade comunista não há nenhum pintor, mas, no máximo, homens que, entre outras atividades, também pintam.[41]

Nosso desenvolvimento socialista ainda não chegou a esse ponto. Mas uma clara visão das perspectivas desse desenvolvimento pode oferecer uma importante orientação também para os dias de hoje. A universalidade comunista do homem, a libertação do jugo da divisão do trabalho não significa nenhum diletantismo; requer, pelo contrário, o desenvolvimento máximo de todas as capacidades, incluindo, naturalmente, as pragmáticas. O que importa é estabelecer uma harmonia fecunda entre os polos que ainda se defrontam de modo contraditório: entre o domínio completo dos campos particulares hoje demarcados e a ligação viva e multifacetada com o desenvolvimento da sociedade como um todo capaz de fecundar o trabalho singular.

O legado clássico, o exemplo de Leonardo e Michelangelo, de Diderot e Goethe, constitui uma bússola indispensável para isso: o que, na sociedade de classes, só foi possível um estágio primitivo da divisão do trabalho, pode muito bem ser plenamente alcançado no período de sua transformação socialista.

No entanto, a advertência mais atual e efetiva parte do ideal leniniano do tribunado. É ele que mais claramente expressa a conexão com as exigências da hora. Maksim Górki trilhou esse caminho traçado por Lenin. Seus escritos mostram, com toda clareza, que um grande escritor não pode ser "apenas escritor", que nele o elemento político se transmuta em elemento humano, e o humano, em político, e da interação deles resulta uma literatura unitária de alto nível. Eles mostram quanto é fecundo – no sentido estético mesmo – para

---

[41] Karl Marx e Friedrich Engels, *A ideologia alemã* (trad. Rubens Enderle, Nélio Schneider e Luciano Martorano, São Paulo, Boitempo, 2007), p. 381 modif. (N. T.)

um autêntico escritor acercar-se dos problemas da literatura também "de fora". Os grandes artistas sempre almejaram atuar dessa maneira – os artistas realmente grandes, que amaram a vida, que a estudaram, que tomaram consciência do real significado dos fenômenos imediatos a ser captados com os sentidos e que inventaram meios artísticos para refletir corretamente na arte as novas facetas florescentes da vida.

Estas últimas observações visaram demonstrar, sobretudo, a atualidade ainda viva do contraste entre os tipos do tribuno e do burocrata também para a literatura socialista contemporânea. Contudo, a base dessa argumentação é constituída pela sociedade capitalista, cujos resquícios e cerco permitiram que por vezes subsistisse certa influência burocratizante sobre a literatura soviética.

Não há necessidade de abordagens mais extensas para entender que a luta dos escritores progressistas, no âmbito do capitalismo, contra a barbárie reacionária e decadente é travada sob condições muito mais difíceis, que ali a espontaneidade da economia capitalista produz e reproduz ininterruptamente o burocratismo, que a burguesia reacionária fomenta com todos os meios o florescimento do espírito burocrático dos mais variados tipos também na literatura.

A revolta dos escritores progressistas contra a barbárie do imperialismo e em defesa da cultura constitui uma luta pelos mais profundos interesses vitais da literatura, ao tentar arrancá-la de seu isolamento estético-burocrático e reconverter o escritor em tribuno. Unicamente sob esse signo, o signo do tribunado do povo, a literatura progressista poderá reconquistar o povo para a literatura e a literatura para o povo e, por meio dessa conquista, fazer o inimigo capitalista da cultura bater em retirada do campo ideológico, ajudando, assim, a preparar sua derrota política.

[1940]

Ferdinand Lassalle, em 1860.

Apêndice

Correspondência entre Lassalle, Marx e Engels sobre *Sickingen*[1]

Lassalle a Marx
Berlim, 6 de março de 1859

Caro Marx!

Respondi no mesmo dia em que recebi tua carta *puncto* [sobre] Engels, anunciando que terminei a coisa e indicando o endereço para o qual tu deves ou então ele deve enviar o manuscrito. Não ouvi mais nada a respeito do assunto. Espero que chegue nos próximos dias, pois essas coisas não têm prazo.

Anexo três exemplares da minha mais recente publicação, um para ti, um para Freiligrath e outro para Engels. Peço-te a gentileza de fazer chegar os exemplares aos dois o mais breve possível.

Imagino tua cara de admiração e surpresa ao veres um drama escrito por mim! Quase tão espantado como eu próprio quando tive a ideia de escrevê-lo ou, mais propriamente, quando a ideia me teve! Porque a coisa toda aconteceu não como uma produção espontânea que se decide fazer, mas como uma compulsão que me sobreveio e à qual simplesmente não consegui resistir. Eu, que no período de minha juventude não compus nenhum verso lírico, eu, um

---

[1] Fontes: Ferdinand Lassalle, *Nachgelassene Briefe und Schriften*, v. 3 (Berlim, Deutsche Verlags--Anstalt, 1922), p. 147-52 e 172-213 (cinco primeiras cartas deste Apêndice) e Karl Marx e Friedrich Engels, *Werke*, v. 29, p. 450-1 (última carta). (N. E.)

poeta! Quanta risada dei de mim mesmo quando essa ideia tomou conta de mim! Mas não há quem possa fazer algo contra seu destino! – Quero explicar-te, portanto, como isso me sucedeu.

Foi no tempo em que eu estava usando todas as minhas energias para concluir a elaboração de *Heráclito*[2]. A partir desse livro terás visto que tenho alguma capacidade e, em consequência, também vontade para a análise especulativa das coisas. Ainda assim, a produção dessa obra causou-me um *sofrimento* imenso! O grande abismo que separa os interesses científicos, teoricamente difusos, daquilo que hoje, na prática, faz o sangue subir à nossa cabeça ou, expressando-me *de modo mais correto*, a ligação apenas *indireta* e, por isso, ampla que, em última instância, torna a vincular as duas coisas foi o motivo desse penar, que, te asseguro, foi muito grande. Oh, quantas vezes alguma associação de ideias me despertou daquele mundo de ideias para dentro do qual eu era obrigado a me fantasiar e me trouxe de volta para os interesses candentes do nosso tempo, às grandes questões da ordem do dia, que, vistas de fora, podem até parecer adormecidas, mas em meu peito continuam a cozinhar no mesmo ponto de fervura – quantas vezes tive de sair de perto da escrivaninha e jogar longe a pena. Era como se todo meu sangue ebulisse, e só depois de meia hora ou mais de luta interior eu recuperava o autodomínio para voltar a afundar-me na poltrona e entregar-me novamente à férrea concentração de ideias exigida por aquela obra! Depois de [18]48 e [18]49, diante de tanto sangue derramado e de tantos cometimentos clamando por vingança, é muito duro ainda ter de teorizar (excetuo apenas as obras de economia política, porque estas são ao mesmo tempo feitos práticos) – principalmente quando se vê que todo esse teorizar não tem nenhum proveito *imediato*, que as pessoas continuam a viver tranquilamente, como se as melhores e maiores obras e ideias nunca tivessem sido escritas nem ditas! Ainda por cima, nesta época, querer especular sobre a Antiguidade grega – nem que eu quisesse conseguiria descrever *quanto* esforço isso me custou. Sempre olharei para isso, porém, como uma das maiores provas de força de vontade de ferro que consegui dar para mim mesmo. Perdão, caro amigo, por esse extravasamento lírico. Tu sabes que em geral não sou lírico, e estou habituado a encerrar no meu íntimo até as mais violentas sensações. No entanto, às vezes chega a hora em que temos de deixá-las fluir

---

[2] Referência à obra de Ferdinand Lassalle, *Die Philosophie Herakleitos des Dunklen von Ephesos* (Berlim, Franz Duncker, 1858). (N. T.)

diante de um amigo. E tu, na verdade, és o último amigo homem que me resta; pois Mendelssohn[3] faleceu e a condessa[4], por excelente que seja essa mulher e por valiosa que seja para mim sua amizade, dada sua condição de mulher, não tem como acompanhar todos os mistérios do pensamento masculino com uma compreensão capaz de esgotá-los totalmente. Na verdade, convivi pouco contigo. Ainda assim, sempre me pareceu que tenho em ti um amigo verdadeiro e autêntico. Tu mesmo sabes que sempre te considerei desse modo. De resto, tenho, especialmente agora, muitos assim chamados bons amigos. Mas, para que haja a amizade de que estou falando aqui, falta a eles a necessária inteligência e a igualdade da orientação intelectual.

Pois bem! Retomo o fio da meada. Consegui, portanto, levar a termo o *Heráclito*, mas talvez não teria sido capaz disso se não tivesse lançado mão do expediente de ao mesmo tempo, no período noturno, quase como tranquilizante, iniciar um estudo especializado, intimamente relacionado com nossos interesses políticos correntes etc., mas não tão diretamente atual a ponto de me absorver por completo. Desde cedo acostumado a tocar quatro a cinco ciências juntas e misturadas, à noite dediquei-me à Idade Média, à época da Reforma, com a qual eu já havia me ocupado bastante, especialmente às obras de Hutten etc. O trabalho e a vida desse homem singular deixaram-me extasiado. Aconteceu em uma noite em que eu andava de um lado para outro no meu quarto, profundamente revolvido por alguns de seus escritos. Poucos dias antes, eu havia folheado um drama moderno extremamente indigente. Foi quando se deu a conexão das ideias. Eu disse para mim mesmo – pois, naquele primeiro momento, eu jamais teria pensado em mim para isso: "Deus meu! E se alguma dessas pessoas que desperdiçam nessas matérias o pouco talento que têm me pedisse conselhos a respeito de uma delas?". E então, pensei em como lhes recomendaria Hutten, e continuei refletindo sobre de que maneira elas criariam o plano dramático, passando imediatamente de Hutten – pois, no caso dele, por certo a coisa voltaria a ficar atolada na pura teoria – para Sickingen como protagonista do drama. Quando tive essa ideia, surgiu, como por intuição, todo o plano elaborado diante de mim e, no mesmo momento, apoderou-se de

---

[3] Dr. Arnold Mendelssohn (1818-1854), amigo de juventude mais próximo de Lassalle, que foi vítima do roubo de uma maleta contendo documentos legais. Sobre Mendelssohn, ver Gustav Mayer (org.), *Briefe von und an Lassalle bis 1848* (Stuttgart/Berlin, 1921), p. 29 e seg.

[4] Sophie Josephine Ernestine Friederike Wilhelmine (1805-1881), condessa de Hatzfeldt--Wildenburg-Schönstein, socialista alemã e companheira de Ferdinand Lassalle. (N. T.)

mim a seguinte compulsão, da qual não consegui me desfazer: "Tu mesmo tens de executar isso". E, por mais que eu ficasse receoso, a coisa me arrebatou. A partir daí pude me embriagar de cólera e ódio, pude dar vazão às suas ondas, pude aliviar meu coração de tanta coisa! Foi exatamente aí que encontrei o remédio para aquele refluir fervilhante e sufocante do sangue para o coração, sem o qual seria impossível a finalização de *Heráclito*.

E foi assim que a coisa toda surgiu. E devo dizer que a considero muito boa mesmo – não sei se estou me deixando ofuscar pela sensibilidade subjetiva, mas de modo nenhum deverás encarar essa declaração espontânea como vaidade, pois é muito antes o exato oposto disso. Contudo, ainda que fosse a melhor coisa do mundo – jamais voltarei a escrever um drama. Esse foi, para mim, como uma resolução do destino imposta a partir de cima, que nunca mais se repetirá!

A respeito da ideia básica formal propriamente dita dessa tragédia, escrevi um pequeno ensaio destinado a alguns conhecidos que não têm tanto traquejo especulativo quanto tu, e naturalmente o fiz apenas para uso privado, jamais para impressão. Para que não me consideres por demais pedante e tolo a ponto de passar um atestado de pobreza para a minha própria tragédia, como se ela precisasse de uma *fabula docet* [moral da história] específica, observo que o ensejo para esse esclarecimento foi uma intervenção feita por um conhecido de longa data, que pretendia ser hegeliano, o que também explica a forma do ensaio. Além disso, como entenderás sem dificuldade, ele serviu para lançar luz sobre minha controvérsia com conhecidos meus daqui sobre as condições políticas e nossa atitude em relação a elas de modo geral. Uma vez que tal ensaio está escrito, acredito que seja bom anexar uma cópia para ti. Claro que não precisas dela para identificar a ideia especulativa do drama. Contudo, ela ainda será de teu interesse para avaliar com toda segurança o que eu próprio pretendia em distinção ao que, por exemplo, pode-se simplesmente introjetar no texto, bem como em que medida intenção e execução coincidem. Portanto, lê esse ensaio, por gentileza, antes ou depois da leitura do drama e, por favor, passa-o adiante a Freiligrath, para quem talvez não vá ser totalmente destituído de utilidade em vista de seu menor traquejo especulativo.

Por fim, o *pedido óbvio para que me escrevas uma avaliação detida e totalmente sincera do que achas da coisa*. (Do prefácio depreenderás que, nessa forma, ela não é destinada à encenação. Para o palco fiz uma adaptação específica, extremamente reduzida. É natural que, diante das circunstâncias políticas atuais, a perspectiva de sua montagem seja igual a zero.) Portanto, peço um juízo franco, inclusive sobre se pensas que será útil no meu sentido.

Recebe, pois, um cordial aperto de mão e saudações sinceras à tua esposa, a Freiligrath e a Engels.

F. Lassalle

* * *

Marx a Lassalle
Londres, 19 de abril de [18]59

Caro Lassalle!

Não acusei de modo especial o recebimento das 14 l[ibras] e dez x[elins] porque a carta era registrada. Mas eu teria escrito antes se um maldito "primo da Holanda" não tivesse me importunado e reivindicado para si em *the most cruel manner* [da maneira mais cruel] meu tempo extra de trabalho.

He is now gone [ele já se foi], e agora volto a respirar aliviado.

Friedländer[5] me escreveu. As condições não são tão favoráveis como as que te comuniquei originalmente, mas ainda são *"respectable"* [toleráveis]. Depois que alguns pontos secundários tiverem sido regularizados entre nós – e acho que isso acontecerá no decorrer desta semana –, escreverei para ele.

Aqui na Inglaterra a luta de classes avança da maneira mais satisfatória possível. Infelizmente, nesse momento já não existe nenhum jornal cartista, de modo que há *about* [cerca de] dois anos tive de suspender minha cooperação literária com esse movimento.

Chego agora ao "Franz von Sickingen". *D'abord* [em primeiro lugar], tenho de elogiar a composição e a ação, e isso já é mais do que se pode dizer de qualquer drama alemão moderno. *In the second instance* [em um segundo momento], pondo de lado toda a relação puramente crítica com a obra, na leitura inicial ela mexeu muito comigo e, por isso, produzirá tal efeito em grau ainda maior no leitor governado pela emoção. E este é um segundo

---

[5] Max Friedländer (1829-1872), primo de Ferdinand Lassalle, foi um jornalista e publicitário austríaco-alemão. Junto com Michael Etienne e Adolf Werthner, fundou, em 1864, o jornal *Neue Freie Presse*, sucessor de *Die Presse*, criado por August Zang em 1848. (N. T.)

aspecto muito significativo. Agora, *the other side of the medal* [o outro lado da moeda]: *a princípio* – esta questão é puramente formal –, já que escreveste em versos, poderias ter dado um acabamento mais artístico aos iambos. Entretanto, por mais que os poetas de ofício fiquem chocados com essa displicência, no conjunto, considero que representam uma vantagem, já que nossa ninhada poética de epígonos nada preservou, além da lisura formal. *Em segundo lugar*: o conflito pretendido não só é trágico, mas é o conflito trágico no qual sucumbiu, com razão, o partido revolucionário de 1848-1849. Portanto, só posso expressar minha máxima aprovação ao intento de fazer dele o pivô de uma tragédia moderna. Mas eu me pergunto se o tema tratado foi adequado à exposição desse conflito? De fato, Balthasar pôde imaginar que Sickingen teria saído vitorioso caso tivesse levantado a bandeira do anticlericalismo e da guerra aberta ao principado, em vez de camuflar sua revolta como disputa cavaleiresca. No entanto, podemos compartilhar da sua ilusão? Sickingen (e, com ele, Hutten, em maior ou menor grau) não sucumbiu por sua esperteza. Ele sucumbiu por ter se sublevado contra o estabelecido ou, antes, contra a nova forma do estabelecido, e por tê-lo feito *na condição de cavaleiro e de representante de uma classe em declínio*. Se despirmos Sickingen de tudo o que faz parte do indivíduo quanto à sua formação, índole etc. específicas, o que resta é – Götz von Berlichingen. Nesse sujeito *miserável* está presente em sua forma adequada o antagonismo trágico da cavalaria frente ao imperador e aos príncipes, e foi por isso que Goethe[6], com razão, transformou-o em protagonista. Na medida em que Sickingen – e, de certo modo, o próprio Hutten, embora tanto no caso dele quanto no dos ideólogos de uma classe esses ditos teriam de ser modificados consideravelmente – luta contra os príncipes (pois essa virada contra o imperador surge apenas porque ele converte um imperador dos cavaleiros em um imperador dos príncipes), ele de fato não passa de um Dom Quixote, ainda que historicamente justificado. Dizer que ele começa a revolta sob a aparência de uma contenda cavaleiresca nada significa, além de que ele a inicia *ao estilo da cavalaria*. Se quisesse começá-la de outro modo, ele teria de apelar diretamente e logo de início às cidades e aos camponeses, isto é, exatamente às classes cujo desenvolvimento = negação da cavalaria.

---

[6] J. W. Goethe, "Götz von Berlichingen mit der eisernen Hand. Ein Schauspiel", em *Goethes Werke in 14 Bänden*, v. 4 (Hamburgo, Christian Wegener, 1948), p. 73 e seg. [ed. port.: *O cavaleiro da mão de ferro*, trad. Armando Lopo Simeão, Lisboa, Ultramar, 1945]. (N. T.)

Portanto, se não quisesses simplesmente reduzir o conflito àquele representado por Götz von Berlichingen – e não era esse teu plano –, então Sickingen e Hutten tinham de perecer por serem revolucionários apenas na imaginação (o que não pode ser dito de Götz) e, exatamente do mesmo modo que a nobreza polonesa *culta* de 1830, por um lado, tornaram-se órgãos das ideias modernas, mas, por outro, de fato representaram interesses de classe reacionários. Os representantes *da nobreza* na revolução – por trás de cujas palavras-chave "unidade" e "liberdade" ainda espreita o sonho da velha monarquia imperial e da lei do mais forte – não devem, então, absorver todo o interesse, como fazem no teu caso, mas os representantes dos camponeses (principalmente estes) e dos elementos revolucionários nas cidades deveriam compor um pano de fundo ativo bastante significativo. Poderias, então, ter dado voz em grau muito maior às ideias mais modernas em sua forma mais pura, ao passo que agora, de fato, além da liberdade *religiosa*, é a *unidade* burguesa que constitui a ideia principal. Deverias, então, por tua conta, ter *shakespearizado* mais, ao passo que ponho na tua conta, como teu equívoco mais significativo, o *schillerizar*, ou seja, a transformação de indivíduos em meros alto-falantes do espírito da época. De certo modo, não incorreste tu mesmo, a exemplo do teu Franz von Sickingen, no erro diplomático de colocar a oposição cavaleiresca luterana acima da oposição plebeia münzeriana?

Além disso, sinto falta do aspecto característico dos personagens. Excetuo Carlos V, Balthasar e Richard de Trier. E houve alguma época em que a caracterização fosse mais grosseira do que a do século XVI? Hutten, a meu ver, é demasiadamente mero representante do "entusiasmo", o que é entediante. Ele não foi ao mesmo tempo espirituoso, um piadista terrível, e não lhe ocorreu, portanto, uma grande injustiça?

O quanto também o teu *Sickingen* – que, dito de passagem, adquire traços excessivamente abstratos – sofre de um conflito independente de todas as suas calculações pessoais aflora, por um lado, no modo como ele tem de pregar a amizade entre seus cavaleiros, as cidades etc., mas, por outro lado, na satisfação com que ele próprio aplica a justiça do mais forte às cidades.

No detalhe, sou obrigado a censurar aqui e ali a reflexão exagerada dos indivíduos sobre si mesmos – o que provém de tua predileção por Schiller. Por exemplo, na p. 121, quando Hutten conta sua biografia a Marie, teria sido muito natural fazê-la dizer: "Toda a escala das sensações" etc. até "E ela pesa mais do que apenas o peso dos anos".

Os versos precedentes, de "Diz-se" – até – "envelhecida", poderiam vir *depois* disso, mas a reflexão "Em uma noite, a virgem amadurece em esposa" (embora mostre que Marie conhece mais do que a mera abstração do amor) foi totalmente sem proveito; porém, menos ainda Marie deveria começar com o pensamento sobre seu próprio "envelhecer". Depois de ter dito tudo o que disse naquela "uma" hora, ela pôde dar uma expressão geral às suas sensações mediante a sentença sobre seu envelhecer. Ademais, nas linhas seguintes, chocou-me a frase: "Eu a considerei um direito" (a saber, a felicidade). Por que desmentir a concepção ingênua de mundo que Marie afirmava ter até *dato* [aquele momento], transformando-a em uma doutrina legal? Talvez em outra oportunidade eu te explique com mais detalhes minha opinião.

Considero especialmente bem-feita a cena de Sickingen com Carlos V, embora o diálogo descambe um pouco para o *plaidoyer* [apologia] de ambos os lados; além disso, as cenas em Trier. Muito bonitas são as sentenças de Hutten sobre a espada. Mas basta por ora.

Conseguiste uma adepta para o teu drama: minha mulher. Só com a Marie ela não está contente.

Salut

K. M.

A propósito. Em *Po und Rhein* [Pó e Reno][7], de Engels, há erros sérios de impressão, dos quais faço constar um índice na última página desta carta.

* * *

Lassalle a Marx
[Antes de meados de maio de 1859]

Caro Marx!

Não consegui responder antes à tua última carta, cujo anexo envio de volta para ti. *Voilà la raison* [eis a razão]. Não fazes ideia da correnteza e do cretinismo da opinião pública entre nós, que ameaça arrebanhar tudo para a guerra

---

[7] Friedrich Engels, *Po und Rhein* (Berlim, Franz Duncker, 1859). Publicação anônima. (N. T.)

contra a França e confundir inclusive os componentes democráticos do povo que não são completamente autônomos. Muito mais do que a guerra, eu consideraria especialmente a *popularidade* da guerra uma desgraça imensa e, no momento atual, não há como duvidar de sua imensurável popularidade – tão grande é a confusão armada pela falação dos medíocres e pelo silêncio dos íntegros. Vendo isso se avolumar e ficar cada vez pior, senti-me no dever de nadar contra a corrente. No decorrer dos últimos dias – pois só tive essa ideia depois de convencer-me cada vez mais da dita popularidade; se não fosse isso, de modo nenhum teria me sentido chamado para tal –, passei *cada* noite escrevendo, tentando confeccionar um tecido de lógica e fogo que, em todo caso, penso eu, não deixará de fazer efeito sobre o povo. Ontem entreguei o livrinho para impressão, e será publicado daqui a oito dias – *anônimo*, naturalmente – com o título: *A guerra italiana e a missão da Prússia. Uma voz da democracia*[8].

Pois também apontei ali ao governo uma via sumamente nacionalista e popular que ele poderia muito bem trilhar – *in abstracto* –, mas que *in concreto* jamais poderá nem desejará fazê-lo. E, sabendo que ele *não* tomará esse caminho, espero ter encontrado o meio para torná-lo impopular desde a raiz.

Se a polícia não confiscar toda a edição – pois o livrinho foi escrito sem consideração de espécie alguma nem nenhuma lenga-lenga diplomática; nele, a bandeira do partido revolucionário está plenamente desfraldada –, receberás imediatamente um exemplar enviado por mim e poderás ver com teus próprios olhos o que está sendo dito.

Caro amigo! O que me entristece nisso tudo é constatar que, na Alemanha, a estupidez é mais poderosa do que se crê.

O que escreveste a respeito do meu primo me deixou bastante irritado. Ao fazer isso, ele abusou muito da minha bondade, e vou me lembrar disso. Aliás, a atitude dele para contigo é apenas uma analogia do seu comportamento para comigo, e justamente por isso, na verdade, não há nada que eu possa fazer quanto a essa questão.

No início de abril, ele começou a me enviar diariamente o jornal *Die Presse*[9] – e o fez apesar de, naquela ocasião, ainda não ter recebido nenhuma resposta de minha parte ao seu pedido de remeter-lhe alguns artigos de vez

---

[8] Texto igualmente publicado por Franz Duncker em Berlim.
[9] Max Friedländer integrava o Conselho Editorial do jornal. (N. T.)

em quando –, pois essa seria a precondição da minha decisão. Mas tais envios duraram apenas cinco ou seis dias e, de repente, pararam. Escrevi para ele agora, dando-lhe uma bronca. Não recebi resposta nem *Die Presse*. Alguns dias depois chegou tua carta, instando para que eu fizesse algo a respeito. Só com dificuldade e a contragosto decidi tomar providências, dado que eu, especialmente *nos dias atuais*, de modo resoluto nutria grande desconfiança em relação à possibilidade de ter alguma ligação com um jornal austríaco. No entanto, aceitei porque, no fundo, não prometi nada além de contribuições eventuais, que eu poderia escrever quando me aprouvesse. Comuniquei-lhe, portanto, minha decisão, sempre lembrando-o com insistência do envio do jornal. Dois dias depois, por causa de Engels, ocorreu-me a ideia de enviar-lhe um relato – totalmente isento – sobre o conteúdo estratégico do livrinho de Engels e, ao mesmo tempo, sobre os boatos que corriam a respeito da autoria do opúsculo, como afirmei aqui. Em carta particular, expliquei-lhe que, após um longo período sem receber o *Die Presse*, de minha parte, toda ligação com o jornal deveria ser dada como cortada.

Não houve *nenhuma* resposta a *todas* essas cartas nem recebi mais nenhum exemplar do *Die Presse*, nem sequer sei se publicaram meu relato sobre o livrinho de Engels.

E agora fico sabendo como ele se comportou contigo. Diante disso, a única coisa que acredito poder fazer é não recebê-lo caso algum dia se digne a me procurar novamente, mas dá-lo como morto.

Pois o que mais eu poderia fazer em relação ao teu assunto[10]? Correr atrás dele e manter à força tua ligação com ele é algo que não condiz conosco. Pelo menos eu já não estabeleceria nenhuma relação jornalística com ele, por melhor que seja a oferta. O que se pode fazer com um cachorro desses? A única coisa possível e digna é deixá-lo correr para longe.

Se, mesmo assim, quiseres que eu escreva novamente para ele a teu respeito, confirma isso e eu o farei, embora muito a contragosto. Nesse caso, deve dizer-me também o que escrever, pois eu de fato não saberia o que escrever, além de dizer que é um cachorro!

Talvez isso não seja algo novo para ele, embora até agora eu não conhecesse esse seu lado.

---

[10] A contrariedade com que Marx recebeu essa manifestação e, de modo geral, toda a explicação de Lassalle fica evidente nas suas cartas a Engels em 16 e 18 de maio – especialmente nesta última.

Ainda preciso responder à tua muito amável carta sobre *Sickingen*, mas isso tem de ser feito com profundidade, e hoje não estou em condições nem sequer sei quando encontrarei tempo e tranquilidade diante dessa turbulência e dessa crise. No entanto, podes estar certo de que responderei minuciosamente a tudo. Tens razão quanto ao que dizes sobre a surpreendente e tão frequente displicência dos versos. (A propósito: ao mencionar um *poeta* que ficou muito chocado com isso, deves estar te referindo a Freiligrath, não? Ele pode ficar chocado quanto quiser, mas isso não deveria tê-lo impedido de escrever algumas linhas em resposta à minha amigável correspondência; não tê-lo feito foi mais do que deselegante.)[11] Em contrapartida, porém, como mostram outras passagens da poesia, vali-me dessa flexibilidade quase por princípio.

Abro mão com prazer de Marie e de toda essa história de amor.

Mas contra a maioria das tuas demais objeções me defenderei minuciosamente e, como espero, com êxito. A meu ver, fazes injustiça até ao Sickingen *histórico*, mas em parte e especialmente ao meu Sickingen por não observar o limite dentro do qual o poeta pode, com razão, idealizar o protagonista histórico e alçá-lo acima de si mesmo, e dentro do qual eu procedi assim. Mas sobre isso escreverei em outra ocasião.

Saudações à tua esposa.

Salut

F. Lassalle

* * *

Engels a Lassalle (fragmento do original)
6 Thorncliffe Grove, Manchester, 18 de maio de 1859

Caro Lassalle!

O senhor deve ter estranhado o fato de eu ter passado todo esse tempo sem lhe escrever, e tanto mais porque ainda lhe estou devendo minha apreciação do vosso *Sickingen*. E esse é justamente o motivo que fez com que eu me

---

[11] Freiligrath agradeceu a Lassalle pelo exemplar de *Sickingen* apenas em outubro de 1860.

abstivesse de escrever por tanto tempo. Nessa aridez de belas letras que predomina em toda parte, raramente me sucede de ler uma obra como essa, e há anos não me ocorria de ler uma dessas de tal modo que da leitura resultasse um juízo detalhado, uma opinião bem determinada. O refugo que tem por aí não vale a pena. Nem mesmo os raros romances ingleses um pouco melhores que ainda leio de tempos em tempos, como, por exemplo, Thackeray, conseguiram despertar em mim tal interesse, apesar de sua importância inquestionável em termos de história da literatura e da cultura. Contudo, minha capacidade de julgamento ficou bastante embotada devido a esse longo período de pousio, e será preciso um intervalo maior até que eu me permita emitir um parecer. O vosso *Sickingen*, porém, merece tratamento diferente do que é dado àqueles troços, e foi por isso que tomei tempo. A primeira e a segunda leituras do vosso drama, que é nacionalista alemão quanto ao material e ao tratamento dado a ele, mexeram de tal modo com minhas emoções que tive de deixá-lo em repouso por certo período, e isso tanto mais porque o gosto tão depauperado nessa época de vacas magras – tenho de dizer isso para vergonha minha – reduziu-me a um estado em que, por vezes, também coisas de valor menor não deixam de ter algum efeito sobre mim durante a leitura *inicial*. Portanto, para ser totalmente imparcial, totalmente "crítico", pus *Sickingen* de lado, isto é, deixei que alguns conhecidos meus o levassem emprestado (ainda há por aqui alguns alemães literariamente mais ou menos cultos). *Habent sua fata libelli* [os escritos têm seu destino] – quando são dados de empréstimo, raramente voltamos a vê-los e, assim, tive de reconquistar o meu *Sickingen*, apelando para meios violentos. Posso dizer-lhe que, na terceira e quarta leituras, a impressão que tive dele se manteve a mesma e, consciente de que o vosso *Sickingen* pode suportar a crítica, animo-me a dar o meu "pitaco" sobre ele.

Sei que não estou lhe fazendo um grande elogio ao dizer que nenhum dos atuais poetas oficiais da Alemanha nem remotamente seria capaz de escrever um drama como este. No entanto, trata-se de um fato tão característico da nossa literatura que é preciso verbalizá-lo. Tratando primeiro do aspecto formal, fiquei agradavelmente surpreso com a amarração competente do nó dramático e com a dramaticidade que se estende do começo ao fim da peça. Quanto à versificação, no entanto, o senhor tomou algumas liberdades que atrapalham mais durante a leitura do que no palco. Eu desejaria ter lido a adaptação para o palco; com certeza não há como encenar a peça da maneira como ela se encontra; estava aqui comigo um jovem poeta alemão (Karl Siebel[12]), meu conterrâneo e parente distante, que lidou muito com questões de palco; talvez ele vá para Berlim como reservista da guarda prussiana e, nesse caso, talvez eu tome a liberdade de pedir que ele leve algumas linhas escritas para o senhor. Ele gostou muito do vosso drama, mas achou que não há como encená-lo, por causa das longas falas, durante as quais um único ator está em ação, e os demais poderiam gastar duas ou três vezes toda a mímica de que são capazes para não ficarem parados no palco como figurantes. Os dois últimos atos são prova suficiente de que será fácil para o senhor tornar o diálogo ágil e vívido, e visto que o mesmo poderia, a meu ver, ser feito também com os primeiros três atos – com exceção de algumas cenas (coisa que acontece com todo drama) –, não duvido que o senhor tenha considerado essa circunstância na adaptação para o palco. Claro que o *teor das ideias* sairá prejudicado, mas isso é inevitável, e a fusão total da maior profundidade das ideias, do conteúdo histórico consciente, que o senhor não sem razão atribui ao drama alemão, com a vivacidade e a exuberância da ação shakespearianas decerto só será alcançada no futuro, talvez nem sequer pelos alemães. Em todo caso, vislumbro nisso o futuro do drama. O vosso *Sickingen* está perfeitamente bem encaminhado; os personagens principais da ação são representantes de determinadas classes e tendências, logo, de determinadas ideias de sua época, e descobrem seus motivos não nos desejos individuais mesquinhos, mas justamente na correnteza histórica pela qual são arrastados. O progresso a ser feito, porém, seria que esses motivos viessem para o primeiro plano de forma viva, ativa, natural, por assim dizer, mais pelo decurso da própria ação, e que, em contraposição, o debate argumentativo (aliás, no qual tive o prazer de redescobrir vosso antigo talento de orador nos júris e nas assembleias populares) se tornasse cada vez mais supérfluo. O senhor mesmo parece reconhecer esse ideal como meta, ao fazer a distinção entre o drama para o palco e o drama literário; acredito que *Sickingen* possa ser transformado em um drama para o palco no sentido indicado, claro que com dificuldade (pois levar isso a termo de fato não é pouca coisa). Isso tem a ver com a caracterização dos personagens. Com toda razão, o senhor se contrapõe à *má* individualização ora reinante, que resulta em pura lenga-lenga de sabichões e constitui uma característica essencial da literatura epigonista, que se esvai como água na areia. A meu ver, entretanto, uma pessoa

---

[12] Karl Siebel (1836-1868), poeta de Wuppertal.

não se caracteriza apenas pelo *que* faz, mas também por *como* ela o faz; e, nesse aspecto, creio que não teria prejudicado em nada o conteúdo ideal do drama se alguns personagens tivessem sido diferenciados uns dos outros de modo mais antagônico. Hoje em dia, a caracterização feita pelos antigos já não basta, e penso que, nesse ponto, o senhor certamente poderia ter considerado um pouco mais, sem nenhum prejuízo, a importância de Shakespeare para a história do desenvolvimento do drama. Mas esses são pontos secundários que menciono apenas para que o senhor veja que também me preocupei com o aspecto formal do vosso drama.

Ora, no que se refere ao conteúdo histórico, o senhor produziu uma representação muito viva dos dois lados do movimento daquela época que lhe estavam mais acessíveis, e o fez com justificada indicação para a evolução subsequente: o movimento nacionalista da nobreza, representada por Sickingen, e o movimento teórico-humanista, com seu desenvolvimento posterior na esfera teológica e eclesial, a Reforma. As cenas que mais me agradam são a de Sickingen com o imperador e a do legado com o arcebispo de Trier (nesta, o senhor logrou, ao mesmo tempo, no confronto entre o legado cortês, dotado de formação estética e clássica, de ampla visão política e teórica, e o tacanho príncipe dos padreços alemães, proporcionar uma bela caracterização individual que, não obstante, provém diretamente do caráter *representativo* dos dois personagens); a caracterização também é muito marcante na cena entre Sickingen e Carlos [V]. Contudo, na autobiografia de Hutten, cujo *conteúdo* é, com razão, caracterizado como essencial, o senhor escolheu um recurso desesperado para intercalar esse conteúdo no drama. Muito importante também é a interlocução entre Balthasar e Franz no quinto ato, no qual aquele apresenta ao seu senhor a política *realmente revolucionária* que este deveria ter adotado. Em seguida, aparece o elemento propriamente trágico; e justo por causa de sua importância, parece-me que este já deveria ter recebido uma sinalização mais forte no terceiro ato, onde se apresentaram várias oportunidades para isso. Mas volto a incorrer em pontos secundários. – A posição das cidades e dos príncipes daquela época também é apresentada em muitos momentos com bastante clareza e, com isso, estão praticamente esgotados os elementos, por assim dizer, oficiais do movimento daquela época. A meu ver, porém, o senhor não deu a devida ênfase aos elementos plebeus e camponeses não oficiais, com sua representação teórica paralela. À sua maneira, o movimento camponês era tão nacionalista e tão voltado contra os príncipes quanto o da nobreza, e as dimensões colossais da luta em que foi derrotado se destacam muito significativamente diante da facilidade com que a nobreza, abandonando Sickingen, devotou-se à sua vocação histórica de adulação cortesã. Por conseguinte, também para vossa concepção do drama, que, como o senhor terá percebido, me é um pouco abstrata demais, não suficientemente realista, parece-me que o movimento camponês teria merecido uma abordagem mais detida; a cena camponesa com Joß Fritz é de fato característica, e a individualidade desse "fuçador" está muito bem descrita, só que ela não representa com ímpeto suficiente, no confronto com o movimento da nobreza, a correnteza da agitação camponesa, que naquela época já se avolumava de modo considerável. Na minha visão do drama, que insiste em não esquecer o aspecto realista diante do idealista, Shakespeare diante de Schiller, a inclusão das esferas sociais plebeias tão maravilhosamente diversificadas daquela época teria fornecido um material bem diferente para dar vivacidade ao drama, teria proporcionado um pano de fundo impagável para o movimento nacional da nobreza, encenado em primeiro plano no palco, e teria lançado sobre esse movimento a luz apropriada. Quantos vultos fantasticamente característicos são propiciados por essa época de dissolução das associações feudais! Os reis mendigos no governo, lansquenetes sem emprego e aventureiros de todo tipo – um pano de fundo falstaffiano, cujo efeito em um drama histórico nesse sentido teria de ser maior do que em Shakespeare! Porém, abstraindo disso, parece-me que essa preterição do movimento camponês é o ponto pelo qual o senhor se permitiu levar a uma representação em parte equivocada também do movimento nacionalista da nobreza, deixando escapar ao mesmo tempo o elemento *realmente* trágico do destino de Sickingen. A meu ver, naquela época, a massa da nobreza diretamente ligada ao império nem sequer pensava em firmar uma aliança com os camponeses; sua dependência das receitas auferidas da opressão dos camponeses não o permitia. A possibilidade de uma aliança com as cidades era maior; mas ela tampouco aconteceu, ou aconteceu apenas parcialmente. Contudo, o êxito da revolução nacionalista da nobreza só seria possível mediante um pacto com as cidades e os camponeses, especialmente com estes últimos; e exatamente nisso reside, a meu ver, o momento trágico: que essa condição básica – a aliança com os camponeses – era impossível e que, por conseguinte, a política da nobreza era necessariamente medíocre, que, no mesmo momento em que ela quis se colocar à frente do movimento nacional, a massa da nação, o campesinato, protestou contra sua liderança e, assim, ela tinha de sucumbir. Não consigo julgar se vossa suposição de que Sickingen realmente possuía alguma ligação com os camponeses tem algum fundamento histórico, mas isso pouco importa. Aliás, os escritos de Hutten, pelo que me lembro, quando se dirigem aos camponeses, passam lépidos pelo ponto sensível atinente à nobreza e buscam concentrar a fúria campesina especialmente nos padrecos. De modo nenhum desejo questionar vosso direito de conceber Sickingen e Hutten como se tivessem o propósito de emancipar os camponeses. Desse modo, porém, o senhor de pronto confrontou-se com a contradição trágica de que ambos estavam posicionados entre, de um lado, a nobreza, que decididamente *não* queria isso e, de outro lado, os camponeses. Aqui reside, a meu ver, o conflito trágico entre o postulado historicamente necessário e a execução impossível na prática. Ao descartar esse fator, o senhor reduz o conflito trágico às dimensões menores de que Sickingen, em vez de unir-se logo ao imperador e ao império, uniu-se apenas a um príncipe (embora também aqui o senhor introduza os camponeses do jeito correto), e simplesmente deixa que pereça em virtude da indiferença e da covardia da nobreza. Esta teria, no entanto, uma motivação bastante diferente se antes tivessem sido mais enfatizados o movimento rumoroso dos camponeses e a mentalidade da nobreza, que já se tornara mais conservadora em decorrência dos movimentos anteriores do Bundschuh e do pobre Conrado[13]. Aliás, esta é apenas uma maneira pela qual o movimento camponês e plebeu poderia ser arrastado para dentro do drama, e é possível conceber pelo menos mais dez outras formas tão boas ou melhores[14].

O senhor percebe que estou medindo vosso *opus* por um critério bastante elevado, a saber, *o mais elevado possível*, tanto em termos estéticos quanto em termos históricos, e o fato de ter de fazê-lo para objetar aqui e ali deverá ser para o senhor a prova mais cabal do meu reconhecimento. Pois, entre nós, há anos que a crítica é necessariamente tão indissimulada quanto possível, no interesse do próprio partido; de resto, porém, eu e todos nós sempre nos alegramos quando estamos na presença de uma nova prova de que nosso

---

[13] O Movimento Bundschuh (1493-1517) foi o primeiro movimento camponês organizado sob a liderança de Joß Fritz e responsável por uma série de rebeliões camponesas no sudoeste da Alemanha, desempenhando um importante papel na Guerra dos Camponeses nos séculos XV e XVI. Em 1514, surgiu também a liga camponesa do "pobre Conrado" (*Arme Konrad*). "Konrad" era um nome camponês comum, de cunho depreciativo – a exemplo do nosso "João Ninguém" –, e os camponeses o tomaram para designar seu movimento. (N. T.)

[14] Determinantes para a concepção de Engels foram os estudos que fizera para seu extenso tratado *As guerras camponesas na Alemanha* [São Paulo, Grijalbo, 1977], publicado pela primeira vez em 1850, na revista da *Nova Gazeta Renana*.

partido sempre se mostra superior, não importa em que campo ele atue. E isto o senhor também conseguiu dessa vez.

No mais, parece que os eventos mundiais estão querendo tomar um rumo bastante animador. Dificilmente se poderia imaginar melhor base para uma revolução alemã radical do que a oferecida por uma aliança franco-russa. Nós, alemães, não entramos *en masse* [em massa] no estado de *furor teutonicus* [fúria teutônica] enquanto a água não chegar à altura do nosso pescoço; e dessa vez parece que o risco de afogar-nos está se acercando. *Tant mieux* [tanto melhor]. Em uma crise como essa, todas as potências existentes devem arruinar-se e todos os partidos desgastar-se um após o outro, do *Kreuzzeitung*[15] até Gottfried Kinkel[16], do conde Rechberg[17] até "Hecker, Struve, Blenker, Zitz e Blum"[18]. Nessa luta, é preciso que chegue o momento em que apenas o partido mais radical, mais resoluto, tenha condições de salvar a nação e, simultaneamente, é preciso que estejam dadas as condições únicas que permitem lançar ao mar toda a tralha velha, a divisão interna, de um lado, e os penduricalhos poloneses e italianos dados pela Áustria, de outro. Da Polônia prussiana não devemos ceder sequer uma polegada e o que...[19]

* * *

---

[15] Alcunhado de "Gazeta da Cruz" (*Kreuzzeitung*, no original) por causa da cruz de ferro desenhada no centro do título, o jornal *Neue Preußische Zeitung* foi fundado em 1848 como órgão do Partido Cristão Conservador, então em formação. A nova publicação reuniu os irmãos Ernst Ludwig e Leopold von Gerlach, Hans Hugo von Kleist-Retzow, Ernst Senfft von Pilsach e Friedrich Julius Stahl, tendo como primeiro editor-chefe Hermann Wagener. (N. T.)

[16] Gottfried Kinkel (1815-1882), teólogo evangélico alemão, professor de história da arte, da literatura e da cultura, escritor, poeta e político de tendência democrática. (N. T.)

[17] Conde Johann Bernhard von Rechberg (1806-1899). Após a Revolução de 1848, foi plenipotenciário austríaco no Parlamento alemão e, em 1859, tornou-se ministro do Exterior e primeiro-ministro em Viena.

[18] "Hecker, Struve, Blenker, Zitz e Blum. Matem os príncipes alemães, um por um!" Tal estribilho da canção entoada pelo exército popular revolucionário do Palatinado já havia sido usado por Engels como lema de sua história da campanha alemã pela Constituição imperial, publicada nos primeiros cadernos da revista da *Nova Gazeta Renana*. A referência é aos líderes republicanos revolucionários nos estados de Baden, Palatinado e Renânia-Hessen: Friedrich Hecker (1811-1881), Gustav von Struve (1805-1870), Ludwig Blenker (1812-1863) e Franz Heinrich Zitz (1803-1877).

[19] Quanto ao posicionamento dos socialistas alemães sobre a questão da Polônia, ver N. Rjasanoff, "Marx und Engels über die Polenfrage", em Carl Grünberg (org.), *Archiv für die Geschichte des Sozialismus und der Arbeiterbewegung*, v. II (Leipzig, C. L. Hirschfeld, 1925), p. 175 e seg.; e Gustav Mayer, "Die Ostmark und die Klassiker der deutschen Sozialdemokratie", *Neue Zeit*, v. I, 1920-1921, p. 29.

Lassalle a Marx e Engels
Berlim, sexta-feira, 27 de maio [de 1859]

Caros Marx e Engels!

Estou em parte sobrecarregado de trabalhos, em parte quase sufocado por demandas pessoais, de modo que todo escrito mais extenso é uma verdadeira tortura para mim. Não obstante, sinto uma necessidade irrenunciável de responder tão exaustivamente quanto possível tanto à tua carta quanto à amável carta de Engels, que também escreveu de modo prolongado sobre meu drama. A melhor maneira de responder às duas cartas é considerá-las em conjunto, já que as objeções de ambos, sem ser exatamente idênticas, tocam os mesmos pontos no que se refere à questão principal.

Ora, meus amigos, deveis encarar com a maior naturalidade que, quanto aos pontos de vossas contestações sobre os quais eu acredito ter razão, seja pelo fato de que vossas reprimendas não estão nem um pouco corretas, seja por estarem cobertas por alguma página do drama que passou despercebida, eu procure evidenciar isso na medida do possível. Certamente não vereis nisso vaidade pessoal de quem rejeita a repreensão, mas tão somente o mesmo interesse legítimo pela causa que vos levou a redigir escritos tão detalhados, pelos quais vos expresso minha mais profunda gratidão, e que, no meu caso, por ser o autor, de modo nenhum poderia ser menor.

Antes de tudo, devo observar ainda, com referência à carta de Engels, que suas objeções mais importantes ficam resolvidas de antemão pela carta sobre a ideia trágica do drama que te enviei, caro Marx, com o próprio texto. De forma alguma Engels deixou de perceber essa ideia trágica que desenvolvi naquela carta e que trouxe para o primeiro plano em todo o quinto ato do próprio drama – no diálogo entre Balthasar e Franz, na cena dos camponeses, no monólogo de Franz e em seus rompantes na cena que precede a queda –, mas, em contrapartida, ele não chegou a identificá-la em toda sua nitidez, disposição e totalidade. Peço-te, portanto, que com esta carta lhe envies também aquela, se, como espero, ainda a tiveres; sem ela, a presente ficaria no ar, já que pressuponho aqui o tempo todo as sequências de ideias ali desenvolvidas e faço referência tácita a elas.

Primeiro, no que se refere à tua crítica, caro Marx, não encontro palavras para expressar a alegria que senti ao recebê-la. Pois pela sua precisão pode-se estar convicto de que ela não ignora nem se deixa corromper pela preferência pessoal. Portanto, se formulas um louvor tão rotundo tanto à composição quanto à ação, se constatas que a leitura teve o efeito de te emocionar – e o mesmo me escreve Engels! –, certamente posso estar supersatisfeito. Principalmente a última coisa me enche de contentamento. Pois o próprio autor não tem como emitir um juízo sobre se algo prende ou não a atenção, e, ainda assim, sempre considerei a força emotiva, transpirante de uma tragédia a melhor característica palpável de sua boa qualidade.

Não pude conter o riso ao perceber tua intenção de converter em vantagem até a má qualidade dos meus versos! Tive de rir não só por causa da singularidade do consolo, mas também porque nisso se expressa a semelhança do nosso caráter. Pois de fato, com frequência, maltratei a *métrica* de maneira bem consciente e com uma indiferença quase intencional – dando bastante valor à *força da linguagem*. Pareceu-me que, na hora de produzir, isso não vinha ao caso, tanto que não me dei o trabalho de melhorar onde isso teria sido a coisa mais fácil do mundo. Ademais, outras passagens mostram que também sou capaz de fazer versos diferentes. Mas a oposição ao valor ridiculamente exagerado que se costuma dar a esse aspecto me impeliu a tal displicência desdenhadora. Diante de tudo isso, agora me ressinto de ter cedido tanto terreno a esse desdém. Há quem fique chocado com isso e, de modo geral, quando se deseja produzir algum efeito, é sinal de inteligência tornar a causa inatacável até nas pequenas coisas. No entanto, isso é *moutarde après diner* [é tarde demais para falar disso]!

Chegas, então, ao "outro lado da moeda". Antes disso, ainda me concedes que a ideia trágica exposta em minhas cartas não só foi levada a termo no drama, mas também que esse conflito "não só é trágico, mas é o conflito trágico no qual sucumbiu, com razão, o partido revolucionário de 1848-1849". E acrescentas: "Portanto, só posso expressar minha máxima aprovação ao intento de fazer dele o pivô de uma tragédia moderna".

Com essas explicações atingiu-se propriamente o máximo em anuência e aprovação que jamais almejei e reivindiquei pessoalmente para a minha tragédia. Esse é exclusiva e justamente o ponto – e a relação entre a ideia trágica do drama e o drama deve ser sempre propriamente essa – pelo qual escrevi a peça, ordenando todo o resto de modo coerente em função de sua representação. Exatamente com essas explicações encontro expressa do começo ao fim, portanto, a justificação máxima que busquei para o drama – naturalmente, só quanto ao aspecto do seu *conteúdo*. Então, o que tens, ainda assim, a reclamar quanto a esse aspecto?

Dizes: "Mas eu me pergunto se o tema tratado foi adequado à exposição desse conflito?". A resposta afirmativa inquestionável a essa pergunta resulta já do fato de que aquele conflito trágico constitui um conflito *formal*, que, como expliquei na minha carta, não é um conflito específico e peculiar de *uma determinada* revolução, mas um conflito *sempre recorrente* em todas ou quase todas as revoluções passadas e futuras (ora superado, ora não superado), sendo, em suma, o conflito trágico da própria situação revolucionária, presente tanto nos anos de 1848 e 1849 quanto em 1792 etc. Esse conflito, portanto, está presente em maior ou menor grau em toda constelação revolucionária. Bem por isso ele pôde ser emprestado à situação revolucionária de 1522, mesmo que, naquela época, ele não tenha sido particularmente preponderante. Também do ponto de vista histórico não há a menor dúvida de que, naquele período, tal conflito estava dado bem *realiter* [de modo bem real], de que, em todo caso, também ele foi uma razão que pesou muito na ruína de Sickingen, ainda que não tenha sido sua razão *última*, e de que inclusive cabe a ele – à tendência diplomático-realista de Sickingen, a omissão do apelo público às forças revolucionárias – a culpa *exclusiva* de Sickingen ter sucumbido da maneira como o fez, isto é, de ter sucumbido sem conseguir travar nenhuma batalha real, de ser sufocado logo no início, sem conseguir fazer uso de seus recursos de poder. Balthasar expressa isso de modo muito enfático, ao dizer que ele também poderia ter sucumbido de outra forma, mas que teria sido um tipo *bastante diferente* de ruína:

> Então experimentas na batalha ingente
> Todo o vigor do teu verdadeiro torrão
> Ficas em pé e cais com todo o teu talento!
> O fato de caíres não é o mais terrível –
> Mas o de caíres na pujança
> Da força invicta, inconsumpta.
> Para um herói é isso que mais lhe pesa.

De fato, se Sickingen tivesse dirigido um apelo público aos elementos revolucionários ou se – o que dá mais ou menos no mesmo – tivesse esperado um ano e meio e vivenciado a irrupção das guerras camponesas, a luta, em todo caso, teria sido *bastante diferente*, teria assumido as dimensões mais gigantescas possíveis. Não há dúvida de que, no último caso, os camponeses o teriam escolhido como seu líder por vontade, em vez de estabelecer Götz como um líder imposto e traiçoeiro. Considerando o gênio de estadista de Sickingen, sua imensa influência sobre a Liga da Suábia, sua ilimitada ascendência sobre todas as personalidades de alguma importância da época, teria havido uma luta extremamente equilibrada e as mais variadas tramoias teriam sido suscitadas, a ponto de todos os pesquisadores da história se perguntarem: o que teria surgido se Sickingen tivesse esperado mais dois anos e se os dois movimentos tivessem se encontrado?!

O que teria acontecido? Se partirmos da concepção de história estabelecida por Hegel, da qual sou essencialmente adepto, saberemos responder convosco, todavia, que, em última instância, a ruína necessariamente aconteceria, porque Sickingen, como dizeis, representou um interesse *au fond* [no fundo] reacionário, e que ele necessariamente tinha de fazer isso porque o espírito da época e a classe impossibilitavam que ele assumisse de modo coerente alguma outra posição.

Mas essa visão filosófico-crítica da história, na qual uma necessidade inflexível se junta a outra necessidade inflexível e, justamente por isso, passa por cima do efeito das decisões e ações *individuais*, apagando-as, bem por isso não é base *para o agir revolucionário prático nem para a ação dramática apresentada*.

Muito antes, o chão indispensável dos dois elementos é o pressuposto do efeito reconfigurador e resoluto da decisão e ação *individuais*; sem esse chão não é possível um interesse dramático que inflame sequer um feito ousado.

(Claro que, se a importância decisiva do agir individual celebrada na tragédia for *despida* e separada do conteúdo geral com que ele opera e que o determina, ele se converte em inépcia impensada. No entanto, certamente não pretendeis fazer à minha peça a censura da separação desses dois fatores; o que farei adiante é apontar uma página que vos passou despercebida, na qual a decisão individual equivocada de Sickingen foi *necessariamente determinada* pela situação geral da qual ele faz parte e na qual vós insistis.)

Contudo, por mais que alguém seja adepto da visão crítico-construtiva da necessidade da história, sempre resta a possibilidade de que, caso os dois movimentos – o de Sickingen e o dos camponeses – tivessem se encontrado, teriam gerado algum entreato, como – para usar um exemplo apenas aproximado, não análogo – o entreato dos independentes na Inglaterra. Uma aliança entre Sickingen e os camponeses era bem possível, especialmente porque, o que vós pareceis ignorar por completo e ao qual retornarei adiante, a ideia das guerras camponesas, em última análise, *não foi menos reacionária* do que a de Sickingen.

Prossegues: "De fato, Balthasar pôde imaginar que Sickingen teria saído vitorioso caso tivesse levantado a bandeira do anticlericalismo e da guerra aberta ao principado, em vez de camuflar sua revolta como disputa cavaleiresca. No entanto, podemos compartilhar da sua ilusão?". – Isso já foi respondido no dito anterior. É preciso fazer um único acréscimo. Se Balthasar, esse cérebro posto no centro de toda a situação, que a apreende de maneira tão poderosa, pôde entregar-se a essa ilusão, como admites, isso já é prova suficiente. Pois no drama não se trata da *verdade filosófico-crítica*, mas – de *ilusão estética e probabilidade*. Na minha ideia formalmente trágica, Sickingen sucumbe apenas pelo fato de não ter superado aquele conflito e de não ter se decidido a tempo pelo agir *revolucionário*, como levado a termo pela peça e pelas circunstâncias apresentadas como prováveis nela, a ponto de até uma mente tão perspicaz quanto a de Balthasar entregar-se à ilusão de que ele deveria ter convocado a revolução e de que teria sido vitorioso com ela – diante disso, com certeza dita ilusão é *tanto mais possível* para o *espectador*. E o que importa é essa ilusão estética. – Um drama não é uma obra filosófico-crítica de história.

Prossegues: "Sickingen (e, com ele, Hutten, em maior ou menor grau) não sucumbiu por sua esperteza". (Portanto, se com essa "esperteza" tens em mente, como faço em minha carta, sua indecisão pelo agir revolucionário, ele sucumbiu por causa dela, sim, não importando *o que tornou essa indecisão mesma necessária*.) Dizes que ele sucumbiu "por ter se sublevado contra o estabelecido ou, antes, contra a nova forma do estabelecido [...] na condição de *cavaleiro*" (– esse fator foi levado em conta por mim de maneira cabal, como logo ficará evidente) "e de *representante de uma classe em declínio*" (– na medida em que esse fator é idêntico ao anterior, ele foi considerado; na medida em que ele *não* é idêntico ao anterior, ele *não* foi considerado, mas *com razão* não o foi).

Preciso justificar agora minhas duas observações entre parênteses. Digo que acentuei muito o fato de ele ter sucumbido por sublevar-se "enquanto *cavaleiro*" contra uma das formas do estabelecido. Pois é daí, ou seja, de *ainda não* poder romper interiormente com o antigo de maneira cabal, no qual ele ainda tem parte e que ele, portanto, representa – *justamente daí decorre*, em última análise, o amalgamento diplomático do seu levante, seu agir *não* revolucionário e o insucesso deste! Esse momento constitui inclusive *todo* o eixo da peça e, além disso, foi fortemente ressaltado nos detalhes, pois é justamente *daí*, ou seja, desse velho Adão cavaleiresco cutucando-lhe a nuca em meio às suas resoluções revolucionárias, que procede o grande valor que ele dá a seus recursos cavaleirescos de poder, seus *castelos*, o castelo de Ebernburg etc., a *luta dolorosa* travada consigo mesmo quando Balthasar lhe propõe renunciar a toda essa tralha cavaleiresca. E faço com que Balthasar e todo o desenvolvimento dramático da própria peça ressaltem ao máximo esse antagonismo, confrontando-o por meio de Balthasar e dos acontecimentos com a alternativa de que, caso realmente queira atingir seus fins revolucionários, renuncie a seus castelos, inclusive ao de Ebernburg – "esse baluarte do meu poder" –, em suma, *a toda a sua existência cavaleiresca*, e que se lance sem eira nem beira, como um proletário fugido da sua terra, nos braços dos camponeses. Já no fim do quarto ato, quando ele é forçado a despedir o exército, para não ter de aquartelá-lo nos castelos dos seus amigos e, assim, sobrecarregá-los de antemão, começa a delinear-se a contradição entre os fins revolucionários, toda a existência cavaleiresca e sua condução da guerra, e no quinto ato Balthasar lhe diz, concentrando nitidamente e ressaltando ao máximo o antagonismo no qual suas tendências revolucionárias e sua *cavalaria* se defrontam com os recursos operacionais possíveis no interior dela:

> Mas como, senhor! Esse ninho de ratos
> É o limite do poder de Francisco?
> – Vosso poder está em vós, no vosso nome,
> Na confiança que, no coração do povo,
> Pulsa por vós com cálida simpatia.
> São as muralhas deste castelo, e só elas,
> Que vos separam da vossa força, desta nação etc.

E, em seguida, ele chama sua atenção para o levante camponês incandescente. Como meio de ainda conseguir apossar-se dele, Balthasar pede que ele jogue fora de uma vez toda a tralha cavaleiresca, que coloque à disposição todos os castelos, inclusive o de Ebernburg. O Adão cavaleiresco dentro de Sickingen resiste violentamente a isso: "Estás louco – Balthasar! O castelo de Ebernburg –/ Esse baluarte do meu poder – deveria eu".

Mas Balthasar recorre à mais contundente antítese e limita-se a dizer: "Lá fora está a nação à vossa espera".

Sickingen trava uma dura batalha, mas sai vitorioso. Ele se decide e confere plenos poderes a Balthasar. Ele entendeu tão bem a reprimenda que a repete para si mesmo de modo literal no monólogo (cena 5):

> Ele tem toda razão! Estas muralhas não protegem,
> Apenas me separam desta nação!
> Lá fora está ela, aguentando a pressão,
> Resiste cheia de expectativa etc.
> Aí vou eu, Alemanha etc. etc.

Nesse momento, nessa sua, eu diria, apoteose, ele sabe como superar – embora seja tarde demais – o Adão cavaleiresco dentro dele; ele próprio chama de "escombros da vã astúcia" o modo de operar adotado até ali com seus recursos cavaleirescos de poder e, vinculada a ele, sua maneira diplomático--calculista de agir em meio à ação revolucionária, e admite:

> [...] e mais se apertam
> Em torno do meu peito as víboras da repressão.
> O nó duplo deves sem demora desatar,
> e é certo que desatarás um deles (a espada).

Onde ele apela para isso com maior clareza é nas palavras ditas a Marie, com as quais se lança na destruição: "Confio teu destino a bons poderes,/ Chamam-me agora os que vingam o *erro*!".

Isso não pode ser referência a um mero erro de compreensão, mas à culpa moral assumida porque, em meio ao movimento revolucionário, ele não foi *totalmente* revolucionário, ainda *esteve preso às combinações de sua classe*, e por ter de expiar essa contradição com a ruína real ou, então, correndo o risco de sucumbir:

> Aí vou eu, Alemanha! Que me redimas
> De todas as *falhas e vãs fraquezas terrenas*;
> *Fui eu que ergui a muralha que nos separa.*
> Depende de mim a ousadia de derrubá-la!

Portanto, quando comentas: "Dizer que ele começa a revolta sob a aparência de uma contenda cavaleiresca nada significa, além de que ele a inicia ao estilo da cavalaria", isso é muito verdadeiro, mas é algo que também foi levado em conta na peça, na mesma medida. Pois o fato de querer agir com astúcia diplomática e operar com seus recursos cavaleirescos de poder, em vez de voltar-se desde o início para a revolução, não é sinal de individualidade casual de sua parte, mas apenas o *efeito* de ainda estar enredado, *em virtude de seu posto e sua condição de classe*, no estabelecido, na cavalaria, e de ser determinado por isso em sua individualidade. (Do mesmo modo que, por exemplo, entre nós, os melhores burgueses, os que em si são os mais democráticos, não costumam se tornar revolucionários reais, porque ainda participam das condições existenciais dessa classe, ainda estão enredados nela.) O que vós, pelo visto, concebeis como *individualidade puramente casual* de Sickingen, eu prefiro conceber como a incidência necessária de sua *condição de classe*, à qual ele ainda está intimamente ligado e que não permite que ele realize o avanço revolucionário. Nesse sentido, Carlos V se pronuncia em certo momento do segundo ato:

> Quem é que toma para si mesmo as resoluções,
> E não as encontra já previamente registradas
> Pela lei inflexível de sua condição?

E essa é a *única concepção correta*, o que decorre de duas razões adicionais. 1. Exatamente por eu ter, de resto, suprido Sickingen perfeitamente de propósitos revolucionários, não seria nem um pouco compreensível por que, no caso dele, o elemento revolucionário não lograria se sobrepor de fato. No que se refere a propósitos, inteligência e vontade com relação a tudo que constitui as facetas conscientes do espírito humano, ele é revolucionário da cabeça aos pés – diante disso, a única explicação para não lograr o avanço decisivo é que seu lado inconsciente, sua natureza, ou seja, exatamente o lado que é *produto das relações existenciais do indivíduo*, ainda é um lado intimamente ligado ao estabelecido, um lado *não revolucionário*. 2. Disso decorre que, exatamente nesse tocante, todos os três – Sickingen, Hutten e Balthasar –, que quanto à causa desejam praticamente a mesma coisa, tenham divergências de acordo com suas condições de existência no que se refere ao modo como a desejam: Hutten, sendo cavaleiro de nascimento, mas como ideólogo consumado, independentemente de toda condição de nascença, passou a vida em conflito com sua classe, enfim, pertencente à cavalaria apenas por origem, mas não por sua *condição real* nem por seus recursos de poder, quer, no *terceiro ato*, o levante *como puro idealista*, quer provocá-lo por meio do *apelo público* à nobreza, às cidades e aos camponeses. O envolvimento diplomático de Sickingen não faz parte do seu plano. Mas, enquanto idealista *ideológico*, ele almeja aquele levante com fins puramente espirituais, religiosos. Arrastado pelos propósitos estatais reais muito mais amplos de Sickingen e por sua superioridade, com a qual este desdobra diante dele seu grandioso projeto, ele adere de imediato aos planos políticos de Sickingen com o entusiasmo tempestivo que lhe compete como puro idealista, deixando para Sickingen a execução concreta como o aspecto para o qual ele é menos competente. – Balthasar, mais humilde de nascimento, *sem* ligação íntima com as condições de classe da situação de Sickingen, deseja a erupção da maneira correta e revolucionária. Sickingen de fato a quer, mas planejou-a de um modo não revolucionário, diplomático-realista, que, por um lado, em termos de propósito, vai muito além dos planos imediatos de Hutten, mas, por outro lado, traz estampado em si da forma mais inconfundível a influência de sua condição de classe, dos recursos de poder e da posição real, que, em suma, é produto do Adão cavaleiresco dentro dele, do qual ainda não conseguiu se livrar.

Todos os três se diferenciam, portanto, em relação a "como?" o querem, correspondendo exatamente às relações existenciais, nas quais ainda estão ou não enredados.

(De passagem, eu gostaria de fazer uma observação a Engels. Ambos concordais que a caracterização de Sickingen ainda é muito abstrata. Sobre isso, bem como sobre todos os aspectos da execução formal, não me permitirei entrar em discussão. Isso é algo que vós, enquanto leitores imparciais, necessariamente tendes de saber melhor do que o autor. Discuto apenas sobre questões de *conteúdo*. No entanto, diante da observação muito correta de Engels: "Um indivíduo não se caracteriza apenas pelo *que* ele quer, mas também por *como* ele o quer"[20], desejo permitir-me, pois, o comentário de que, pelo que foi dito até agora, todos os três personagens parecem, portanto, estar caracterizados com muita nitidez no que se refere a como pretendem alcançar o objetivo comum.)

Ora, disseste ainda: "Sickingen sucumbiu por ter se sublevado contra uma forma do estabelecido na condição de *representante* de uma classe em declínio". Se isso quer dizer apenas que ele sucumbiu justamente por ainda estar inconsciente e involuntariamente ligado às condições de existência dessa classe e, por isso, não foi capaz de posicionar os antagonismos de maneira decisiva, então coincide com o que já foi dito: ele sucumbiu porque, enquanto *cavaleiro*, sublevou-se contra aquela forma do estabelecido, e esse aspecto foi, portanto, perfeitamente levado em conta, tal qual foi mostrado, constituindo inclusive a *ideia axial* da própria peça. Na medida em que passa disso, porém,

---

[20] O teor da frase de Engels é um pouco diferente: "Uma pessoa não se caracteriza apenas pelo *que* faz, mas também por *como* ela o faz". Ver p. 215-6. (N. T.)

precavi-me de representar Sickingen dessa forma. Quanto à sua consciência, dotei-o, muito antes, com os propósitos mais revolucionários possíveis e o representei como se ele ainda fosse capaz de evoluir na direção das demais consequências revolucionárias, para as quais o avanço prático da revolução poderia tê-lo impelido, caso tivesse vencido e continuado vivo.

Pois de fato ainda lhe concedo a força de despir-se totalmente do cavaleiro e trocar de pele, ainda que isso só aconteça no momento da apoteose, ainda que isso só aconteça quando já é tarde demais!

Eu podia conferir-lhe essa postura revolucionária em decorrência disto: ele se encontra no *início* de uma revolução; e, pelo menos *em um* aspecto, ele assume uma postura revolucionária. Trata-se, assim, de um "*em si*" ainda bastante ambíguo que, à medida que o movimento avança e o impele às suas consequências, pode evoluir tanto no sentido de aceitá-las quanto no de afrontá-las de modo hostil e reacionário. No que se refere à sua classe, todavia, em nenhum momento se poderia pôr em dúvida o fato de que ela teria assumido a última postura. E também quero conceder-te, embora muito possa ser dito contra isso, que o indivíduo *historicamente determinado* Sickingen teria se comportado enquanto indivíduo da classe e tomado esse mesmo rumo. Contudo, isso *não é necessidade absoluta* para um indivíduo. Este ao menos pode alçar-se inteiramente acima de sua classe, especialmente quando tem formação ideológica – e Sickingen a tem, em parte por meio do seu *alter ego* Hutten, em parte suficientemente por si mesmo; o próprio Hutten diz a seu respeito que ele é tão *eruditus* quanto se pode sê-lo *sine litteris* (sem grego e latim). Assim, Saint-Just[21] foi marquês, Saint-Simon[22], um par da França, e o mais próximo, Ziska[23], também foi cavaleiro e nobre. Ora, no caso de Sickingen está presente a circunstância extremamente favorável para o autor dramático de que ele foi colhido pela morte *bem no início* do movimento, de que ele não vivenciou nenhuma situação de fato que o tivesse impelido a uma consequência alternativa e, portanto, não está estabelecido por nenhum *fato* consumado por ele qual teria sido seu comportamento em relação ao avanço do movimento, de que todos os seus papéis e planos mais definidos foram consumidos pelo incêndio do castelo de Ebernburg, de que tudo o que ficou estabelecido sobre

---

[21] Antoine Saint-Just (1767-1794), conhecido revolucionário francês, membro do Comitê do Bem-Estar. Foi derrubado com Robespierre em 9 de Termidor e depois guilhotinado.
[22] Claude Henri de Saint-Simon (1760-1825), famoso filósofo da história e pensador socialista.
[23] Johann Ziska von Trocknow (1370-1424), general dos hussitas.

tais planos ainda se situa na esfera daquele primeiro em-si revolucionário e, por conseguinte, soa bastante favorável (abstraindo do fato de haver muitos indicativos singulares e notáveis, embora não exatamente decisivos, mas favoráveis em relação ao que vem depois). Dessa forma, *pude* conferir-lhe a postura de que, se fosse o caso, seu gênio pessoal teria evoluído no sentido de assumir todas as consequências revolucionárias, justamente por não ter vivenciado um desenvolvimento *factual* que contradissesse isso, e, assim, *pude* tornar suficientemente *plausível e provável* que a *ilusão estética* tivesse tudo para ser alcançada, já que não era barrada por nenhum fato estabelecido na consciência do povo ou na historiografia! – É evidente, porém, que, se *pude* fazê-lo, foi porque, em contrapartida, também *ganhei* muito com isso. Pois como eu poderia despertar interesse, como interessar a mim mesmo por um personagem que buscava realizar *os objetivos conscientemente reacionários da nobreza*, que conscientemente era representante dessa classe, não só em oposição aos príncipes, mas também ao povo? Contudo, *tanto mais impactante se tornou a impressão e, ao mesmo tempo, tanto mais revolucionária* quando amontoei sobre sua cabeça *todas* as demais honrarias revolucionárias, em parte reais, em parte possíveis no seu íntimo, e, não obstante, deixei que perecesse em virtude *disto*: de não ter apagado da sua natureza aquela única e última barreira, produto involuntário de sua condição de classe, que o separava do revolucionário completo!

Portanto, quando dizes: "Eu deveria ter deixado Sickingen perecer pelo fato de ser revolucionário apenas *na imaginação*"[24], isso foi alcançado na tragédia, na medida em que, restando justamente *essa única* barreira a separá-lo do revolucionário real pleno, ele permanece revolucionário apenas *"na imaginação"*. Tanto faz uma barreira ou cem barreiras – separado é separado. Mas, para atingir meu propósito, eu não poderia levar a separação para além dessa uma barreira. Tu pensas que Sickingen se diferencia de Götz por ter sido revolucionário apenas na imaginação e, quando Sickingen é despido de sua formação, sua índole natural etc., restaria exatamente apenas... Götz.

Tenho de responder duas coisas a essa questão: 1. – Embora isso, na verdade, não faça a mínima diferença para o meu drama – estás *decididamente*

---

[24] A frase de Marx tem o seguinte teor: "Portanto, se não quisesses simplesmente reduzir o conflito àquele representado por Götz von Berlichingen – e não era esse teu plano –, então Sickingen e Hutten tinham de perecer por serem revolucionários apenas na imaginação". Ver p. 209. (N. T.)

laborando em erro também no que se refere ao Sickingen *histórico*. A expressão "sujeito miserável", com que apostrofas Götz, exprime o que me vai na alma, e a única explicação que encontrei até agora para o fato de Goethe ter sido capaz de fazer desse rapaz totalmente retrógrado o herói de uma tragédia é a falta de aptidão histórica do seu espírito. Não posso aceitar o elogio que lhe fazes porque Goethe quer despertar por ele o interesse *positivo*.

Mas com Sickingen é bem diferente. Com certeza, o Sickingen histórico não é idêntico ao da minha tragédia, seguramente não o é, mas é menos ainda ao Sickingen que tu imaginas. Podes crer-me quanto a isso por enquanto, porque conheço melhor sua história pessoal. Eventualmente eu poderia apresentar-te as provas. Há indícios de sobra de que Sickingen poderia muito bem ter se associado aos camponeses, como o *Novo Karsthans*[25], no qual Hutten, em diálogo com um camponês, designa-o seu líder, como o temor dos príncipes de que ele organizaria um "*Bundschuh* com o homem comum", como o nome "Ziska", que ele gostava de dar a si mesmo. E milhares de outras coisas do tipo. Não obstante, de bom grado deixo em dúvida se e, em todo caso, até que ponto ele teria se unido aos camponeses. Contudo, estás enganado quando dizes que por trás de suas palavras-chave espreita o sonho da "velha lei do mais forte". Esse foi um período *há muito superado* dentro dele; há provas cabais disso à disposição. Certamente ele teria se aliado às *cidades* e ansiava muito tornar-se seu líder. Quando dizes que, se ele não tivesse sido como o apresentas, ele deveria ter apelado diretamente às *cidades* (e aos camponeses), isto é, "às classes cujo desenvolvimento = negação da cavalaria", deve-se replicar que ele, contudo, recorreu incessantemente às *cidades* muito antes da eclosão, pleiteando com a maior diligência alianças com cidades em Straßburg, Bamberg etc. E no intervalo entre a expedição a Trier e o sítio de seu castelo, ele praticamente bombardeou as cidades com missivas, convocou assembleias municipais ou então enviou cartas e mensageiros até elas, dirigindo-se inclusive a seus antigos inimigos de Worms etc. As cidades o abandonaram à sua sorte.

O discurso que o faço proferir para os moradores de Landau no terceiro ato é, no que se refere às *cidades*, fiel do começo ao fim à guinada que havia ocorrido em sua política em comparação com o que ela era antes.

---

[25] O *Karsthans* foi um panfleto anônimo publicado em 1521, contendo um diálogo escrito em alemão, em linguagem popular, sobre questões da Reforma no país. (N. T.)

Por fim, o ponto 2 – e este é o principal –: mesmo que tenhas toda a razão do mundo no que se refere ao Sickingen *histórico*, não a terás no que se refere ao *meu* Sickingen. O poeta não tem o direito de idealizar seu herói, de conferir-lhe uma consciência mais elevada? Porventura o Wallenstein de Schiller é o histórico? O Aquiles de Homero é o real? Engels admite isso de forma expressa. Ele diz: "De modo nenhum desejo questionar vosso direito de conceber Sickingen e Hutten como se tivessem o propósito de emancipar os camponeses". Já que cito o *direito* do poeta de idealizar seus personagens, quero logo indicar também os *dois limites* dentro dos quais ele pode fazer uso desse direito. 1. Ele não pode emprestar a seu herói visões que transcendem o horizonte *de toda a época em que ele viveu*. Se o fizer, ele se torna a-histórico, tendencioso no mau sentido. No entanto, ele pode concentrar na cabeça do seu herói tudo o que foi pensado, dito, contemplado *nesse tempo* pelos mais livres, pelos mais desenvolvidos, a partir de qualquer perspectiva. E, de fato, não coloquei na boca de Sickingen nem na de Hutten nenhuma visão ou palavra que não tenham sido comprovadamente pensadas e ditas *naquela época*. 2. Mas também em relação a essa liberdade de concentrar todas as irradiações espirituais de um período na cabeça do herói como se fosse um foco luminoso, de conferir-lhe uma consciência tão elevada quanto era possível em dita época (mesmo que o personagem não a tivesse tido de fato), o poeta volta a deparar com o limite desenvolvido anteriormente, de que o herói *não entre em conflito* com essas visões por meio de um desenvolvimento factual vivenciado por ele. Portanto, é preciso que ele tenha acompanhado o ritmo do seu desenvolvimento ou não o tenha vivenciado, ou seja, ele deve ter sido colhido pela morte ainda no embrião, em uma situação ainda ambígua. Quando esse limite não é respeitado, sublevamo-nos de fato contra a história, faltamos com a verdade, não conseguimos produzir nenhuma *probabilidade* nem um efeito cativante, violamos todas as leis da *ilusão estética*. Um exemplo aclarará inteiramente meu modo de ver as coisas. Dado que Lutero testemunhou as guerras camponesas e as hostilizou, seria impossível e absurdo querer atribuir-lhe em uma tragédia a postura inversa, como se tivesse abraçado a causa dos camponeses. Agora, se, tal qual Sickingen, Lutero tivesse morrido antes dessas guerras e das controvérsias com Münzer, de forma alguma seria tão impossível – embora eu não queira decidir aqui sobre esse caso, mas apenas usá-lo como exemplo – conferir-lhe em um drama a postura como se tivesse assumido a causa dos camponeses. Pois do mesmo modo que muitos fatores em sua posição tinham de impeli-lo a um posicionamento hostil – e de fato o impeliram vitoriosamente –, existiram também *outros* aspectos (pois, naquele tempo, de fato foram depositadas nele inicialmente certas *esperanças* nesse sentido), estando presente um conflito de fatores divergentes que na verdade não chegou a ser resolvido, *e onde isso acontece a fantasia criativa tem toda liberdade, diferentemente da crítica histórica*. A meu ver, não te deste conta disso. Portanto, no caso hipotético, poderia ter sido conferida a Lutero, por exemplo, uma tal postura, como se ele tivesse sido capaz do desenvolvimento que o protestantismo realmente produziu e experimentou por algum tempo no independentismo inglês.

É evidente, portanto, que a maioria das tuas objeções atinge apenas o Sickingen *histórico*, e não o *meu*. Não pude fazer o meu Sickingen perecer em função de seus *objetivos reacionários* exatamente porque não lhe conferi tais objetivos, mas somente uma *barreira reacionária*, a saber, uma natureza determinada por sua condição de classe que não foi capaz de dar o passo revolucionário decisivo.

Quando meu direito de fazer isso é reconhecido, tal qual provado pelo que acabou de ser dito e como Engels faz com naturalidade, acredito que tudo o mais no drama é sumamente coerente. Mas Engels apresenta aqui outra objeção. Ele afirma que eu poderia ter conferido a Sickingen e Hutten a intenção de emancipar os camponeses. Ele diz: "Desse modo, porém, o senhor de pronto confrontou-se com a contradição trágica de que ambos estavam posicionados entre, de um lado, a nobreza, que decididamente *não* queria isso e, de outro lado, os camponeses. Aqui reside, a meu ver, o conflito trágico entre o postulado historicamente necessário e a execução impossível na prática". Em suma, segundo ele, eu deveria tê-lo deixado perecer devido à má vontade de seu partido, a nobreza, de segui-lo em seus propósitos revolucionários, devido a uma divergência consequente disso etc. Nesse ponto, reside o reconhecimento bastante correto de Engels de que eu poderia alçar o *indivíduo* Sickingen, mas não sua *classe*, acima dos *objetivos desta*. O conflito decorrente disso deveria ser o motivo da ruína. Mas essa objeção, embora pensada com perspicácia, *não é* correta. 1. Em primeiro lugar, preciso observar de passagem que não me parece nem mesmo provável que Sickingen pereceria por esse motivo caso tivesse havido de sua parte um apelo aos camponeses. Uma vez que tivesse nobreza e camponeses em seu poder, ele teria usado estes para manter aquela sob controle, tanto mais porque ela representava o elemento preponderante. Ele era o homem certo para isso. Fazê-lo perecer dessa maneira significaria atribuir ao partido da nobreza um poder e uma importância que ele já não tinha. Além disso, por mais fiel e diligente que lhe tivesse sido a nobreza, ainda assim teria forçosamente perecido sem os camponeses e as cidades. Portanto, a verdadeira razão de sua ruína deve ser procurada em outro lugar, diferente da renitência do partido da nobreza. Por fim, disso tratarei adiante, uma aliança entre camponeses e nobreza era perfeitamente concebível. 2. No entanto, os atritos com seu partido e seu abandono devido à renitência da nobreza em seguir seus passos nos objetivos de emancipação dos camponeses não aconteceram de fato. Isso poderia muito bem ter ocorrido caso Sickingen tivesse permanecido vivo, caso tivesse se aliado aos camponeses etc. Mas fato é que isso não aconteceu. E considero pura e simplesmente *inadmissível inventar tais eventos reais* no campo histórico. Entendo, porém, que propósitos íntimos, que não precisam ter se articulado claramente nos fatos, podem perfeitamente ser inscritos, enquanto tal ambiguidade for possível, na alma de uma pessoa, onde ninguém pode lê-los. Tais tipos de expressões corporais, desentendimentos com seu partido, conflitos e brigas com outros nobres sobre suas tendências a aliar-se aos camponeses – seria preciso acrescentar à história, mediante invenção, essas coisas e toda uma gama de traços corporais, quando isso nem sequer ocorreu, é isto que considero *ilícito*. 3. Por fim, e isso continua sendo o mais importante, o conflito escolhido por mim é, sem dúvida, *muito mais profundo, muito mais trágico e muito mais revolucionário* do que teria sido aquele recomendado por Engels. Ele é mais profundo e mais trágico porque meu conflito é *imanente* ao próprio Sickingen, enquanto aquele teria acontecido apenas entre ele e seu partido. E onde estaria a *culpa trágica propriamente dita* de Sickingen? Ele teria sucumbido, apenas por causa do egoísmo da classe da nobreza – algo totalmente justificado e irrepreensível – a uma visão terrível e que *nada tem de propriamente trágico*!

Mas, pela mesma razão, a saber, porque meu conflito é imanente ao próprio Sickingen, ele é muito *mais revolucionário*. Ele só não é uma *fabula docet* [moral da história] muito específica ou profundamente revolucionária, dizendo que alguém pode sucumbir se for muito além de seu partido e não puder, por isso, contar com seu apoio. Pelo contrário, faço com que ele sucumba por *não ter ido longe o suficiente*! E isso me parece ser uma *fabula docet* revolucionária em alto grau e do começo ao fim, mostrando que, por *mais revolucionário que alguém seja em termos de conteúdo* e quaisquer que sejam os recursos de poder etc. que ele tenha do seu lado, ainda assim terá de sucumbir se fizer e tolerar em si mesmo *qualquer arranjo com o estabelecido*, mesmo que essa transação tenha lugar apenas no que se refere ao aspecto meramente *formal* do seu agir e por maiores que sejam as circunstâncias favoráveis e as vantagens reais que pareça obter no plano formal, justamente por meio dessa transação. Todavia, nesse tocante, Engels diz: "Ao descartar esse fator (seu conflito), o senhor *reduz* o conflito trágico às dimensões menores de que Sickingen, em vez de unir-se logo ao imperador e ao império, uniu-se apenas a um príncipe (embora também aqui o senhor introduza os camponeses do jeito correto), e simplesmente deixa que pereça em virtude da indiferença e da covardia da nobreza".

Nem me ocorreu deixar Sickingen perecer em virtude da indiferença e da covardia da nobreza. No quinto ato, Balthasar explicita para Sickingen fatores *totalmente diferentes* que levaram à ruína, fazendo menção à atitude reservada da nobreza apenas com um "enquanto a nobreza se retrai, intimidada pelo fracasso do primeiro golpe" etc., somente como uma causa que cooperou muito levemente para o momentâneo *embaraço* de Sickingen. Pois de fato está claro que, mesmo que se livrasse desse embaraço, Sickingen não conseguiria o êxito sem os camponeses e, por isso, Balthasar também aponta para estes como o único portador vitorioso do movimento. Para ele, inclusive as cidades entram em cogitação apenas de modo lateral.

A crítica de Balthasar nem sequer se baseia naquele embaraço momentâneo ocorrido em Landstuhl[26]. Já no terceiro ato e, depois, no quinto, ao fazer um retrospecto do terceiro e detalhá-lo, ele repreende a expedição de Sickingen contra Trier, para a qual contava com o *apoio fiel e diligente* da nobreza. (Balthasar diz no terceiro ato: "Estivesse eu convosco, com efeito! Talvez bem outro conselho tivesse vos dado, um menos sábio – e, ao mesmo tempo, muito mais sábio talvez" – e, no quinto ato, apenas desenvolve o que teria sido tal conselho.) Portanto, Balthasar não põe a culpa na causa negativa, na covardia da nobreza, que só teve início em Landstuhl, mas na falta de uma atuação positiva bastante diferente de Sickingen.

Portanto, tampouco os camponeses entram apenas por entrar, como pensa Engels, mas são convertidos por Balthasar em questão principal, em *sub hoc signo vinces* [sob esse sinal vencerás] exclusivo e, como mostrarei adiante, tudo é apostado neles.

---

[26] Um dos principais castelos de Sickingen, ao lado do castelo-sede em Ebernburg, na Alemanha. (N. T.)

Quando Engels diz que deixo Sickingen tombar em virtude de aliar-se apenas a Um príncipe, em vez de unir-se logo ao imperador e ao império, a coisa, quando dita desse jeito, é toda paradoxal e nem chega a ser compreensível. Pois em si e para si é mais fácil lidar com Um príncipe do que com todos os príncipes e o imperador somados. Portanto, muito antes, é preciso expressar isso a partir do seu aspecto positivo, dizendo: Sickingen sucumbe, e isto também Balthasar lhe joga na cara com claríssimas *bordoadas* como causa de sua ruína, por não ter se atirado diretamente no epicentro da situação revolucionária, por não ter queimado todos os navios e todas as pontes que o ligavam ao passado e apelado ao estrato revolucionário *mais baixo e mais radical*, desencadeando, assim, abertamente todas as energias revolucionárias da nação, por não ter relegado ao segundo plano as ressalvas realistas e espertezas práticas e se fiado, em um desvario idealista, na simples força de expansão da ideia revolucionária e sua tensão extrema.

Nesse caso, porém, a apatia da nobreza já não é a causa de sua ruína. Dito assim, o conflito não foi "reduzido a dimensões menores", mas ampliado àquele mais profundo e eterno da ideia revolucionária em si mesma e, ao mesmo tempo, transposto para o interior do próprio Sickingen como um fator ainda reagente dentro dele e, por isso, gerador de culpa.

Mas decerto Engels não teria formulado tais frases caso tivesse lido aquela primeira carta escrita por mim e dela tivesse depreendido a ideia trágica da peça. Pois ele, seguindo teu exemplo, não teria negado que essa ideia está bem elaborada no texto, aliás, como prova em toda parte o quinto ato.

Chego, enfim, à conclusão, mas também às objeções, que julgo ser a parte principal, porque está em jogo aí o interesse partidário, que considero muito justificado. Ambos convergis na objeção de que eu "preteri demais", "não ressaltei suficientemente" o movimento dos camponeses. Tu fundamentas isso assim: eu deveria ter deixado que Sickingen e Hutten perecessem pelo fato de, a exemplo da nobreza polonesa, serem revolucionários *apenas na imaginação* (isto, como acabou de ser mostrado, está contido na peça, na medida em que é razoável), mas, *de fato, representarem um interesse reacionário* (no entanto, isso eles *não representam na minha peça* e, justamente por essa razão, não podem perecer em virtude disso). Dizes que os representantes *nobres* da revolução, " – por trás de cujas palavras-chave 'unidade' e 'liberdade' ainda espreita o sonho da velha monarquia imperial" (*recte!* [certo!] Mas isso acontece de igual maneira *no caso dos camponeses*) "e da lei do mais forte" (isso não acontece nem mesmo no segundo período do Sickingen *histórico*), "– não devem, então" (esse "então" já mostra que se trata apenas de uma dedução do anterior, e cai junto com ele), "absorver todo o interesse, como fazem no teu caso, mas os representantes dos camponeses e dos elementos revolucionários nas cidades deveriam compor um pano de fundo ativo bastante significativo. Poderias, então, ter dado voz em grau muito maior às ideias mais modernas em sua forma mais ingênua[27]" (??!), "ao passo que agora, de fato, além da liberdade *religiosa*, é a *unidade* burguesa que constitui a ideia principal". "De certo modo, não incorreste tu mesmo, a exemplo do teu Franz von Sickingen, no erro diplomático de colocar a oposição cavaleiresca luterana acima da oposição plebeia münzeriana?"

Oh, meu extremamente injusto amigo! Em primeiro lugar, para responder a isso apenas de passagem: eu teria exaltado a oposição cavaleiresca luterana! Como? Acredito, muito pelo contrário, que, na minha peça, o *protestantismo se sai bem pior* do que o catolicismo. No segundo ato, o legado o dissolve como mero fruto inconsequente no *humanismo* ateísta e libertário enquanto seu verdadeiro *fundamento* e desenvolvimento final, sua *raiz espiritual real*. No terceiro ato, Hutten faz o mesmo na descrição de sua vida e da luta de Reuchlin[28]. É o que tenho a dizer sobre o aspecto *espiritual* do protestantismo e sobre a crítica que ele recebe. Quanto ao aspecto *político*, já no segundo ato Sickingen mostra no diálogo com o imperador e, de modo ainda mais decisivo, no terceiro ato, em seu diálogo com Hutten, quando este deseja que aquele empunhe a espada a favor da liberdade religiosa, que, se não fosse assumido pelo próprio imperador e transformado em uma grande ideia de nacionalidade e de Estado, o protestantismo apenas converteria em escombros toda a existência nacional e política. Prenunciando o desenvolvimento que sobreveio à Alemanha em decorrência do acordo de paz da Vestfália, ele aponta que o protestantismo necessariamente *traria a morte política mais completa e a ruína à nação*, que ele se tornaria o coveiro da nossa história. (Nessa peça supostamente protestante não aparece uma única figura protestante, a não ser o escarnecido Ecolampádio[29]. Hutten conserva traços puramente humanistas, e Sickingen, puramente políticos.) É o que tenho a dizer quanto à glorificação

---

[27] Lassalle substitui a expressão "forma mais pura" por "forma mais ingênua". (N. T.)
[28] Johannes Reuchlin (1455-1522), famoso humanista.
[29] Johannes Ökolampadius (1482-1531), conhecido reformador.

da oposição *luterana*. E quanto à oposição cavaleiresca, ela *não é um propósito substancial* para Sickingen, mas (o que *ambos* não percebestes) apenas *um meio* que ele deseja *usar*, um movimento do qual ele quer se *aproveitar para tornar-se imperador* e, então, desempenhando o papel que Carlos [V] se recusa a assumir, transformar e concretizar o protestantismo *como ideia de Estado e nacionalidade*. De qualquer *outra* concretização deste, na forma de uma concretização compacta e obrigatória para toda a Alemanha que parte do imperador, de qualquer concretização parcial Sickingen espera – como expôs diante de Carlos e Hutten – apenas ruína e decadência, e [espera o mesmo], portanto, de uma oposição *cavaleiresca luterana* meramente parcial, bem como de uma oposição composta de *príncipes luteranos*. Cada palavra que escrevi mostra quão pouco quero fazer com que Sickingen fique preso ao movimento da nobreza, como faço com que use e abuse deste para tornar-se imperador com sua ajuda e sem que esteja ciente disso, para então realizar seus grandes *planos de Estado*. *Nenhum* dos nobres sabe de seu objetivo de tornar-se imperador; ele o revela somente a Hutten. Sickingen convoca a nobreza a Landau no momento em que deseja atacar Trier para alcançar *seus* objetivos. Em Landau, os nobres, com exceção de alguns mais chegados, *nem sequer* ficam sabendo que ele pretende tal ataque. Lá, ele os incita e lhes diz coisas que os levam a firmar uma aliança com a intenção de obter Trier e a coroa imperial, e os sujeitos gritam sim, sem saber coisa alguma nem de um objetivo nem de outro. Intencionalmente não os deixei falar nem entrar em cena antes de Franz chamá-los a Landau. Não quis representá-los como um partido com movimentos e atitude próprios, mas apenas como um partido espoliado, posto em ação por Franz, conduzido maquinalmente, puxado de um lado para outro como marionete, sem consciência dos objetivos secretos dele. A maneira como ele os domina, menospreza e com que superioridade os pisoteia fica evidente no quarto ato, na chegada do arauto e, depois, mais ainda, após o ataque, no sucessivo anúncio de notícias de desgraça. – Eles, então, o abandonam, *não* por estarem conscientes da disparidade dos objetivos interiores, mas por mera apatia, covardia, indecisão, e, enquanto *único* elemento que teria sido capaz de e suficientemente *forte* para sustentar e executar os propósitos imperiais de Sickingen, é posto *única e exclusivamente o elemento camponês* – e isso por Balthasar, na cena dos camponeses, por meio da concordância de Hutten com eles, das acusações que Franz faz a si mesmo nos monólogos, nas cenas do quinto ato e, por fim, na última cena entre ele e Hutten –, e não tê-lo chamado como o único elemento forte e prenhe de futuro torna-se, para ele, a causa justificada da sua queda.

É o que tenho a dizer sobre a "glorificação" da oposição "cavaleiresca" e "cavaleiresca luterana"!!!

Ainda pensas, portanto, que eu próprio teria cometido, de certo modo, o *erro diplomático de Sickingen*, de colocar a oposição cavaleiresca luterana acima da plebeia münzeriana?

Alto lá, meu amigo! Porei minhas razões em ordem-unida:

1. A rigor, vossas objeções nesse sentido se reduzem meramente a uma crítica já refutada por Platão e Aristóteles, a saber, o problema não é que a tragédia tem isso ou aquilo de ruim ou equivocado, mas que ela não é outra tragédia. Em última análise, vossas objeções se reduzem ao fato de eu ter escrito um *Franz von Sickingen*, e não um *Thomas Münzer* ou alguma outra tragédia da guerra camponesa. Mas não pensem que me contentarei com essa resposta.

2. Se eu tivesse escrito um "Thomas Münzer" ou alguma outra tragédia da guerra dos camponeses, e se não existissem as barreiras que a seguir ainda quero analisar, eu sempre teria me limitado a escrever apenas *a tragédia de uma revolução determinada, histórica, concluída e passada* que deixamos para trás.

Eu não tinha como conferir a um "Thomas Münzer" a *ideia trágica fundamental* do meu drama, esse conflito eterno recorrente em quase *toda* revolução. O que quer que tenha levado Münzer a sucumbir, certamente não foi o fato de ter sido realisticamente diplomático e de ter deixado de apelar com fanatismo excludente e de olhos fechados para a *posição extrema* da situação revolucionária e a sua força. *Essa* crítica não pode ser feita a Münzer!

Ora, como eu já disse na referida carta, escrevi toda a tragédia somente para apresentar dita ideia trágico-revolucionária fundamental. Não pude, portanto, recorrer a um Münzer. Tu mesmo dizes que aquela ideia trágica tem a tua "máxima aprovação", que ela é o conflito que fez naufragar também a Revolução de [18]48 e [18]49. Tu tampouco negarás que, também para a próxima revolução, o mesmo conflito continuará sendo um rochedo perigoso, pelo qual esperamos passar com êxito. Ora, o *caráter eterno-atual desse conflito revolucionário* foi o que me levou a compor o drama. Minha intenção não foi descrever uma *determinada* revolução do passado como tal, mas o conflito mais íntimo e eternamente recorrente do agir revolucionário e sua necessidade. Em suma, pretendo ter escrito *a tragédia da ideia revolucionária formal par excellence*! E isso tu chamas de diplomático? Chamas de diplomático o fato de eu ter evidenciado exatamente a *impotência* do comportamento diplomático, inclusive da transação mais sutil, derradeira, que já nem é feita em relação ao objetivo, ao quê, mas somente ainda em relação à execução, ao como?

3. Por fim, porém, as guerras camponesas *não* têm a natureza que vós pareceis conferir-lhes. Ao contrário, elas são: a) *não* revolucionárias; b) e até reacionárias ao extremo – *em última instância* –, *tão reacionárias quanto foram o Sickingen histórico* (não o meu) *e o próprio partido histórico da nobreza*!

Ad a) *Não* revolucionárias. Pois, em toda parte, os camponeses exigiram dos nobres tão somente a eliminação do *abuso*, e não do *uso*. Quanto maior o cuidado com que se estudam as guerras camponesas, tanto maior a nitidez com que se vê isso; e não é de admirar. A ideia da legitimação do sujeito como tal transcendeu *toda* aquela época. Quem quisesse introduzi-la teria adotado um procedimento a-histórico no pior sentido do termo. No entanto, com base em um movimento que se levantou visando somente à eliminação do *abuso*, e não com base em um princípio livre do direito, poder-se-ia certamente escrever uma *tragédia da humanidade*, mas não uma tragédia do princípio consciente. O caráter indicado do movimento dos camponeses é seu caráter permanente e só assume uma posição diferenciada no caso do pregador Thomas Münzer, em suma, onde se agrega o elemento do *fanatismo religioso*. Operar no elemento do *fanatismo religioso* e portar-se positivamente em relação a ele, porém, é algo impossível para mim. Então, prefiro qualquer *páthos* humano libertário, que age por conta própria, mesmo que suas palavras-chave não tenham um alcance tão grande! Diante disso, a formação idealista que pude conferir a Hutten e Sickingen e da qual consegui tirar consequências pareceu-me um material muito melhor de ser usado e que ao menos não tem duplo sentido. Pois a única condição sob a qual se poderia concordar em escrever um drama intitulado "Münzer", a saber, mostrar que o movimento dele sucumbiu exatamente na barreira da tendência religiosa, não é exequível em termos de conteúdo nem em termos históricos.

Ad b) Mas fico admirado, por fim, como pudestes deixar de perceber que a agitação dos camponeses *foi, em última análise, reacionária do começo ao fim, tão reacionária quanto* o partido histórico da nobreza. A questão é esta: os camponeses quiseram abafar toda a bancada dos príncipes no Parlamento – como mero domínio interino. Deveria estar representada nele apenas a propriedade fundiária *nobre*, do mesmo modo que a *camponesa* (os príncipes não estariam representados enquanto tais, mas quando e na medida em que também fossem direta e pessoalmente nobres *proprietários de terra*). Em outras palavras: na sua ideia, o fator político vigente ainda não é o sujeito – isso já extrapolava a época –, mas *a propriedade fundiária privada*. Esta é a única que tem legitimidade. Com base na propriedade fundiária pessoal livre pretendia-se promover a criação de um reino dos proprietários de terras, tendo o imperador como seu expoente. Ou seja, isso nada mais é que a *ideia bastante velha e ultrapassada do Reich* alemão, que estava justamente ruindo. Por causa dessa ideia dos camponeses, *reacionária desde a raiz*, uma aliança com a nobreza ainda teria sido perfeitamente possível. Pelo plano camponês, a nobreza, em sua postura política, não só não perdia nada, como ainda ganhava. E também foi dada uma compensação para aquilo que ela perdia em receitas devido à coibição do *abuso* e sua transformação em *uso* na relação com os camponeses, por meio da revogação dos *direitos feudais* dos príncipes na relação com os nobres. Daí decorre a circunstância de tantos nobres e condes terem se aproximado realmente da causa dos camponeses, nem todos com intenção traiçoeira – ou não desde o princípio – nem forçados a fazê-lo.

É essa ideia *reacionária desde a raiz* que o Sickingen histórico, o partido histórico da nobreza e o movimento dos camponeses têm na mesma medida como fundamento e que constitui a *razão comum, necessária e historicamente justificada da ruína* de todos os três. – Pois diante dessa *ideia que embasou o direito público à propriedade fundiária privada* e que via nesta a fonte exclusiva de toda legitimação política, os príncipes, com seu domínio sobre um território global que *não* lhes pertencia como propriedade fundiária nem foi cedido por eles como feudo, representaram os primeiros embriões de um *conceito político de Estado*, independente da propriedade fundiária.

Disso decorreu a vitória dos príncipes tanto sobre a nobreza quanto sobre os camponeses, ao passo que as cidades não precisaram sucumbir justamente por essa razão.

Portanto, do ponto de vista da crítica histórica implacável, os movimentos camponeses daquela época *são tão reacionários quanto* foi o partido da nobreza. É a mesma ideia. Se eu fosse escrever uma obra histórico-crítica, eu comprovaria que essa foi a razão da ruína tanto da nobreza quanto dos camponeses. No caso de uma obra *estética*, porém, essa descrição – abstraindo totalmente da dificuldade de tais exposições em forma estética – não conseguiria despertar grande interesse pela causa camponesa, mas apenas reduziria muito o interesse ligado a essa concepção. As guerras camponesas etc., para serem usadas no vosso e no meu sentido, precisam, portanto, permanecer em uma certa penumbra e não podem ser examinadas muito de perto. E tem mais uma coisa que deve fazer com que um drama sobre a guerra camponesa se converta, temo eu, em uma visão quase desagradável. Abstraio da grande dificuldade oferecida pela falta de toda individualidade sintetizadora. Isso poderia ser superado. Mas a causa *exterior* do final infeliz das guerras camponesas foi a *indiferença total* de cada grupelho em relação ao outro, um egoísmo, uma particularização, uma tacanhice sem igual.

O que é a burguesia alemã extramuros [*Pfahlbürgertum*[30]] pode ser estudado em grande escala nas guerras camponesas. Cada grupelho olha apenas para si mesmo e, uma vez que tenham sido queimados os castelos localizados no seu distrito, torna-se *absolutamente indiferente* ao que sucede com o grupelho do distrito vizinho. – A descrição desse egoísmo da pior espécie e extremamente tacanho, essa falta total de senso comunitário, de fato não resultaria em um espetáculo lá muito enaltecedor!

Diante dessa constituição, por um lado, não revolucionária e, por outro lado, do começo ao fim maciçamente reacionária do movimento dos camponeses, o que decidi fazer por eles, merecendo a reprimenda de não tê-los levado em consideração de maneira suficiente?

Para lograr introduzi-los no drama, não hesitei em sobrepor-me de modo anacrônico à história em todas as partes. Fiz os camponeses se revoltarem ou estarem prontos para isso um ano e meio antes do que historicamente foi o caso; ressuscitei Joß Fritz, que já estava morto ou desaparecido havia cerca de oito anos; fiz Hutten, que na vida real nunca retornou de Zurique, regressar à Alemanha para aceitar a proposta dos camponeses; fiz com que eles tomassem a iniciativa e levassem a Sickingen a proposta de uma aliança e do levante – coisas que não são verdadeiras. Só por isso eu acredito que fiz quase o impossível.

Mas a resposta mudará totalmente de figura se eu perguntar qual posição lhes conferi em relação ao todo? Desde o começo a peça inteira está montada visando a eles. Desde o começo ela faz alusão a eles, primeiro, intencionalmente, em tons bastante suaves que aos poucos vão se avolumando até que,

---

[30] O termo designa a parte da população que, na Idade Média, residia fora dos muros de pedra dos castelos e cercava-se de paliçadas como forma de proteção ("*Pfahl*", palavra em alemão para poste de madeira). (N. T.)

por fim, acordes cada vez mais potentes e o rufar estrondoso dos tambores os anunciam como o único Messias do qual se deveria esperar salvação e que deveria ter sido invocado.

A primeira menção a eles acontece no segundo ato, no diálogo com Carlos [V], no qual este esfrega na cara de Franz o cartaz do Bundschuh e exclama:

Como? Os meus nobres seriam capazes
De fazer acordo com o próprio camponês
Contrariando a ordem deste reino etc.

Como a resposta de Franz é interrompida pelo imperador, o espectador, nesse ponto, é deixado na total incerteza. Mas então, no terceiro ato, Hutten chama a atenção de Sickingen para os camponeses e sua posição em relação a eles:

Ao teu chamado, um exército de camponeses ao redor
Segura a lança com firmeza, com mão treinada na guerra.
Pois quando a violência e a opressão injusta à sua volta
O enchem de fúria contra o nosso estamento,
És tu que etc. etc.

Depois, ao discursar em Landau, Sickingen cada vez mais enfaticamente chama a atenção da nobreza para o camponês. Ele diz aos nobres que o camponês odeia os príncipes, e não a nobreza (acabei de expor a razão disso), lembra que, no pobre Conrado, o camponês já se sublevara, tendo sido o primeiro a fazê-lo, contra os mesmos príncipes contra os quais a nobreza também tivera de sair a campo, e que já estaria indicado nesse fato um ponto comum de seu destino. Ele chega a colocar abertamente os camponeses como o fator a ser desencadeado e que tudo decidiria:

Quando no futuro o Deus da Guerra,
O carrasco dos homens, descarregar sua fúria sobre o país.
Dividindo este reino em dois exércitos,
– Será o homem do campo, com seu punho forte,
Liberado na hora certa, que poderosamente
Dará a vantagem no jogo duro, decidirá
O grandioso destino do nosso império!
– Pensai nisto!

No quarto ato – em Trier –, o elemento citadino ocupa o primeiro plano. No quinto ato, por fim, o rufar alto e claro dos tambores de Balthasar, que tange as cordas com toda a potência dos acordes:

O campo carrega o peso – etc. etc.
[...]
O povo do campo está em ebulição etc. etc.
[...]
O povo do campo chama – e cem mil camponeses
Levantam-se e formam um exército por vós!
– Dizei a palavra e, dizendo-a, dai-vos
A Alemanha como exército, dai ao campo um líder!

E mal Balthasar o convence, temos diante de nós, nas cenas seguintes, em forma concreta e desenvolvida o que até aquele momento só havia sido proclamado. É apenas uma cena, mas apliquei nela o melhor da minha capacidade plástica – admito de bom grado que pode não ser muita. E talvez o efeito dela seja tanto maior por ser apenas uma cena. Enquanto até aqui se falara dos camponeses sempre como de um *elemento que primeiro teria de ser convocado* pelos líderes oficiais do movimento, como de um material apropriado, no qual se deveria soprar o fôlego de vida por iniciativa desses líderes – agora desaparece de um só golpe essa impressão. Os camponeses estão ali, com organização própria, prontos, fileiras cerradas, dispostos a atacar por sua iniciativa! Agora fica claro que, enquanto por toda parte havia planejamento, oscilação e contemporização, exclusivamente ali havia ação e força. Inteiramente por sua conta, totalmente à parte de todos os elementos oficiais do movimento, operando exclusivamente a partir de si e em si mesmo, o levante camponês encontra-se ali, armado, pronto e determinado a atacar a qualquer momento. O apanhado que Joß Fritz faz da guerra camponesa, a descrição de seus recursos de poder, deve dar a impressão fortíssima de poder seguro de si e, de fato, as páginas mais grandiosas da guerra dos camponeses estão prenunciadas e são antecipadas nessa descrição. Não é de Franz aos camponeses, mas *dos camponeses* a ele que parte a conclamação, a *iniciativa* do movimento. Ocorre imediatamente uma inversão. Hutten está extasiado, não só aceita – e, nesse ponto, sua aceitação é ao mesmo tempo bem motivada e psicológica; pois, não importando como teria sido em outras circunstâncias, na situação desesperada em que Franz se encontrava então, nem a sua aprovação nem a de Hutten poderiam ser duvidosas –, mas concorda com tudo e – isso mesmo! – Hutten passa de líder a liderado, perde toda a liderança espiritual para Joß Fritz. Em suma, essa cena deve causar a impressão mais forte e mais favorável possível aos camponeses, e isso em parte justamente porque ela aparece da obscuridade de um só golpe, sem preparação alguma, porque nela vemos repentinamente *algo que veio a ser*, cujo *devir* estava oculto a nós. Por meio dessa cena, as proclamações de Balthasar se apresentam não só como cumpridas, mas como superadas milhares de vezes. Agora vêm as cenas em que Franz resolve partir para o ato expiatório desesperado, depois de aguilhoar reiterada e cada vez mais profundamente sua própria alma com a recriminação de não ter apelado desde o início para a revolução como tal, para o camponês. A explicação sobejamente clara para o seu "Aí vou eu, *Alemanha*!", na cena com Balthasar, na cena entre os camponeses e Hutten, é que essa Alemanha nada mais é que a Alemanha dos camponeses. Ele quer abrir caminho para lançar-se, sem eira nem beira, nos braços dos camponeses e abraçar sua causa, para receber deles a força que, apesar das enormes plausibilidades, procurou debalde por toda parte. A tentativa é malsucedida. Então, na entrevista de Hutten com Franz, mais uma vez o levante dos camponeses é descrito como o fator que cumpre as expectativas e leva tudo a bom termo, como a situação que vira a situação de cabeça para baixo, em suma, descreve-se seu imenso poder e sua força de expansão, a certeza incondicional de obter a vitória com ele:

> Chegou a hora! O camponês agarra a espada,
> Ele te reclama como líder. Por incumbência dele
> É que estou diante de ti. Diz uma palavra – e por ti
> Um exército de cem mil camponeses se levantará etc. etc.

Esse movimento nacional é descrito como uma "grande inundação", na qual os exércitos dos príncipes se debatem conforme "alguns poucos se afogando em alto-mar". Tarde demais. Franz morre. O coração de Hutten está partido. Mais uma vez, porém, ele mostra em perspectiva o destino da guerra dos camponeses. Nobreza e cidades recuam de modo covarde e mesquinho:

> Só o camponês se mantém fiel ao objetivo maior;
> Lança mão da espada – reduzido a si mesmo.
> Apenas arrasta ao abatedouro seu corpo,
> À vasta terra alemã, ensanguentada, coberta
> Com seus ossos pavorosamente esquartejados
> [...]
> Cai a longa noite e com o negro véu do luto
> Oculta o futuro deste país.

Dessa forma, por fim, ainda se cumula o levante dos camponeses de toda simpatia, seu fracasso é apresentado como a desgraça da Alemanha, e mais: como a desgraça *de que não são culpados* os camponeses, em razão de seu isolamento decorrente de sua *exclusiva* valorosidade. Franz e Hutten sucumbem por não terem conclamado na hora certa o levante camponês enquanto o único *portador legítimo e capaz* de fazer a revolução sair vitoriosa, e toda a peça se comporta em relação a tal levante, anunciando-o o tempo todo como o elemento que decide a situação e efetua a virada revolucionária, exatamente da forma que João [Batista] se comportou em relação a Cristo[31]! Mas esse é um Cristo que não pode ser examinado de perto ou, então, só pode ser examinado no berço, caso se queira sustentar a ilusão estética a respeito dele, tal qual foi possível exatamente no modo como eu o tratei, que cumula o levante camponês de toda simpatia, todo direito, toda predileção.

Por isso, considero a objeção de ter dado muito pouca atenção ao levante dos camponeses, de ter "diplomatizado" e posto a oposição cavaleiresca luterana acima da "plebeia münzeriana", como extremamente injusta, caro amigo; deve ter sido uma impressão momentânea e passageira da tua parte. Apesar de saber muito bem que sois o tipo de homens cuja crítica não se precisa tentar explicar com base em impressões originais colhidas na minha peça, não considero totalmente impossível que exatamente a posição dessa tragédia em relação ao levante dos camponeses, que atribui todo o peso e simpatia ao Messias deles, tenha suscitado em vós a sensação tão forte de que ainda não teria sido suficiente. (Nenhum dos outros *Franz von Sickingen* publicados até agora contém qualquer palavra, nem mesmo de passagem, a respeito do levante camponês.) Portanto, se a milésima parte da vossa objeção pudesse ser atribuída à impressão causada pelo meu drama favorável aos camponeses, eu poderia felicitar-me por isso e considerar que alcancei meu objetivo.

Dessa forma, foi impossível para mim proporcionar, no quadro geral, uma colocação *ideal* mais favorável ao levante dos camponeses do que essa. Se pensais que esse elemento poderia ter rendido cenas muito úteis para a animação dramática da tragédia, trata-se de outro ponto, com o qual estou plenamente de acordo convosco. Mas a posição ideal em relação ao quadro geral não teria se modificado. Em contrapartida, a extensão da peça já é *enorme*.

---

[31] Referência ao papel desempenhado por João Batista de chamar a atenção para Cristo, de apontar para ele. Ver, por exemplo, o primeiro capítulo do Evangelho de João. (N. T.)

Um limite tinha de ser posto. Eu pretendera escrever um prelúdio, no qual entrariam em cena lansquenetes, camponeses, mendigos, comandantes. Desisti disso por causa da extensão absurda que a tragédia já tem. Se fizesse isso, eu teria de omitir cenas da tragédia atual e não saberia onde encontrar uma que fosse supérflua. Ademais, é de se perguntar se o acréscimo de tais cenas não teria enfraquecido a impressão causada por aquela uma no quinto ato. Parece-me que toda e qualquer cena com camponeses precedente a teria *mediado* e é justamente *seu aparecimento repentino e não mediado* que perfaz a parte principal do seu impacto trágico.

Mas agora chega disso! Peço desculpas por ter-me estendido tanto. Nunca antes escrevi uma carta tão enfadonha, arrastada, sem estilo e imprecisa[32]. Isso se deu porque a todo tempo fui interrompido no meio da frase[33], e tenho outras coisas em mente. Ainda assim, o mais importante está contido aí, e a ideia foi expressa, por mais arrastada que seja.

No entanto, não vos admireis desta longa epístola. É que sois os únicos com cujo louvor e repreensão me importo seriamente. Ora, se responderdes que consegui convencer-vos neste ou naquele ponto, isso será motivo de grande alegria para mim. Mas não estou exigindo uma resposta, pois não quero prolongar vossa tortura com essa peça além do necessário; já basta a leitura desta carta.

Agora, mudando de assunto: deveis ter recebido meu livro *Der italienische Krieg und die Aufgabe Preußens. Eine Stimme aus der Demokratie* [A guerra italiana e a missão da Prússia. Uma voz da democracia][34]. Não sei se, onde estais, ledes jornais alemães em quantidade suficiente para, ao menos por meio deles, manter-vos mais ou menos a par do clima que reina aqui. "*Francofagia pura, ódio aos franceses*" (*Napoleão é apenas pretexto*, o desenvolvimento revolucionário da França é a razão oculta real) é o mote de todos os periódicos daqui e a paixão que estão tentando injetar, picando a veia nacionalista, no coração da classe mais baixa da população e dos círculos democráticos, *infelizmente com bastante sucesso*. Por mais útil que fosse para o nosso desenvolvimento revolucionário uma

---

[32] Em carta a Engels em 10 de junho de 1859, Marx qualifica esse manuscrito como grotesco: "É incompreensível como um homem, nesta estação do ano e a esta altura dos acontecimentos da história universal, não só encontre tempo para escrever uma coisa dessas, mas tenha ainda o desplante de achar que dispomos de tempo para lê-la". [Ver, adiante, p. 249-50, especialmente, nota 38. – N. E.]

[33] Correção do original, onde consta "*Sache*", "coisa", em vez de "*Satze*", "frase". (N. T.)

[34] O livro de Lassalle foi publicado no fim de maio.

guerra contra a França empreendida pelo governo a despeito da vontade popular, tanto mais prejudicial necessariamente seria para o nosso desenvolvimento democrático o efeito de uma guerra sustentada pela *popularidade* cega. No que se refere às razões expostas nesse tocante no sexto capítulo do meu livro, acresce-se que desde já estão claramente tomando providências para que cicatrize *de vez* o corte que nos separa dos nossos governos. Julguei ser meu dever lançar-me contra essa desgraça iminente. Escrevi esse livro em tom de manifesto partidário e estou curioso para ouvir se o partido está de acordo com ele. Escrevei-me vossa opinião. Naturalmente, em nenhum instante me entrego à ilusão de que o governo poderia e de fato tomará o caminho proposto *sub VII* [no capítulo VII]. Pelo contrário! Minha própria opinião está expressa de modo bastante claro na frase: "Nesse caso, estaria reiteradamente provado que a monarquia da Alemanha já não é capaz de um ato nacional". Sinto-me tanto mais impelido a apresentar essa *proposta*, porém, justamente porque de imediato ela se converterá em *reprimenda*. Ela pode ter o efeito de um iceberg, no qual começam a quebrar-se as ondas dessa falsa popularidade.

Só amanhã poderei atender ao pedido de Engels a respeito do seu livro porque seu editor retornará de Leipzig somente amanhã. Sobre as sentenças políticas de sua carta, observo o seguinte: concordo com ele em considerar a Polônia prussiana germanizada e, por conseguinte, mantê-la assim. No entanto, não estou de acordo com sua consideração sobre a Hungria, que permite uma interpretação dupla, se ela significar que a Hungria deve permanecer incorporada ao domínio alemão. Não considero isso possível, necessário ou proveitoso. Mas certamente é muito bom que eles dependam de nós e da nossa ajuda por sua posição frente ao eslavismo grosseiro.

Tu, Marx, ainda não respondeste à minha última carta. Em breve, será publicado o teu livro, pelo qual espero ansioso.

Adieu, Salut

F. Lassalle.

Quero dizer ainda que fiz publicar meu livrinho anonimamente para que ele não intimide logo de cara e para que seja recebido da forma mais imparcial possível pelos estratos médios. Se existir uma segunda edição, apareceria com meu nome[35].

---

[35] A segunda edição foi publicada em meados de junho, dessa vez com o nome do autor.

P. S.: Daqui a três dias será publicado o teu livro, prezado Marx. Tu me criaste um belo constrangimento, escrevendo ao livreiro sobre uma protelação "planejada", dado que a inegável vagareza do homem deve-se em parte à limitação dos seus recursos técnicos, em parte à sua natureza lenta, mas sua boa vontade é das melhores. Podes muito bem imaginar que eu não entregaria tua obra a um editor que a protelasse "planejadamente", e o homem, que havia se dedicado principalmente à editora para me dar uma prova de sua boa vontade, ficou tão admirado quanto ofendido quando viu que lhe faziam esse tipo de acusação.

Façam bom proveito da praga de ter de ler tudo isso! O borrão se espalhou tanto porque não tive tempo de pensar primeiro e escrever depois. Mas leiam. É importante para mim.

* * *

Marx a Engels em Manchester
Londres, 10 de junho de 1859

Caro Frederick[36],

Hoje recebi dois manuscritos. Um sensacional, o teu sobre *Fortification*[37], sendo que, na verdade, sinto minha consciência pesar por ter demandado tanto do pouco tempo que conseguiste poupar para ti. O outro grotesco, a saber, uma réplica de Lassalle a mim e a ti a respeito do *Sickingen* por ele escrito. Uma floresta inteira de páginas em linhas bem apertadas. É incompreensível como um homem, nesta estação do ano[38] e a esta altura dos acontecimentos da

---

[36] Às vezes, em cartas, Marx chamava Friedrich Engels pelo equivalente de seu prenome em inglês. (N. T.)

[37] Trata-se de um dos artigos que Engels escreveu, em nome e a pedido de Marx, para *The New American Cyclopaedia*. Em carta de 15 de março de 1859, Charles Dana, o editor da *Nova Enciclopédia Americana*, solicitou que Marx escrevesse os artigos "Fortification" e "Infantry". Eles foram de fato escritos por Engels. Nesta carta, de 10 junho de 1859, Marx acusa o recebimento do artigo "Fortification", escrito por Engels, e se manifesta a respeito dele. Dana acusou o recebimento do artigo em carta de 30 de julho a Marx. Publicado no v. 18 de MECW [*Marx & Engels Collected Works*], p. 317-39. (N. T.)

[38] Era primavera. Naqueles quadrantes, a estação para escrever textos tão extensos como o que Lassalle escreveu – e com toda aquela desenvoltura – seria o inverno. A primavera, ao contrário, seria a estação adequada para fazer tudo, menos escrever textos longos... (N. T.)

história universal, não só encontre tempo para escrever uma coisa dessa, mas tenha ainda o desplante de achar que dispomos de tempo para lê-la.

Ad vocem [sobre o tema] "povo": tu e *Lupus*[39] ficareis admirados se vossos livreiros realmente entregarem a folhinha, o que me parece duvidoso, sobre um anúncio no número que sairá amanhã de que existe "perspectiva" de cooperação conosco etc. Explicarei de viva voz as razões diplomáticas que me levaram a dar esse passo.

Duncker: ainda não recebi nada, nem dinheiro, nem exemplares. Fala dos últimos para o *Lupus*, que, se não fosse isso, já teria recebido um.

Ad vocem Schramm[40]. Esse grande homem não passou no teste em Berlim. O conselho de parentes da sua mulher decidiu, em consequência, que ele deveria assumir um carguinho menor no *Commerce*, em Krefeld. Depois disso, o "acidentado" escreveu um longo borrão aos ministros em Berlim: ele teria considerado seu dever político partir para a briga com o minist[ro] Manteuffel, seu desafeto. No entanto, depois de cumprir esse dever, e como a Prússia não estaria *à sa hauteur à lui* [à sua altura], ele exigiria ser desligado da federação dos súditos. Foi o que aconteceu, e Schramm apareceu aqui em Londres com as demais *parcels* [o restante da família]. Ele agora quer se "naturalizar" inglês, tal qual ameaçou fazer diante do gabinete dos Hohenzollern. Esse foi o maior golpe que atingiu a Prússia desde a batalha de Iena.

Ad vocem Lassalle. Ao seu gigantesco manuscrito, no qual menciona de passagem também o texto "anônimo" que teria escrito "em nome do partido", respondi (hoje) em uma carta de mais ou menos um terço do tamanho desta.

Em relação ao panfleto, apenas observei isto: "Não é de jeito nenhum nosso modo de ver as coisas. Supérfluo escrever a respeito, pois nos pronunciaremos sobre isso publicamente em meio impresso".

Salut.

K. M.

---

[39] Alcunha de Johann Friedrich Wilhelm Wolff (1809-1864), publicitário. Amigo de Marx e Engels a partir de 1846, fundou junto com eles a Liga dos Comunistas. (N. T.)

[40] Rudolf Schramm [(1813-1882), publicitário alemão].

Índice onomástico

Os títulos de romances etc. mencionados nesta obra constam junto ao nome do autor, em parágrafo recuado. Números em *itálico* indicam exposições mais extensas do tema.

Alighieri, Dante, 96
Aristófanes, 95
Aristóteles, 21, 30, 239
Arndt, Ernst Moritz, 67
Avenarius, Richard, 111

Bahr, Hermann, 85
Balzac, Honoré de, 49, 82, 89, 94, 107, 124-5, 131, 139, 170, 179
   Ilusões perdidas, 186
Barbusse, Henri, 97, 125
Baudelaire, Charles, 183, 185
Bauer, Bruno, 18, 103
   Die Posaune des jüngsten Gerichts über Hegel, den Atheisten und Antichristen, 18
Beaumarchais, Pierre
   As bodas de Fígaro, 150
Bebel, August, 35
Beck, Karl, 73-5
Becker, Johann Philipp, 81

Bentham, Jeremy, 109
Bergson, Henri, 110
Berkeley, George, 111
Bernstein, Eduard, 17, 22, 39, 60, 87, 158, 161
Bismarck, Otto von, 60
Blum, Ernest, 67
Bodenstedt, Friedrich von, 50
Boileau-Despréaux, Nicolas, 130
Bonaparte, Napoleão, 100, 102, 247
Börne, Ludwig, 63-4, 65-8, 70, 78
Bourget, Paul, 133
Byron, George Gordon, 70

Carlos V, imperador romano-germânico, 29, 209-10, 227
Carlos XII, rei da Suécia, 118-9
Carlyle, Thomas, 69-70, 80, 107-8, 121
Cervantes, Miguel de, 96, 147, 150
   Dom Quixote, 34-5, 147-50, 208
Chamisso, Adelbert von, 67

Cohen, Hermann, 110
Conradi, Hermann, 39
Copérnico, Nicolau, 123
Cromwell, Oliver, 102
Cusano (Nicolau de Cusa), 123

Dana, Charles Anderson, 19
Danton, Georges Jacques, 152
Darwin, Charles, 123
Daumer, Georg Friedrich, 46, 79-80
   Die Religion des neuen Weltalters, 46, 80
Defoe, Daniel, 135-6
Dickens, Charles, 173
   Dombey e filho, 173
Diderot, Denis, 49, 70, 133, 175, 184, 200
   O sobrinho de Rameau, 184
Disraeli, Benjamin, 71
Dreyfus, Alfred, 174
Dühring, Eugen, 82, 88

Engels, Friedrich
   Anti-Dühring, 82, 110
   Crítica do Programa de Erfurt, 172
   Deutsche Volksbücher, 65
   As guerras camponesas na Alemanha, 38, 53-4, 218
   Manifesto Comunista, 40, 64, 71-2, 76, 81, 111, 165
   Mensagem do Comitê Central à Liga, 40
   Retrograde Zeichen der Zeit, 66
   Revolution und Konterrevolution in Deutschland, 69, 95
   A situação da classe trabalhadora na Inglaterra, 70
Ernst, Paul, 85, 88
Ésquilo, 96, 150
   Prometeu acorrentado, 150

Felipe II, rei da Espanha, 60

Feuerbach, Ludwig, 65, 69-71, 74, 76-7, 82
Fichte, Johann Gottlieb, 44, 48, 55-6
Fielding, Henry, 49
Flaubert, Gustave, 140, 183-6
Fourier, Charles, 84, 107
France, Anatole, 125, 138, 182-3
   O lírio vermelho, 182
Frederico Guilherme IV, rei da Prússia, 68
Freiligrath, Ferdinand, 66, 74-5, 84, 203, 206, 213
Freud, Sigmund, 124
Freytag, Gustav, 139

Galilei, Galileo, 123
Geyer, Florian, 57
Gide, André, 97, 189
Goethe, Johann Wolfgang von, 22, 34-6, 63, 68, 70, 76-8, 84, 89, 99, 110, 124, 127, 157, 173, 175, 179, 183-6, 189, 200, 208, 231
   Os anos de aprendizado de Wilhelm Meister, 184-5
   Fausto, 110, 127, 173, 184-5
   Götz von Berlichingen, 26, 34-7, 208-9, 222, 230-1
   Os sofrimentos do jovem Werther, 173
   Torquato Tasso, 184
Göring, Hermann, 119
Górki, Maksim, 129-31, 199-200
Grillparzer, Franz, 146
   Ein Bruderzwist im Hause Habsburg, 146
Grün, Karl, 64, 76-8
Guilherme I, rei da Prússia e imperador alemão, 50
Guizot, François, 57, 75, 76, 77
Gutzkow, Karl, 67, 68

Harkneß, Margaret, 83, 92
   A City Girl, 83
Hasenclever, Walter, 154

Hauptmann, Gerhart, 121
Hebbel, Friedrich, 22-3, 25, 27, 36, 47, 146
　Agnes Bernauerin, 146
　Gyges und sein Ring, 146
　Maria Magdalena, 22-3
　Mein Wort über das Drama, 36
Hegel, Georg Wilhelm Friedrich, 21-6, 30, 32, 34-6, 44-7, 53-6, 59, 68, 77, 87, 92, 99-100, 103, 120, 123, 131, 165, 170, 181, 184, 223
　Estética, 24-5, 35, 47
　Fenomenologia do espírito, 24-6, 35, 184
　Geschichte der Philosophie [*História da filosofia*], 47
　Princípios da filosofia do direito, 35
Heidegger, Martin, 110
Heine, Heinrich, 63-4, 66-7, 71, 73, 84, 109
　Os tecelões silesianos, 71
Helvécio, Claude-Adrien, 70, 108
Hettner, Hermann Theodor, 134
Hipler, Wencel, 53-4
Hobbes, Thomas, 108-9
Hofmannsthal, Hugo von, 188-9
Holbach, Paul Heinrich Dietrich, 70, 108
Homero, 84-5, 232
Hood, Thomas, 71
　The Song of the Shirt, 71
Horácio, 50, 84
Husserl, Edmund, 110
Hutten, Ulrich von, 37, 53-4, 205, 208-10, 216, 218, 224, 227-33, 236-8, 240, 242-6

Ibsen, Henrik, 88, 125, 148-52, 183, 185-6
　Casa de bonecas, 149
　Espectros, 149
　Hedda Gabler, 151
　O pato selvagem, 148-51

　Rosmersholm, 151
　Solness, o construtor, 151
Immermann, Karl, 67-8
Ivanov, Vsevolod, 129

Jonson, Ben, 70
Joyce, James, 133
Jung, Alexander, 68-9
　Vorlesungen über moderne Literatur der Deutschen, 68
Juvenal, 84

Kaganovitch, Lazar Moisseievitch, 191
Kaiser, Georg, 154
Kant, Immanuel, 20, 44, 55-6, 170
Kautsky, Karl, 18, 91, 161
Kautsky, Minna, 92, 95
Keller, Gottfried, 134-5
Keyserling, Hermann von, 112
Kriege, Hermann, 74
Krug, Wilhelm Traugott, 181
Kugelmann, Ludwig, 49

Laffitte, Jacques, 74
La Rochefoucauld, François de, 99
Lassalle, Ferdinand, *17-61*, 75, 82, 91-3, 95, 203-5, 207, 210, 212-3, 220, 237, 247-50
　Das System der erworbenen Rechte, 18, 21, 32, 61
　Die Wissenschaft und die Arbeiter, 53
　Franz von Sickingen, *17-61*, 82, 91, 95, *203-50*
　Heráclito, 19, 32-3, 204-6
Lenin, Vladimir Ilitch Ulianov, 38-9, 86, 91, 95-6, 110-1, 123, 129, 131, 137-8, 144, 153, *157-68*, 171-2, 190-1, 193-6, 199-200
　Materialismo e empiriocriticismo, 86, 110-1, 123
　Que fazer?, 157, 166-8, 195
Leo, Heinrich, 69

Leonardo da Vinci, 174, 181, 200
Lessing, Gotthold Ephraim, 175, 178
Levy, Gustav, 32
Liebknecht, Wilhelm, 82, 84
Linguet, Simon-Nicolas-Henri, 107
Locke, John, 108
Luís XIV, rei da França, 18
Lutero, Martinho, 58, 232-3

Mach, Ernst, 111, 135, 141-2
Maeterlinck, Maurice, 140-1
Malthus, Thomas, 105-8
Mann, Heinrich, 97, 125
Mann, Thomas, 125, 138, 187-8
   Tonio Kröger, 187
Marat, Jean-Paul, 162
Martinov, A. S., 38-9
Marx, Karl
   O 18 de brumário de Luís Bonaparte, 49, 100
   Crítica da economia política (Grundrisse), 18, 104
   Crítica da filosofia do direito de Hegel, 46, 131, 150
   Manifesto Comunista, 40, 64, 71-2, 76, 81, 121, 165
   Mensagem do Comitê Central à Liga, 40
   A miséria da filosofia, 72
   A sagrada família, 39, 72, 120, 126, 134
   Teorias da mais-valia, 48, 103, 105-6
Mayer, Gustav, 17-8, 30, 32-3, 36, 65-8, 91-2, 205, 219
Mehring, Franz, 17, 27, 32, 36, 44, 50, 57, 59, 75, 86
   Ästhetische Streifzügen, 50
   Die Lessing-Legende, 86
   Schiller und die großen Sozialisten, 44
Meißner, Alfred, 74
Menzel, Wolfgang, 63, 77-8
Michelangelo, 174, 200

Mill, James, 103, 105, 110
Millerand, Alexandre, 158
Mirabeau, Honoré, Conde de, 162
Mühlberger, Arthur, 90
Müller, Adam, 143
Münzer, Thomas, 34, 38-41, 48-9, 53, 56-8, 232, 239-40

Nietzsche, Friedrich Wilhelm, 110, 124, 141-2, 145

Oncken, Hermann, 56, 59

Passos, John Dos, 142
Platão, 84, 223
Platen, August, Conde de, 67-8
Plekhanov, Georgi, 38, 49, 167
Proudhon, Pierre-Joseph, 70, 83

Rafael, 57
Rembrandt (Rembrandt Harmensz van Rijn), 79
Ricardo, David, 103-4, 106
Riehl, Alois, 110
Rilke, Rainer Maria, 118-9
   O livro das imagens, 118
Robespierre, Maximilien de, 162, 229
Rolland, Romain, 97, 125, 186
   Jean Christophe, 186
Rosenkrantz, Karl, 30
Rothschild, 73-4
Rousseau, Jean-Jacques, 175
Ruge, Arnold, 145-6

Sachs, Hans, 70
Saint-Just, Antoine, 57, 229
Saint-Simon, Claude, Conde de, 57, 229
Saltykov-Chtchedrin, Mikhail, 180
Schelling, Friedrich, 68-9
Schiller, Friedrich, 22-3, 28-31, 42-5, 47-8, 50, 52, 55, 74, 78, 92, 96, 135, 209, 217, 232

Índice onomástico | 255

Os bandoleiros, 47, 74
Don Carlos, Infante de Espanha, 29
Kabale und Liebe [Cabala e amor], 96
Schnitzler, Arthur, 176-7, 187-8
Schopenhauer, Arthur, 36
Scott, Walter, 179
Shakespeare, William, 22, 44-6, 49-50, 54, 70, 92-3, 131, 147, 178-9, 216-7
Shaw, George Bernard, 125
Shelley, Percy Bysshe, 70, 178
Sismondi, Jean Charles Léonard Simonde de, 104, 106-8
Sócrates, 47
Spengler, Oswald, 112, 124
Stahr, Adolf, 30
Stalin, Joseph, 96, 190-1, 193-5, 199
Sterne, Laurence, 147
    Tristram Shandy, 147
Stirner, Max, 144
Strauß, David Friedrich, 50-1, 59-70
Strindberg, Johan August, 152-4
    Rumo a Damasco, 152
Sue, Eugène, 71-2, 126, 134
Swift, Jonathan, 136, 175, 180
    Viagens de Gulliver, 136

Taine, Hippolyte, 139
Thackeray, William Makepeace, 82, 214

Ticiano, 183
Tolstói, Liev, 125, 131, 140-1, 166, 169, 177, 179, 181-2, 198
    Anna Karênina, 141, 177, 181-2
    Guerra e paz, 141, 169

Vauvenargues, Luc de Clapiers, Marquês de, 130
Vergniaud, Pierre Victurnien, 162
Vico, Giambattista, 45
    Ricorsi, 45
Virgílio, 50
Vischer, Friedrich Theodor, 18, 22, 26, 28, 36, 47-8, 50-1, 146
    Ästhetik, 22, 26, 36
Voltaire (François-Marie Arouet), 175

Wagner, Richard, 50, 66
Wassermann, Jakob, 189
Wedekind, Frank, 154
Weerth, Georg, 84
Wilde, Oscar, 166, 184
Wildenbruch, Ernst von, 50

Ziegler, Franz, 21
Ziegler, Leopold, 112
Ziska, Johann, 57, 229
Zola, Émile, 82, 125, 139-40, 175

Obras de György Lukács publicadas no Brasil

Ensaios sobre literatura. Coordenação e prefácio de Leandro Konder; tradução de Leandro Konder et al. Rio de Janeiro, Civilização Brasileira, 1965 [2. ed.: 1968]. Reúne os seguintes ensaios: "Introdução aos escritos estéticos de Marx e Engels", "Narrar ou descrever?", "Balzac: Les Illusions perdues", "A polêmica entre Balzac e Stendhal", "O humanismo de Shakespeare", "Dostoiévski", "O humanismo clássico alemão: Goethe e Schiller" e "Thomas Mann e a tragédia da arte moderna".

Existencialismo ou marxismo? Tradução de José Carlos Bruni. São Paulo, Senzala, 1967 [2. ed.: São Paulo, Ciências Humanas, 1979].

Introdução a uma estética marxista. Tradução de Carlos Nelson Coutinho e Leandro Konder. Rio de Janeiro, Civilização Brasileira, 1968 [3. ed.: 1977].

Marxismo e teoria da literatura. Seleção e tradução de Carlos Nelson Coutinho. Rio de Janeiro, Civilização Brasileira, 1968 [2. ed.: São Paulo, Expressão Popular, 2010]. Reúne os seguintes ensaios: "Friedrich Engels, teórico e crítico da literatura", "Marx e o problema da decadência ideológica", "Tribuno do povo ou burocrata?", "Narrar ou descrever?", "A fisionomia intelectual dos personagens artísticos", "O escritor e o crítico", "Arte livre ou arte dirigida?" e "O problema da perspectiva".

Conversando com Lukács. Tradução de Giseh Vianna Konder. Rio de Janeiro, Paz e Terra, 1969. Entrevista concedida a Hans Heinz Holz, Leo Kofler e Wolfgang Abendroth.

Realismo crítico hoje. Tradução de Ermínio Rodrigues; introdução de Carlos Nelson Coutinho. Brasília, Coordenada, 1969 [2. ed.: Brasília, Thesaurus, 1991].

Ontologia do ser social. A verdadeira e a falsa ontologia de Hegel. Tradução de Carlos Nelson Coutinho. São Paulo, Ciências Humanas, 1979.

Ontologia do ser social. Os princípios ontológicos fundamentais de Marx. Tradução de Carlos Nelson Coutinho. São Paulo, Ciências Humanas, 1979.

Lukács. Organização de José Paulo Netto; tradução de José Paulo Netto e Carlos Nelson Coutinho. São Paulo, Ática, 1981. Grandes Cientistas Sociais (série "Sociologia"), v. XX. Reúne: o ensaio "O marxismo ortodoxo", extratos de *Para uma ontologia do ser social*, do ensaio "Marx e o problema da decadência ideológica" e do capítulo "A sociologia alemã do período imperialista", de *A destruição da razão*, além de parte do prefácio a *História do desenvolvimento do drama moderno*, o texto "Nota sobre o romance" e um excerto de *Introdução a uma estética marxista*.

Pensamento vivido: autobiografia em diálogo. Tradução de Cristina Alberta Franco. São Paulo/Viçosa, Ad Hominem/Universidade Federal de Viçosa, 1999. Entrevistas concedidas a István Eörsi e Erzsébet Vezér.

A teoria do romance. Tradução, posfácio e notas de José Marcos Mariani de Macedo. São Paulo, Editora 34/Duas Cidades, 2000.

História e consciência de classe: estudos sobre a dialética marxista. Tradução de Rodnei Nascimento. São Paulo, WMF Martins Fontes, 2003.

O jovem Marx e outros escritos de filosofia. Organização, apresentação e tradução de Carlos Nelson Coutinho e José Paulo Netto. Rio de Janeiro, Editora da UFRJ, 2007 [2. ed.: 2009]. Reúne: "Concepção aristocrática e concepção democrática do mundo", "As tarefas da filosofia marxista na nova democracia", "O jovem Hegel: os novos problemas da pesquisa hegeliana", "O jovem Marx: sua evolução filosófica de 1840 a 1844", "A responsabilidade social do filósofo" e "As bases ontológicas do pensamento e da atividade do homem".

Socialismo e democratização: escritos políticos 1956-1971. Organização, apresentação e tradução de Carlos Nelson Coutinho e José Paulo Netto. Rio de Janeiro, Editora da UFRJ, 2008 [2. ed.: 2010]. Reúne: "Meu caminho para Marx", "A luta entre progresso e reação na cultura de hoje", "O processo de democratização", "Para além de Stalin" e "Testamento político".

Arte e sociedade: escritos estéticos 1932-1967. Organização, apresentação e tradução de Carlos Nelson Coutinho e José Paulo Netto. Rio de Janeiro, Editora da UFRJ, 2009 [2. ed.: 2010]. Reúne: "A estética de Hegel", "Introdução aos escritos estéticos de Marx e Engels", "Nietzsche como precursor da estética fascista", "A questão da sátira", "O romance como epopeia burguesa", "A característica mais geral do reflexo lírico" e "Sobre a tragédia".

Prolegômenos para uma ontologia do ser social. Tradução de Lya Luft e Rodnei Nascimento; prefácio e notas de Ester Vaisman e Ronaldo Vielmi Fortes; posfácio de Nicolas Tertulian. São Paulo, Boitempo, 2010.

O romance histórico. Tradução de Rubens Enderle; apresentação de Arlenice Almeida da Silva. São Paulo, Boitempo, 2011.

Lenin: um estudo sobre a unidade de seu pensamento. Tradução de Rubens Enderle; apresentação e notas de Miguel Vedda. São Paulo, Boitempo, 2012.

Para uma ontologia do ser social I. Tradução de Carlos Nelson Coutinho, Mario Duayer e Nélio Schneider; revisão da tradução de Nélio Schneider; revisão técnica de Ronaldo Vielmi Fortes, com a colaboração de Ester Vaisman e Elcemir Paço Cunha; apresentação de José Paulo Netto. São Paulo, Boitempo, 2012. Reúne: "Neopositivismo e existencialismo", "O avanço de Nicolai Hartmann rumo a uma ontologia autêntica", "A falsa e a autêntica ontologia de Hegel" e "Os princípios ontológicos fundamentais de Marx".

Para uma ontologia do ser social II. Tradução de Nélio Schneider, com a colaboração de Ivo Tonet e Ronaldo Vielmi Fortes; revisão técnica de Ronaldo Vielmi Fortes, com a colaboração de Elcemir Paço Cunha; prefácio de Guido Oldrini. São Paulo, Boitempo, 2013. Reúne: "O trabalho", "A reprodução", "O ideal e a ideologia" e "O estranhamento".

A alma e as formas. Tradução e posfácio de Rainer Patriota; introdução de Judith Butler. Belo Horizonte, Autêntica, 2015. Reúne: os ensaios "Sobre a forma e a essência do ensaio: carta a Leo Popper", "Platonismo, poesia e as formas: Rudolf Kassner", "Quando a forma se estilhaça ao colidir com a vida: Søren Kierkeggard e Regine Olsen", "Sobre a filosofia romântica da vida: Novalis", "Burguesia e *l'art pour l'art*: Theodor Storm", "A nova solidão e sua lírica: Stefan George", "Nostalgia e forma: Charles-Louis Philippe", "O instante e as formas: Richard Beer-Hofmann", "Riqueza, caos e forma: um diálogo sobre Laurence Sterne", "Metafísica da tragédia: Paul Ernst" e "Da pobreza de espírito: um diálogo e uma carta".

Reboquismo e dialética: uma resposta aos críticos de História e consciência de classe. Tradução, comentários e notas de Nélio Schneider; revisão técnica de Ronaldo Vielmi Fortes; prefácio de Michael Löwy; posfácio de Nicolas Tertulian. São Paulo, Boitempo, 2015.

Biblioteca Lukács

Coordenador José Paulo Netto
Coordenador adjunto Ronaldo Vielmi Fortes

Próximos volumes

O jovem Hegel
Goethe e seu tempo
O realismo russo na literatura universal (Problemas do realismo II)
Existencialismo ou marxismo
Estética
Pensamento vivido. Uma autobiografia em diálogo

Volumes publicados

2010

Prolegômenos para uma ontologia do ser social
Questões de princípio para uma ontologia hoje tornada possível

> *Tradução* Lya Luft e Rodnei Nascimento
> *Supervisão editorial* Ester Vaisman
> *Revisão técnica* Ronaldo Vielmi Fortes
> *Prefácio e notas* Ester Vaisman e Ronaldo Vielmi Fortes
> *Posfácio* Nicolas Tertulian

2011

O romance histórico

> *Tradução* Rubens Enderle
> *Apresentação* Arlenice Almeida da Silva

2012
Lenin
Um estudo sobre a unidade de seu pensamento
    Tradução Rubens Enderle
    Apresentação e notas Miguel Vedda

Para uma ontologia do ser social I
    Tradução Carlos Nelson Coutinho, Mario Duayer e Nélio Schneider
    Revisão da tradução Nélio Schneider
    Revisão técnica Ronaldo Vielmi Fortes, com a colaboração de Ester Vaisman e Elcemir Paço Cunha
    Apresentação José Paulo Netto

2013
Para uma ontologia do ser social II
    Tradução Nélio Schneider, com a colaboração de Ivo Tonet e Ronaldo Vielmi Fortes
    Revisão técnica Ronaldo Vielmi Fortes, com a colaboração de Elcemir Paço Cunha
    Prefácio Guido Oldrini

2015
Reboquismo e dialética
Uma resposta aos críticos de História e consciência de classe
    Tradução Nélio Schneider
    Revisão técnica Ronaldo Vielmi Fortes
    Prefácio Michael Löwy
    Posfácio Nicolas Tertulian

Vladimir Lenin.

Programa da montagem paulista, em 1966, da peça
Dois perdidos numa noite suja, de Plínio Marcos.

Publicado em 2016, cinquenta anos após a estreia da peça *Dois perdidos numa noite suja*, obra-prima da dramaturgia brasileira, de Plínio Marcos, este livro foi composto em Revival565 BT, corpo 10,5/14,2, e impresso em papel Avena 80 g/m² pela Intergraf, em outubro, para a Boitempo, com tiragem de 2,5 mil exemplares.